深圳大学"鹏城法学前沿系列"编辑委员会

主　任　黄亚英
委　员　（以姓氏拼音为序）
　　　　丁　南　李卫英　李　扬　吴学斌　姚秀兰
　　　　应飞虎　曾月英　钟明霞　左德起

作者简介

杨剑，1974年出生，湖北恩施人，法学博士，深圳大学法学院副教授、硕士研究生导师，研究方向为诉讼法学、证据法学。兼任深圳市仲裁委员会仲裁员。

1995年本科毕业于中南政法学院经济法系，2003年硕士毕业于武汉大学法学院诉讼法学专业，2006年博士毕业于中国人民大学法学院诉讼法学专业，2006年9月至今在深圳大学法学院任教。

主持教育部人文社科研究一般项目"当代中国人口流动性背景下的缺席审判制度研究"，参与司法部重点科研项目"民事诉讼法的修改与完善"，并参与撰写《〈中华人民共和国民事诉讼法〉修改建议稿及立法理由书》。

近年来在《法商研究》《诉讼法论丛》《法律适用》《法学论坛》《人民法院报》《检察日报》等报刊发表专业论文三十余篇，主编、参与了《民事诉讼法学》《证据法学》《中国法律年鉴》《劳动官司》《最新破产法解读与精析》《〈民事诉讼法学〉教学实施纲要》《以案说法·民事诉讼法篇》等多部著作、教材的编写工作。

鹏城法学前沿系列

缺席审判的基本法理与制度探索

The fundamental theory and institutional exploration of default judgments

杨 剑 著

本书是教育部人文社会科学研究青年项目"当代中国人口流动性背景下的缺席审判制度研究"（项目批准号：09YJC820075）的成果。

厦门大学出版社 国家一级出版社
XIAMEN UNIVERSITY PRESS 全国百佳图书出版单位

图书在版编目(CIP)数据

缺席审判的基本法理与制度探索/杨剑著. —厦门:厦门大学出版社,2016.3
(鹏城法学前沿系列)
ISBN 978-7-5615-5655-9

Ⅰ.①缺… Ⅱ.①杨… Ⅲ.①民事诉讼-审判-司法制度-研究-中国 Ⅳ.①D925.118.24

中国版本图书馆 CIP 数据核字(2015)第 202008 号

出版人	蒋东明
责任编辑	李　宁
装帧设计	蒋卓群
责任印制	许克华

出版发行	厦门大学出版社
社　　址	厦门市软件园二期望海路 39 号
邮政编码	361008
总 编 办	0592-2182177　0592-2181253(传真)
营销中心	0592-2184358　0592-2181365
网　　址	http://www.xmupress.com
邮　　箱	xmupress@126.com
印　　刷	三明市华光印务有限公司

开本	720mm×970mm　1/16
印张	13.25
插页	2
字数	226 千字
版次	2016 年 3 月第 1 版
印次	2016 年 3 月第 1 次印刷
定价	56.00 元

本书如有印装质量问题请直接寄承印厂调换

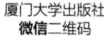
厦门大学出版社
微信二维码

厦门大学出版社
微博二维码

目录

导　论 …………………………………………………………（1）
第一章　对席审理：原则与例外 ……………………………（4）
　第一节　对席审理原则的内涵 ……………………………（4）
　　一、对席审理之含义与缘由 ……………………………（4）
　　二、对席审理的基本要求 ………………………………（6）
　　三、对审原则的适用对象 ………………………………（7）
　第二节　对席审理的历史渊源与现实影响 ………………（9）
　　一、对审原则的历史渊源 ………………………………（9）
　　二、当今世界各国的相关立法现状 ……………………（13）
　第三节　与对席审理相关的程序原则 ……………………（18）
　　一、双方当事人平等原则 ………………………………（18）
　　二、审判公开原则 ………………………………………（19）
　　三、直接和言词审理原则 ………………………………（21）
　　四、约束性辩论原则 ……………………………………（22）
　第四节　排除适用对审原则的特别情形 …………………（24）
　　一、执行行为 ……………………………………………（24）
　　二、非讼程序 ……………………………………………（25）
　　三、依据当事人的单方申请作出裁定的程序 …………（27）
　　四、缺席审判 ……………………………………………（28）
第二章　缺席审判的正当性基础 ……………………………（29）
　第一节　程序正义与缺席审判的正当性 …………………（29）
　　一、私法自治与当事人缺席 ……………………………（29）
　　二、通过程序正义获得裁判的正当性 …………………（30）
　　三、对审机会的保障 ……………………………………（32）

第二节 获得诉讼通知的权利 …………………………………（34）
一、诉讼通知的必要性 ……………………………………（34）
二、诉讼通知的宪法意义 …………………………………（34）
三、诉讼通知的要素 ………………………………………（37）

第三节 民事诉讼送达的基本问题 …………………………（38）
一、送达的性质 ……………………………………………（39）
二、送达的主体 ……………………………………………（40）
三、实际送达与拟制送达 …………………………………（43）
四、送达的证明 ……………………………………………（44）

第四节 邮寄送达的采纳与适用 ……………………………（46）
一、当面送达的传统 ………………………………………（46）
二、邮寄送达的经济性考虑 ………………………………（47）
三、邮寄送达的类型及其通知效果 ………………………（49）
四、对我国采用邮寄送达方式之实施评价 ………………（51）

第五节 公告送达制度完善 …………………………………（56）
一、公告送达的概念与性质 ………………………………（56）
二、我国司法实践中公告送达适用分析 …………………（57）
三、公告送达的完善建议 …………………………………（60）

第三章 缺席时间范围的界定 …………………………………（65）

第一节 诉讼结构对缺席时间界定的影响 …………………（65）
一、英美法系对缺席时间范围的界定 ……………………（65）
二、大陆法系对缺席时间范围的界定 ……………………（66）

第二节 英美法系民事诉讼中的不应诉判决 ………………（67）
一、有关的基本概念 ………………………………………（67）
二、诉辩规则与不应诉判决 ………………………………（69）
三、惩罚性的不应诉判决 …………………………………（70）

第三节 不应诉判决的理论基础 ……………………………（72）
一、以司法竞技观为基础的对抗制 ………………………（72）
二、陪审团审判 ……………………………………………（75）
三、法律变革中的历史因素 ………………………………（76）

第四节 大陆法系庭审中心主义思想对缺席时间范围的限定 …（78）
一、传统大陆法系国家庭审中心主义思想的形成 ………（78）

  二、当代大陆法系国家的庭前诉答程序……………………（85）
  三、协作型诉讼观对缺席时间界定的影响…………………（90）

第四章 "答辩失权"形成的开庭前缺席……………………（93）
 第一节 问题的提出………………………………………………（93）
  一、答辩权利观向答辩义务观的转变………………………（93）
  二、"答辩失权"的提出………………………………………（95）
  三、答辩失权的本质…………………………………………（96）
 第二节 从法律传统的角度看待答辩失权………………………（97）
  一、中国传统的民事审判方式与诉讼观念…………………（98）
  二、近代中国民事诉讼向大陆法系的转型…………………（99）
  三、马锡五审判方式及其对新中国民事诉讼的影响………（102）
 第三节 现实条件对答辩失权制度的制约………………………（104）
  一、当事人诉讼能力的差别与专业法律帮助制度的不足…（104）
  二、当事人需要在庭审之前得到法官释明…………………（107）
  三、社会公众对实体正义的追求……………………………（108）
 第四节 答辩失权制度的效果考量………………………………（109）
  一、答辩失权难以完全解决的问题…………………………（109）
  二、答辩失权的实际效能……………………………………（112）
 第五节 答辩失权的修正：以庭审为基础的攻击防御方法失权……（115）
  一、迈向集中审理的诉讼变革………………………………（115）
  二、我国立法对审前程序的充实……………………………（119）
  三、由证据失权到攻击防御方法失权………………………（120）
  四、总结………………………………………………………（122）

第五章 庭审中的缺席审判模式……………………………（123）
 第一节 庭审缺席的表现形式及性质……………………………（123）
  一、庭审缺席的类型…………………………………………（123）
  二、庭审缺席的属性…………………………………………（125）
 第二节 大陆法系国家的缺席审判制度…………………………（127）
  一、德国民事诉讼中的缺席审判制度………………………（128）
  二、法国民事诉讼中的缺席审判制度………………………（131）
  三、日本民事诉讼中的缺席审判制度………………………（134）
 第三节 英美法系国家对待庭审缺席的态度……………………（136）

一、英国的庭审缺席判决 …………………………………… (136)
二、美国的判例规则 ………………………………………… (137)
三、英美法系不应诉判决与庭审缺席判决的区别 ………… (141)
第四节 庭审缺席的立法比较与评析 ……………………………… (142)
一、庭审缺席之立法主义 …………………………………… (142)
二、庭审缺席立法模式之利弊分析 ………………………… (144)
三、立法政策的调整 ………………………………………… (147)

第六章 我国缺席审判的制度反思 ………………………………… (150)
第一节 当事人缺席原因分析 ……………………………………… (150)
一、当事人缺席的表现形式 ………………………………… (150)
二、当事人缺席的责任辨析 ………………………………… (156)
第二节 庭审缺席与默示自认 ……………………………………… (158)
一、自认的含义与理论基础 ………………………………… (158)
二、默示自认的特别规定 …………………………………… (161)
三、庭审缺席是否视同默示自认 …………………………… (162)
第三节 我国缺席审判制度的特点与不足 ………………………… (167)
一、我国缺席审判的立法与实务状况 ……………………… (167)
二、我国缺席审判制度的特点 ……………………………… (169)
三、我国缺席审判制度存在的缺陷 ………………………… (170)
第四节 完善我国缺席审判制度的构想 …………………………… (174)
一、缺席审判制度的功能目标 ……………………………… (174)
二、我国缺席审判制度的模式选择 ………………………… (176)

第七章 缺席审判的实际运作 ……………………………………… (182)
第一节 一方辩论的基本内容 ……………………………………… (182)
第二节 一方辩论之事实认定 ……………………………………… (183)
一、有诉讼资料之一方辩论 ………………………………… (183)
二、无诉讼资料之一方辩论 ………………………………… (184)
第三节 一方辩论之法律适用 ……………………………………… (188)
一、依职权判断的诉讼要件 ………………………………… (188)
二、特定实体法规范的适用 ………………………………… (190)
第四节 结语 ………………………………………………………… (195)

参考文献 ……………………………………………………………… (196)

导 论

　　直至计划经济时代终结时,中国社会一直是个缺乏流动性的社会。每个公民从出生直至死亡,通常都被各式各样的单位、组织所包容和束缚,绝大多数人从来都没有过离开户籍所在地的体验。另外由于中国社会传统的厌讼、耻讼心理,信奉"屈死不告状",社会纠纷的诉讼率极低。由此造成的结果是缺席审判的重要性一直没有显现:诉讼率低导致了法院受案总数较低,其中缺席审判案件由于绝对数量太少而被人们忽视;人口流动性差使法院的传票一般都能直接地送达到当事人手中,不到庭的行为通常都被认为带有一定的主观因素因而具有可非难性。无论立法上对于缺席审判制度的规定如何简单、粗疏,这个问题总是难以浮现于立法者与学者的视野。

　　但是,在市场经济的年代,诉讼传统的解体正是从以上两个方面沿着相反方向展开的。

　　一方面,随着经济利益的分化、个人自由的伸张、权利意识的觉醒,社会中的诉讼率急剧升高。自20世纪80年代起直至如今,全国法院系统受理民事案件的数量以及诉讼标的总额都呈直线上升趋势:1987年全国法院审结的一审民事、经济纠纷案件为119.6万件,到2014年全国法院审结的一审民事案件则上升到522.8万件。

　　另一方面,中国正在经历史上最大规模的人口流动。根据国家卫生和计划生育委员会发布的《中国流动人口发展报告2014》,截至2013年年末全国流动人口的总量为2.45亿,超过总人口的六分之一。值得重视是,其中80%的人口是从农村流入城市,但他们未能完全融入城市社会,一些城市甚至出现新的二元结构。也就是说,这种人口的流动不是单向性、定居式的,绝大多数人的户籍、住所仍保留在原地,本人在新的地方或长或短地居留。与两地联系的存在使任何一地都有发生纠纷从而涉讼的可能,而与两地联系的淡薄使其出庭应诉甚或知悉诉讼的机会都大为减少。

在诉讼率的攀升和人口流动性增强两个因素的共同作用下,另外加上在民事审判方式的转型中法官角色日趋消极、中立,以往认为缺席判决仅为特例、并且对当事人权利的实现不致有太大影响的观念已不合时宜。多年以来,司法实务中就已出现了缺席判决率高的问题,例如:(1)据山东省东营市河口区人民法院的统计,从2002年到2006年该院缺席判决的案件数占了判决结案件总数的1/3以上,由2002年的30.5%上升到2006年的39.4%。① (2)在北京市法院系统,自2002年到2012年,缺席审判率基本呈现逐年上升的情况;以财产类纠纷为主的合同纠纷的缺席审判率明显高于与人身关系有关的纠纷的缺席审判率。② 这两个地方分别代表了我国普通地区与发达地区的典型情况,与人口的流动性规律较为符合,因而具有标本性意义。立法必须严肃、认真地对待缺席审判。

现行《民事诉讼法》对缺席审判制度仍然缺乏足够的重视,寥寥的数句法律条文根本未能构建出从缺席审理到作出判决的完整法律框架,尤其是立法对缺席审判过程中如何兼顾保护缺席当事人以及到庭当事人的利益没有给出清晰的回答,导致实践中法院对缺席判决的运用存在着两种相反的倾向:一种是审判人员基于对客观真实的追求,对许多当事人无正当理由缺席的案件不敢适用缺席判决,通常是改期开庭或再次传票传唤,一方面不能及时地保护到庭当事人的合法权益,另一方面也造成法院办案效率的降低;另一种倾向是在适用缺席判决的案件中,存在着对缺席一方当事人的合法权利保护不力的情况,尤其是在被告没有接到适当送达与传唤的基础上便轻率作出缺席判决,由此造成上诉、再审改判率的提升,甚至出现缺席一方当事人的合法权益无法回复的状况。简言之,社会纠纷的解决需要缺席审判,但缺席审判制度却未发挥应有的效用。

本书试图对缺席审判进行法理分析与制度建构,其核心思想也许可以归结为三个方面:正当性、传统性、实效性。

法院在一方当事人缺席的情况下作出的裁判如何才能获得社会的承认和接受,这是一个正当性的命题。

---

① 王丽:《民事缺席判决案件分析》,载东营市河口区人民法院网站:http://hkfy.chinacourt.org/public/detail.php? id=3565,下载日期:2015年5月30日。

② 孙铭溪:《缺席审判的现实困境与出路》,载《法律适用》2013年第10期。

萨维尼认为,法律深深地植根于一个民族的历史之中,其真正的源泉是普遍的信念、习惯和"民族的共同意识"。① 事实上,世界各国对待缺席的态度都与其本国的诉讼历史、民族精神密切相关,这要求我们不能在理念各异的种种缺席判决模式之间迷失自我。

实效性并不是以通常所强调的诉讼效率来进行理解,因为根据罗尔斯的观点,正义是社会制度的首要价值,某些法律和制度,不管它们如何有效率和有条理,只要它们不正义,就必须加以改造或废除。② 实效性的考虑试图脱离纯理论层次的架构和比较,而关注制度在具体运作中可能产生的结果和出现的变异。

---

① [德]弗里德里希·卡尔·冯·萨维尼:《论立法与法学的当代使命》,许章润译,中国法制出版社 2001 年版,第 7～9 页。

② [美]约翰·罗尔斯:《正义论》,何怀宏等译,中国社会科学出版社 1988 年版,第 3 页。

第一章　对席审理：原则与例外

第一节　对席审理原则的内涵

一、对席审理之含义与缘由

在任何一个理性的司法过程中,除了裁判者之外,双方当事人都是必不可少的。从审判的基本构造来看,诉讼必然要求当事人两造到庭,法官作为第三者居于其中,居于其上,公平听取双方意见后作出裁决。因此,两造具备、对席辩论从一开始就是司法的内在属性和必要过程。司法过程的根本规则、它的推动力量以及效力保障,都是基于"对席审理原则",简称为"对审原则"。

对审原则亦称为两造审理原则、对席辩论原则,是司法诉讼的基本形式,也被认为是"最基本正义的必要保障",英美的诉讼制度被直接称为"对抗制"(adversary system),在德国、日本等大陆法系国家的法学界,也把"两当事人对立"理解为诉讼本身的"构造"或"原理"。该原则的含义包括两个方面:从形式上来说,对审原则要求双方当事人应当共同出庭参加诉讼,接受法庭裁判;从实质上来说,对审原则保障当事人在法庭作出有关严重影响他们权益的裁判前,应当充分地表达自己的意见、观点和主张,并对他方当事人的证据和主张进行质证、反驳和抗辩,以便将裁判建立在这些主张、证据、辩论等所进行的理性推论的基础上。

对审原则所表达的基本思想是体现当事人对诉讼程序的参与权。[1] 之所以必须保障双方当事人以对席审理的方式参与诉讼,可以从两个层面来加以

---

[1] 邵明:《论民事诉讼程序参与原则》,载《法学家》2009 年第 3 期。

解释：

一方面，法官发现事实真相的最有效且最容易的方式是从各个方面考察案件，这必须借助于当事人的对立主张并存的局面。通常来说，由那些与案件有着直接利害关系的主体充分而富有意义地参与裁判制作过程之中，对于确保裁判结果的客观性和公正性是有利的，因为在一般情况下，保证当事人有效参与的程序有助于裁判者对各方的不同证据、意见和观点同时予以关注，并在制作裁判时将这些充分全面地考虑在内，这显然要比裁判者偏听偏信更有助于事实真相的发现，从而作出公正的判决。①

另一方面，当事人是拥有权利和义务的主体，具有自治的人格。他们在法官面前并非无能为力，并非只需消极服从；相反，当事人有权自由表达他的观点，也有权要求法官认真聆听。法官的意志从来就不是绝对至高无上的，他总是受到当事人意志和行为的制约（即使在刑事诉讼程序中也是如此），受到他们的启动、劝导、抵抗和认可等行为的制约。② 因此，确保当事人参与裁判过程是一项重要的程序价值——确保公民不同程度地进行自主性的自决（autonomous self-determination）。在民主社会里，大多数公民宁愿自行管理自己的事务，哪怕做得不好，也不愿让别人管理自己的事务，即使后者做得更好。"参与性统治的反面是奴隶制、政治征服和军事管制法。"有关公民在一项决定作出的过程中通过参与，可以有机会表达自己的观点，这意味着他们不仅需要自由，而且需要一种自行决定个人命运的措施。一项保证各方有效参与的审判过程一般更容易使受到裁判结果直接影响的当事人对裁判结果感到满意和信服，使社会公众对法庭审判过程、审判结果以及法律制度等产生信任和尊重。③

基于这样的理由，审判的基本特征就在于当事人以对席审理的方式参与诉讼程序，诉辩双方必须有机会提出主张和证据，并就本方主张的成立进行论证、抗辩，法官所作的裁决必须建立在通过审判所认定的事实以及有关法律规范基础上。美国学者富勒曾对审判的这一特征作出深刻的论述："使审判区别

---

① 陈瑞华：《通过法律实现程序正义——萨默斯"程序价值"理论评析》，载《北大法律评论》第1卷第1辑。

② ［意］皮罗·克拉玛德雷：《程序与民主》，翟小波、刘刚译，高等教育出版社2005年版，第55～56页。

③ 陈瑞华：《通过法律实现程序正义——萨默斯"程序价值"理论评析》，载《北大法律评论》第1卷第1辑。

于其他秩序形成原理的内在特征在于，承认那些将要受到审判所作决定直接影响的人能够通过一种特殊的形式参加审判，即承认他们为了得到有利于自己的决定而提出证据并进行理性的说服和辩论。"因此，"审判的本质就在于——受判决直接影响的人能够参加判决的制作过程"，"一种法律制度如果不能保证当事人参加到审判活动中来，就会使审判的内在品质受到破坏。"①另一位美国学者戈尔丁也认为，纠纷解决者应在双方当事人到场的情况下听取双方的辩论和证据，对各方当事人的意见均给予公平的关注，各方当事人应得到公平机会来对另一方提出的辩论和证据作出反应，同时分析推理应建立于当事人作出的辩论和提出的证据之上，这些都是程序公正必须包含的基本内容。②

二、对席审理的基本要求

"如果没有对席辩论的方式就没有公正的审判，这已经成为司法在今天所必须达到的一般准则。"而且这样的准则不仅仅停留在当事者在场并有反驳机会这种程序的形式上，更进一步要求双方的辩论能够相互吻合并具有实质性的内容。③ 为了保障当事人充分并且具有实质意义地参与诉讼程序，使裁判结果的产生建立于对席审理的基础之上，对审原则有下面几项具体的要求：④

首先，法院应当确保所有的当事人自始至终地出庭审判，这一要求又可称为"到庭原则"。据此，当事人不仅应参与法庭审判的全部过程，而且在法庭举行的庭外调查或准备活动中也应直接参加和到场；法官一般不得在某一方程序参与者缺席的情况下进行审判活动，也不得在一方参与者不在场的情况下听取其他各方的意见和证据。

其次，程序参与者应"富有意义"地参与。所谓"富有意义"地参与，是指程序参与者应有机会发表本方的意见、观点和主张，提出据以支持其主张的证据和论据，并拥有为进行这些活动所必需的便利和保障措施，从而对裁判结果的形成发挥有效的作用。程序参与者如果只是在庭审中始终保持沉默，或者被

---

① 陈瑞华：《刑事审判原理论》，北京大学出版社 1997 年版，第 11～12 页。
② [美]马丁·P.戈尔丁：《法律哲学》，三联书店 1987 年版，第 240～241 页。
③ [日]棚濑孝雄：《纠纷的解决与审判制度》，王亚新译，中国政法大学出版社 2004 年版，第 122 页。
④ 陈瑞华：《刑事审判原理论》，北京大学出版社 1997 年版，第 63～65 页。

动地听任法官单方面地进行调查,而不向裁判者陈述观点和论据,那么这种参与是没有任何意义的,因为他们无法通过积极的行为对法官的裁判发挥任何影响,参与不会产生任何效果。

再次,程序参与者应"充分"地参加到法庭审判过程之中,并在缺席的情况下有权要求法院赋予各方获得重新参与审判活动的机会。

最后,法院还应在审判过程中对各方参与者给予人道的对待。这项要求可以说是"自主、自治地参与"所固有的。程序参与者要想自主地对裁判结果产生影响,就必须自愿地进行诉讼行为,不受人身、精神上的强制或胁迫,否则就违背了参与者应为具有主体资格的人而非被动的客体这一基本参与原则。

三、对审原则的适用对象

对审原则的目的是为了保障可能受判决影响的人参与诉讼、有充分的机会表达自己的观点、意见和主张。由于判决的形成是基于当事人自诉讼开始阶段直至言词辩论终结之前所提出的全部诉讼资料,因此对审原则应当体现和贯彻在整个诉讼过程当中。从适用的主体对象来看,主要包括的是法官和双方当事人:

(一) 对审原则适用于所有的诉讼当事人之间

民事诉讼是在利害关系相互对立的两方当事之人间进行,几乎在所有的程序中,双方当事人都要参与,因此对审原则首先应适用于所有的诉讼当事人之间。虽然由于审级和诉讼程序的不同,当事人在诉讼中的名称不完全相同,但都以两造对立作为基础。例如在第一审普通程序和简易程序,称原告和被告,在第二审程序称为上诉人和被上诉人,其中既包括一审的原告和被告,也包括有独立请求的第三人以及被人民法院判决承担民事责任的无独立请求权第三人。

作为这方面的一个典范,《法国新民事诉讼法典》在序则中明文宣示了当事人对席审理的权利。其中第14条首先庄严宣告,"任何当事人,未经听取陈述,或者未经传唤,不得受判决"。为了保障当事人平等而有针对性地进行对席辩论,各当事人应当在规定的正常期间内相互告知各自的诉讼请求所依据的事实上的理由、各自提出的证据材料以及援用的法律上的理由,以便各当事人能够组织其防御。① 诉讼程序的进行应当事先告知双方当事人。在诉讼开始前,必须实际传唤当事人,在诉讼中也要保证双方当事人的参与。一方当事人的主张和陈述必须使另一方当事人知情;所有需要质证和辩论的事项,法院都应当告知对方当事人。只有在特殊情况下才会出现一方当事人不在场的情形,但即便如此,一方当事人也有权在事后了解证据调查的情况。② 按照《法国新民事诉讼法典》第 17 条的规定,在法律允许或者因情形紧迫,一方当事人未得到告知即已命令采取某项措施时,该当事人对损害其权益的决定,得提起适当的上诉请求。因此,对于各方当事人来说,是否享有进行攻击与防御的自由,是否了解并辩论所提出的文件、所提供的证言,是否有可能参与特定的证据程序,例如调查程序或鉴定程序等等,对审原则都具有根本性质。③

(二)法官应保障对审原则在当事人之间的适用

当事人享有对审的基本权利固然重要,但该权利还只是一种明文宣示或不言而喻的基本原理,仍有赖于法院在诉讼中切实地予以保障。因此,对审原则也是对法官的强制性要求,在任何案件中法官都应当注意维护对审原则在当事人之间的适用。

向当事人进行诉讼的通知和传唤,一般都属于法院的责任,法院必须向当事人实际送达传票,以保障当事人对席审理的机会。另外,法官应保障当事人相互告知各自的诉讼请求以及证据材料,以便在庭审中进行充分的攻击和防御:通常情况下,原告的起诉状和被告的答辩状需要通过法院进行相互传递;证据材料需要由审前准备程序法官主持进行交换;如果一方当事人进行诉讼所需要的证据材料处于对方当事人的掌握之中而无法获取时,可以申请由法院命令对方当事人提交,从而保证对席审理在"武器平等"的原则下进行。两造在庭审中的辩论受法官的控制、指挥,提交的诉讼资料需经法院调查,在当事人的陈述不明时,法官还应当积极发问、说明,通过行使释明权进行澄清,等等。

---

① 参见《法国新民事诉讼法典》第 15 条。
② 张卫平、陈刚:《法国民事诉讼法导论》,中国政法大学出版社 1997 年版,第 101 页。
③ [法]让·文森、塞尔日·金沙尔:《法国民事诉讼法要义》(上),罗结珍译,中国法制出版社 2001 年版,第 611~613 页。

(三) 法官应当自行遵守对审原则

法官行为的一条重要准则是"禁止单方接触",意即为了保证司法公正、禁止法官在审判活动中单独与一方当事人或其诉讼代理人进行接触,或者单独阅览一方当事人的诉讼材料。法官对案件的认识,应当是通过当事人双方的举证、质证、辩论等对抗行为的分析、比较、判断来形成,这样才能保证兼听则明。而通过单方接触当事人或其诉讼代理人对案件形成的印象,容易导致先入为主,影响认识的客观、公正性。

从另一方面来理解,法院对争议裁决的事实依据应当是在双方当事人参加和辩论的情况下得到的。只有双方当事人参与诉讼程序,并对案件事实加以充分陈述的情况下作出的判决才符合对审原则。这实质上是与辩论原则相通,作为裁判基础的诉讼资料,应当由当事人予以提出,法院只能以当事人提出的并经过充分辩论的资料为基础进行裁判。因此《法国新民事诉讼法典》在"两造审理"一节的规定中指出:对于诸当事人所援用或提出的理由、说明与文件,只有如诸当事人能够进行对席辩论者,法官始得在其裁判决定中采用之。①

第二节 对席审理的历史渊源与现实影响

一、对审原则的历史渊源

众所周知,在人类社会的历史上曾经先后诞生过一系列保障基本权利的理性原则,这些理性原则属人类自然禀赋的组成部分,这种情形也体现在民事诉讼中。数千年来,民事诉讼已演化出许多根本性规则,可以概括为诉讼当事人面对法官、对方当事人和第三人时的"基本"权利。例如"无原告则无法官",即不告不理原则;"任何人不得作自己案件的法官",即司法中立原则;以及"听取双方当事人的陈述",即对审原则。之所以将这些原则视为"基本的"原则,其实质在于这样一种信念,即坚信它们不仅代表基本的、最低限度的权利,而且也是文明的司法裁判制度永恒不变的有机组成部分。英国人将这些原则标

---

① 参见《法国新民事诉讼法典》第16条第2款。

榜为"自然公正"(natural justice)法则,意义极为深远。① 因此,作为诉讼中的一项"自然原则",对审原则几乎可以在任何人类社会早期的法律文件中找到根源。

(一)罗马法

罗马文明对于西方社会的文明和文化的形成有着重要的意义和作用,其中,法占有首要的地位。公元前753年罗马建城。从公元前451年至公元前450年十人立法委员会制定通过《十二表法》,到公元527年至公元565年优士丁尼当政时期完成法典编辑,罗马法的演变经历了一千余年。② 罗马人认为权利必须有诉权的保障,否则形同虚设,故《十二表法》的前三表是关于诉讼程序的规范。其中第一表第6条规定,"如当事人不能和解,则双方应于午前到广场或会议厅进行诉讼,出庭双方应依次申辩";第1条和第2条规定,"原告传被告出庭,如被告拒绝,原告可邀请第三者作证,强制前往。如被告托词不去或企图逃避,原告有权拘捕";第二表第2条规定,"审理这天,如遇承审员、仲裁员或诉讼当事人患重病,或者审判外国人时,则应延期审讯"。③ 从这些法律规定来看,尽管当时的诉讼还在相当程度上保留着自力救济的因素,但是现代意义上的审判架构已经完整而清晰,并规定了强制传唤、延期审理制度等辅助措施以保障对席辩论的展开。

(二)基督教经典

重视审判,是基督教的基本特点之一。④ 犹太教经典《阿伯特:犹太智慧书》说:"世界立于三块基石之上:至理、公正的审判及和睦。"圣经中有这样的教喻:"两个人的案件,无论是为什么过犯,或是为牛,为驴,为羊,为衣裳,或是

---

① [意]莫诺·卡佩莱蒂等:《当事人基本程序保障权与未来的民事诉讼》,徐昕译,法律出版社2000年版,第11~12页。

② [意]朱塞佩·格罗索:《罗马法史》,黄风译,中国政法大学出版社1994年版,第121页。

③ 引自周楠:《罗马法原论》(下)之附录二:《十二表法》,商务印书馆1994年版,第1006~1008页;另见《外国法制史参考资料汇编》所载《十二铜表法》,北京大学出版社2004年版,第126~127页。

④ 龙宗智:《为什么称"〈圣经〉是一部诉讼法教科书"——司法审判在两大文化中的意义比较》,载《理论反对实践》,法律出版社2003年版。

第一章 对席审理：原则与例外

为什么失掉之物，有一人说，这是我的，两造就要将案件禀告审判官，审判官定谁有罪，谁就要加倍赔还。"① "人无论犯什么罪，作什么恶，不可凭一个人的口作见证，总要凭两三个人的口作见证才可定案。若有凶恶的见证人起来，见证某人作恶，这两个争讼的人就要站在耶和华面前，和当时的祭司，并审判官面前，审判官要细细地查究，若见证人果然是作假见证的，以假见证陷害弟兄，你们就要待他如同他想要待的弟兄。"② 争讼之人应当亲自在审判官面前陈述、举证，由审判官在此基础上作出裁决，属于是基督教的基本教义，并使后世的审判一直带有一定程度的宗教色彩，在此基础上还衍生出法袍、仪式、宣誓等一系列法庭制度。

（三）英国普通法

自然公正（Natural Justice）是英国普通法中一项古老的原则，它是自然法的产物，是人的理性、公平、正义等观念的结晶。③ 自然公正理论最早体现的法律应是英国1215年的《自由大宪章》（*Magna Carta*），该宪章第39条规定："凡自由民，如未经其同级贵族之依法裁判，或经国法判决，皆不得被逮捕，监禁，没收财产，剥夺法律保护权，流放，或加以任何其他损害。"从此，自然公正作为一项法律原则为英国普通法所保留，成为英国普通法的核心内容。自然公正理论在普通法的价值主要体现在其法律程序上，并逐步形成了两条著名的程序规则：(1)任何人都不应当成为自己案件的法官；(2)当事人有陈述和被倾听的权利。根据第2个规则，任何人在受到不利指控时，裁决案件的官员必须在作出裁决前听取他为自己所作的辩护，否则，这一裁决应当无效。早在1723年，英国法院就曾在本特利诉剑桥大学一案中宣告，"上帝从伊甸园（Eden）驱逐亚当（Adam）时，同时也给予他辩白之机会。"（God did not remove Adam from Eden without first calling upon him to make his defense.）1795年的本和教会上诉案重申了这个原则：除非将利害关系人传唤到面前、到法院，否则诉讼程序无效。④ 从圣经中伊甸园的故事里引申出公正

---

① 《旧约·出埃及记》第二十二章。
② 《旧约·申命记》第十九章。
③ "直到18世纪，自然正义这个概念常常是与自然法、衡平、最高法和其他类似概念通用的，毫无疑问，自然正义的概念起源于自然法。"参见［英］戴维·M.沃克：《牛津法律大辞典》（中文版），光明日报出版社1988年版，第627～628页。
④ 徐亚文：《程序正义论》，山东人民出版社2004年版，第4～24页。

11

程序的原则,没有依据任何实定法或成文法,这是一种典型自然法理念的体现。

(四)中国古代社会

在中国古代,西周已经建立了审讯制度。按照当时的法律规定,审讯时诉讼的原、被告都必须到庭,接受司法官的讯问。周穆王命司寇作《吕刑》曰:"两造具备,师听五辞。五辞简孚,正于五刑。"①唐杜佑释为:"两,谓囚证。造,至也。两至具备,则众狱官共听其入五刑之辞。"②宋蔡沈注曰:"两造者,两争者皆至也。周官以两造听民讼。具备者,词证皆在也。"③即诉讼的时候,双方当事人都必须亲自到场,向司法官陈明事实、举出证据。

《周礼·秋官·小司寇》有云:"以两造禁民讼,入束矢于朝,然后听之。以两剂禁民狱,入钧金,三日乃致于朝,然后听之。"东汉郑玄注曰:"讼,谓以财货相告者。造,至也。使讼者两至,既两至,使入束矢乃治之也。不至,不入束矢,则是自服不直者也。必入矢者,取其直也。《诗》曰'其直如矢'。古者一弓百矢"。"狱,谓相告以罪名者。剂,今券书也。使狱者各赍券书,既两券书,使入钧金,又三日乃治之,重刑也。不券书,不入金,则是亦自服不直者也。必入金者,取其坚也。三十斤曰钧。"对此,唐贾公彦作了较为细致的疏解:"此并下二经,论禁民狱讼,不使虚诬之事。言'禁'者,谓先令入束矢,不实则没入官。若不入,则是自服不直,是禁民省事之法也";"听争罪之事,与上听讼有异,此则各遣持剂之书契,又入金不入矢,'三日乃致于朝'者,皆谓以狱事重於讼事,故郑云重刑也。"④据此,在周朝就已经有了民事诉讼和刑事诉讼的区分。在相争财货的民事诉讼中,原告与被告双方必须同时到场,并缴纳一百支箭作为保证金,如若诉讼不实,则将其缴纳的箭充公作为惩罚。如果一方当事人不到场,或者不缴纳"束矢",则被看作是自己承认"不直",以对方当事人的主张为真实。在以罪名相告的刑事诉讼中,双方当事人各持书状,并缴纳 30 斤铜作为保证金,三日之后,传唤双方当事人到庭,然后才进行审理。如果未持书状,或者不缴纳"钧金",也属于是自服"不坚"。相争罪名时之所以要各持书状、纳

---

① 《尚书·周书·吕刑》。
② [唐]杜佑:《通典·刑法六·详谳》。
③ [宋]蔡沈注:《书经集传》,上海古籍出版社 1987 年版,第 135 页。
④ [汉]郑玄注,[唐]贾公彦疏:《周礼注疏》卷三十四。

"金"而不纳"矢"、需延后三天才开始审理,都是出于刑事诉讼要重于民事诉讼,即"重刑"的观念。

就庭审构造而言,当时的诉讼双方当事人系对坐于庭。① 所谓对坐,是指免席坐于地上,西周的日常生活中是席地而坐,而诉讼的原告和被告则是"讼狱不席"②,直接坐在地上。审讯方法采用所谓"以五声听狱讼,求民情。一曰辞听,二曰色听,三曰气听,四曰耳听,五曰目听"③。所谓辞听,观其出言,不直则烦(理直则言简意赅,心虚则辞烦意寡);所谓色听,观其颜色,不直则赧然(理直则脸色正常,理曲则脸色愧红);所谓气听,观其气息,不直则喘(理直则气壮,心虚则呼吸发喘);所谓耳听,观其听聆,不直则惑(理直则听辩清楚,不直则听后犹疑);所谓目听,观其眸子视,不直则眊然(心虚则眼睛无神,不敢正视)。④

西周所确立的双方到庭、察言观色的审理方式持续了近三千年。直到清代一直采取的都是"堂审听讼"的审理方式:被害人、事主、当事人等因为自己有"冤抑之事"赴州县衙门自诉,当时称呈造或自控。呈告的形式是否必须用书状,《律例》中无明文规定,但在实际中书状通常是呈告必须采用的方式。百姓在"恭呈"书状时大都亲往衙门喊冤呼告,称为"喊禀"。州县接收呈词后是否立案受理,叫作"准"或"不准"。呈状被受理后,州县就要传讯原、被告双方和人证,传讯时采取饬派衙役持"票"拘提的形式,被传讯之人稍有抗差就会被锁拿。州县在准理词状,传齐两造之后,州县官应当亲自在大堂进行听讼。差役依盼咐将两造带进大堂跪列。至于升堂时是否允许百姓旁听,并无一定之规。有文献记载说"如有在外窥探,东西混走及喧哗者立拿",有的说"堂下站立而观者不下数百人",即并不一律禁止百姓旁听,特别是对州县认为有教化作用的案件。⑤

二、当今世界各国的相关立法现状

伴随着自然法观念的衰落,历史上被认为是不言而喻的"基本"司法裁判

---

① [唐]贾公彦疏:"古者取囚要辞皆对坐",见《周礼注疏》卷三十四。
② 《晏子春秋·内篇谏下·景公猎休坐地晏子席而谏》:"臣闻介胄坐陈不席,狱讼不席,尸坐堂上不席,三者皆忧也.故不敢以忧侍坐。"
③ 《周礼·秋官·小司寇》。
④ 《周礼注疏》卷三十五。
⑤ 郑秦:《清代法律制度研究》,中国政法大学出版社2000年版,第109~118页。

原则通常可以在法规和法典中发现已被"实定法化"。尤其是,为了避免特定的价值观、规则和保障被制定出来之后再以同样的方式被改变,许多国家对此规定了特别的制定和修改程序,以免其轻易地被违反和发生变化。程序的对审性质是民事诉讼程序中的一般性法律原则,几乎所有国家都承认其对于程序权利的重要意义,并通过各种根本性的规范文件进行宣示。

1948年的《世界人权宣言》明确提出了公正审判的国际性标准。该宣言第10条规定:"人人完全平等地有权由一个独立而无偏倚的法庭进行公正的和公开的审讯,以确定他的权利和义务并判定对他提出的任何刑事指控。"尽管该宣言不是国际公约,不具备严格意义上的国际法的约束力,只具有道德力量,但它确实为各国的审判程序确立了基本的公正尺度。为了克服《世界人权宣言》没有国际法约束力的缺陷,联合国大会于1966年12月16日又通过了《联合国关于公民权利和政治权利国际公约》,对公民权利和政治权利作了具体规定,其宗旨就是在于保护每个人享有这些权利和基本自由。该公约第14条第1款规定,在判定对任何人提出的任何刑事指控或确定他在一件诉讼案件中的权利和义务时,"人人有资格由一个依法设立的合格的、独立的和无偏倚的法庭进行公正的和公开的审讯。"另外,《欧洲人权公约》第6条第1款规定:"任何人都享有由依法设立的、就具有民事性质的权利与义务的争议或针对其提起的刑事诉讼的任何指挥之依据作出裁判的、独立的、不偏倚的法院在合理期限内,公正地、公开地听取其诉讼的权利。"在以上三个著名的国际公约中,关于司法程序的基本要求是共同的:独立、不偏倚、公正以及公开。享有公正诉讼的权利是各项公约所规定权利的基石,其中,对审原则被认为是公正诉讼程序的一项基本要求。例如,在对《欧洲人权公约》的解释中,设在斯特拉斯堡的欧洲人权法院认为,当事人应当享有"对审的公正诉讼的权利",民事诉讼的任何一方当事人都应当有在法院对其诉讼作出陈述的合理的可能性,原则上各方当事人都有权了解另一方当事人提出的意见说明与提交的各项证据,并且有权对此进行辩论。① 欧洲共同体法院已经将《欧洲人权公约》所规定的各项基本权利作为"共同体法的一般原则"加以适用,因为这些原则都是出自"各成员国共同的宪法传统"。

从今天的观点来看,法治国家一定是宪法国家——由基本的规则来调整

---

① [法]让·文森、塞尔日·金沙尔:《法国民事诉讼法要义》(上),罗结珍译,中国法制出版社2001年版,第561页。

国家权力的行使。在程序乃是法律制度之核心的美国,其联邦宪法中包含的"正当法律程序"(due process of law)条款,可以说是公平审判程序的总括性规定。1791年,美国通过宪法第5条修正案,其中规定:"未经正当的法律程序不得剥夺任何人的生命、自由或财产",这条规定适用于联邦政府机关;1868年的宪法第14条修正案又以相同的表述使正当法律程序适用于各州。正当程序条款起初的目的和内容是为了保证在生命、自由或财产被剥夺或受干涉之前有公正的法律程序,后来被赋予广泛的解释。在以当事人主义为基础的诉讼制度和诉讼程序中,法官在审理案件时的中心工作之一是致力于保障当事人双方通过诉讼程序展开自己的主张,并以从经过得到保障的诉讼程序中获得的诉讼材料为基础,依据法律和衡平作出判断。

英国是一个没有成文宪法的国家。无论是在成文法、判例法或者是学术专著中,英国法传统上也很少公开地宣称、表明诉讼程序的基本原则。但如前所述,自然公正原则的思想渊源可以上溯到1215年的自由大宪章,该起源于自然法的思想在近代和现代英国,都被法官积极地适用,并在诉讼程序中扮演了重要的角色,而"当事人有陈述和被倾听的权利"则是自然公正原则的基本内容。"为了进一步加强《欧洲人权公约》保护的权利和自由之效力",英国于1998年专门制定了《人权法案》将《欧洲人权公约》第6条"公正审判权"纳入国内法的范畴。因此,英国学者认为目前对于诉讼基本原则的探寻也应当在《欧洲人权公约》的框架内进行。①

德意志联邦共和国的《基本法》第103条第1款规定了法定听审请求权这一基本的程序权利,即"任何人在法院中都有权按照法律发言",其内容可以表达为:任何人在其参与的程序中均有权提出申请、提出事实主张并且为此提供证据。双方当事人必须能够知晓这些情况并且能够表达自己的观点。即使在依职权调查的情况下,也不可以将裁判建立在当事人并没有对其发表意见的事实和证据的基础上。② 如果任何人的接受法庭听审这一基本权利被侵犯和剥夺,在所有普通法院救济被用尽的情况下,可以根据《基本法》第93条第1款的规定向联邦宪法法院提出关于违反宪法的申诉,或是向欧洲人权法院提

---

① 李树忠:《1998年〈人权法案〉及其对英国宪法的影响》,载《比较法研究》2004年第4期。

② [德]卡尔·海因茨·施瓦布等:《宪法与民事诉讼》,载《德国民事诉讼法学文萃》,赵秀举译,中国政法大学出版社2005年版,第169页。

出关于人权的控诉。对法庭听审权的任何违反都属于程序违法，当事人可以提起控诉，并且不受德国民事诉讼法第511条关于争议金额超过1500马克的一审案件方允许提起控诉的限制。①

意大利宪法中原本没有关于公正审判权利的规定。1999年年底，为了进一步巩固意大利1988年对抗制改革的成果，反击宪法法院为代表的保守派对对抗制改革的抵制与颠覆，意大利根据《欧洲人权公约》对于各成员国的要求，将《欧洲人权公约》第6条有关公正诉讼权利的规定写入了意大利宪法第111条，增加了正当程序的原则。② 该条第1款、第2款规定："司法审判通过法律规定的正当程序进行。诉讼程序在作为第三方且公正无私的法官的主持下，以当事人双方地位平等，公开辩论的方式进行。法律保障其合理地运行。"通过这种修改宪法的做法，意大利实现了对席辩论这一基本原则的完整入宪。

在日本，也出现了承认"公正审判请求权"的动向。为了给理论寻找法律根据，日本学者将更多的精力放在了对宪法和法律的解释上。日本《宪法》第32条规定："任何人在法院接受裁判的权利不被剥夺"（简称为"接受裁判的权利"）。该条文本身并未直接涉及程序性的保障，但是学者们将该条文同宪法规定的其他基本权利相联系，从而主张宪法第14条、第17条、第21条、第24条、第29条规定的财产、自由、生命等权利，应该通过国家行使裁判的方式来加以保护。因此，第32条规定的"接受裁判的权利"是"确保基本权的基本权"，而宪法第82条规定的"对论构造"③和公开审理则是审判的方式。总而言之，"接受裁判的权利"实际上是程序原则的宪法化，即作为宪法的基本原则加以固定和明确。可见，日本的程序保障理论的根基并非直接根植于宪法之中，而是依靠对法律的解释，将某一程序原则转化为通过程序实现正当权利的宪法原则，并使这一被解释了的程序保障原则包含了近似美国正当程序的内容，从而为程序保障理论找到了宪法上的立脚点。④

法国1789年的《人权和公民权宣言》以及1958年制定的现行《宪法》虽然

---

① See Harald Koch, Frank Diedrich, Civil Procedure in Germany, *Kluwer Law International*, 1998, pp.35～36.

② 陈忠林：《意大利宪法中的正当程序原则》，载《欧洲法通讯》第2辑。

③ 对席辩论，简称"对论"，指的是当事者各自将自己认为对于彼此来说都是合乎正义的解决向对方作出合理说明的一种社会过程。参见[日]棚濑孝雄：《纠纷的解决与审判制度》，王亚新译，中国政法大学出版社2004年版，第123页。

④ 刘荣军：《程序保障的理论视角》，法律出版社1999年版，第86～87页。

没有明确规定对审原则,但学说认为,"防御权利原则"具有"自然权利之价值",按照法国宪法委员会的裁决,"对审"原则包含在"防御"的权利之中,因而被赋予宪法价值。此外,《法国新民事诉讼法典》第一章规定了"诉讼的指导原则",其中第六节专门规定"两造审理"。该节第14条规定,"任何当事人,未经听取陈述,或者未经传唤,不得受判决";第16条规定,"法官于任何情形,均应明令遵守且自行遵守两造审理原则。诸当事人所援用或提出的理由、说明与文件,只有如诸当事人能够进行对席辩论者,法官始得在其裁判决定中采用之。法官事先未提请诸当事人陈述意见,不得以其职权提出的法律上的理由作为裁决决定之依据"。据此,对审原则,不仅涉及当事人之间的关系,同时也涉及当事人与法官之间的关系。

除此之外,有些国家仅在普通的诉讼法中规定法定听审的权利(加拿大、法国、奥地利、波兰和苏联),甚至有的国家没有明确规定法定听审的权利(丹麦、比利时和荷兰),但是并不能由此得出在那里法定听审的权利的重要性就小一些。在1949年德国《基本法》生效之前,在德国的民事诉讼法上也没有成文规定,但是没有人对其作为任何法院程序的根基的意义有过怀疑。①

我国现行《宪法》确立了"公民在法律面前一律平等"以及审判公开、审判独立等诉讼程序的保障性规定,但这些规定并没有像《世界人权宣言》《公民权利和政治权利国际公约》那样,从公民基本权利的角度来界定公正的对席审判。另外,我国《民事诉讼法》第12条规定了辩论原则,即"人民法院审理民事案件时,当事人有权进行辩论"。根据通说,所谓辩论原则是指在人民法院主持下,当事人有权就案件事实和争议问题,各自陈述自己的主张和根据,互相进行反驳和答辩,以维护自己的合法权益。② 另据《民事诉讼法》第68条规定,"证据应当在法庭上出示,并由当事人互相质证",即由诉讼当事人、诉讼代理人在法庭的主持下,对所提供的证据进行宣读、辨认、质疑、说明、辩驳等活动。辩论权和质证权作为当事人的基本诉讼权利,需要在公开的法庭上通过对席的方式进行行使,因此,应当认为我国现行民事诉讼法对于当事人对席辩论的原则和权利也作出了具体性的规定。

---

① [德]卡尔·海因茨·施瓦布等:《宪法与民事诉讼》,载《德国民事诉讼法学文萃》,赵秀举译,中国政法大学出版社2005年版,第169页。

② 江伟主编:《民事诉讼法》,高等教育出版社2007年第3版,第44～45页。

第三节　与对席审理相关的程序原则

一、双方当事人平等原则

两造对席审理原则有赖于社会承认公民之间是平等的。在一个专制社会中,不可能设想在法庭上进行"辩论"与"反驳"。① 例如在古罗马的"法定诉讼"时期,按照判例规定,市民对长官、卑亲属对尊亲属、解放自由人对恩主,都不能传唤其到庭应诉;卑亲属和解放自由人对尊亲属和恩主起诉,还应预先经长官的批准。② 又如在我国西周时期,就有"凡命夫命妇不躬坐狱讼"③的规定,即男子为大夫,或妇人之夫为大夫者,不亲自到庭参加诉讼,因为"治狱之吏皆有严威,恐狱吏亵尊,故不使命夫命妇亲坐"④。在这种情况下,两造的对席辩论自然无从谈起。

《世界人权宣言》第 1 条即宣告,"人人生而自由,在尊严和权利上一律平等";第 7 条则再次强调"法律之前人人平等,并有权享受法律的平等保护,不受任何歧视"。《联合国关于公民权利和政治权利国际公约》第 14 条第 1 款也强调:"所有的人在法庭和裁判所前一律平等。"我国《宪法》第 33 条亦明确规定:"中华人民共和国公民在法律面前一律平等。"另外,我国《民事诉讼法》第 8 条确立了当事人诉讼权利平等原则。

当事人之间的平等性是民事诉讼得以进行的法律基础和社会基础。平等原则一般包括两层含义:一是当事人享有平等的诉讼权利,二是法院平等地保护当事人诉讼权利的行使。⑤ 在诉讼程序中,平等原则要求裁判者对各方程序参与者一视同仁、平等对待,在双方当事人之间保持一种超然和无偏袒的态度和地位,不得对任何一方存有偏见或歧视;另外,裁判者在审判过程中应当给予各方以平等参与的机会,对各方的主张、意见和证据予以同等的尊重和

---

① [法]让·文森、塞尔日·金沙尔:《法国民事诉讼法要义》(上),罗结珍译,中国法制出版社 2001 年版,第 612 页。
② 周楠:《罗马法原论》(下)之附录二:《十二表法》,商务印书馆 1994 年版,第 935 页。
③ 《周礼·秋官·小司寇》。
④ 《周礼注疏》卷三十五。
⑤ 樊崇义主编:《诉讼原理》,法律出版社 2003 年版,第 172 页。

关注。①

但是,为了保障对审原则在平等的基础之上得以贯彻,仅有对立的两方当事人的出席及法官对他们论点的听取是不够的。即使双方当事人拥有同样的法律权利,他们为利用这些权利而可支配的手段可能远不平等。"每当具有较多个人手段的人被允许使用它们的优势来控制公共讨论的过程时,由参与原则所保护的这些自由就失去了许多价值",②在司法过程中,可资利用的手段不平等可能和法律价格的不平等是对应的,因此,当事人要处于平等的情境,不仅是法律上平等,还包括事实平等,也就是说技术和经济的平等。③ 国家在诉讼制度及相关制度的运营上应以平等原则作为指导,提供可能的条件保证当事人在民事诉讼中地位的实质性均等,这方面的典型例子是司法救助与法律援助制度。正如最高人民法院院长在谈到建立法律援助制度的意义时说道:"我国宪法明确规定了'公民在法律面前一律平等'的基本原则,如果公民由于经济困难不能取得法律服务,不能依法维护自己的合法权益,那么宪法的这一原则就势必是一句空话。"

另外,如果双方当事人在法庭上不能实现武器平等、攻击和防御方法的实质平等,那么形式上的对席辩论也失去了它的本来意义。在这一方面,美国联邦民事诉讼规则中规定的"证据开示"(discovery)制度,以及德、日民事诉讼法中确立的"文书提出义务",都能够从实质上保证当事人双方在对抗中达到"武器平等"的目的。④

二、审判公开原则

正如英国的法律谚语所云,正义不但要被伸张,而且必须眼见着被伸张。

---

① 陈瑞华:《刑事审判原理论》,北京大学出版社 1997 年版,第 65 页。
② [美]约翰·罗尔斯:《正义论》,何怀宏等译,中国社会科学出版社 1988 年版,第 215 页。
③ [意]皮罗·克拉玛德雷:《程序与民主》,翟小波、刘刚译,高等教育出版社 2005 年版,第 89 页。
④ 美国《联邦民事诉讼规则》中规定的的证据开示程序是一方当事人向对方当事人以及诉讼外第三人收集证据的专门诉讼阶段,该程序趋向于抵消当事人对相关事实和证据的隐瞒和保留,有助于补救由于律师技能上的差异所造成的差距。以德、日为代表的大陆法系国家民事诉讼法上不存在类似于美国那样强有力的证据开示制度;为了帮助不掌握可能有利于己方的书证和物证的当事人向对方或诉讼外第三人收集此类证据,两国的民诉法都规定了当事人申请法院命令持有者提交有关文书或物品的制度。

这并不是说,眼不见则不能接受,而是说,没有公开则无所谓正义。① 从世界各国法制情况来看,公开审判是伴随着诉讼制度的产生、发展而相应确立和演变的。审判程序的公开,起源于近代反对封建专制的资产阶级革命时期,是由法国大革命所创立的,是反对秘密审判的产物。封建社会实行纠问式诉讼制度,案件的审理不向社会公开,甚至也不向当事人公开。中世纪的宗教裁判所依靠秘密举报和秘密审讯实现判决,以便大规模的镇压异端,从而维护教会"在政治生活和国家生活中的百川朝宗的地位,并使自己的财富剧增"②。审判应当公开,犯罪的证据应当公开,以便使或许是社会唯一制约手段的舆论能够约束强力和欲望。③ 在现代诉讼理论中,审判公开具有了更加丰富的内涵:④

首先,审判公开不仅仅指宣判的公开,还包括审理的公开。宣判公开要求的是司法裁判的内容为公众所了解,而审理的公开是指法官对案件事实的调查核实与法律运用活动应当在诉讼参与人和公众的监督之下。审理公开是公民的一项宪法权利,较宣判公开具有更高的法律地位。因此,审判公开的核心内容是审理的公开,也即裁判决定的公开。

其次,审判公开并不仅是指法庭审判的公开,也包括审判全过程的公开。审判活动是一个由庭前、庭审以及庭后组成的不可分割的整体,而且由于庭前及庭后的执行阶段缺乏法庭审判那样正规的开庭审判的仪式,因此更容易出现问题,当事人以及相关人员的参与就更加困难,就更需要程序的公开。

最后,审判公开不仅仅要求要向当事人公开,还要向社会公开,二者缺一不可。向社会公开,是指法庭于审判之际,不禁止特定的人出席旁听,允许新闻媒介采访、报道。当事人公开原则,系指诉讼当事人就法院及对造于该诉讼程序所为之诉讼行为有获知之权利,于法院讯问证人调查证据时得在场并有阅览全部诉讼笔录之权利。换言之,诉讼当事人于法院之调查证据及辩论期日,有受合法传唤到庭,参与诉讼程序之权利。⑤ "公正诉讼"的概念在原则上

---

① [美]伯尔曼:《法律与宗教》,梁治平译,中国政法大学出版社2003年版,第20~21页。
② 徐鹤喃、刘林呐:《刑事程序公开论》,法律出版社2002年版,第171页。
③ [意]贝卡利亚:《论犯罪与刑罚》,黄风译,中国大百科全书出版社1993年版,第20页。
④ 徐鹤喃、刘林呐:《刑事程序公开论》,法律出版社2002年版,第172页。
⑤ 陈荣宗、林庆苗:《民事诉讼法》,台湾三民书局1996年版,第50~51页。

也意味着各当事人享有权利,有权了解向法官提交的所有文书、字据或意见说明,并且有权就此进行讨论。在这里,重要的是,向法院提交的有可能影响其作出判决的所有文件都应当传达给各当事人,以便他们能够进行辩论。① 此外,法官的活动必须在当事人双方同时在场时进行,禁止法官与当事人之间有任何形式的单方面接触。因此,公开审判也是对审原则的应有之义。

三、直接和言词审理原则

所谓直接审理原则,指的是有权作出最终判决的法官必须在亲自听取当事者双方的主张和辩论并直接接触了证据的基础上才能够下判决的审理方式。与此相对,间接审理原则意味着在有权作出最终判决的法官之外,还设置了事先进行调查的法官,负责听取当事者主张和调查证据,有权作出最终判决的法官则根据调查法官的报告来下判决。② 根据德国学者的解释,直接审理原则有两方面的含义:一是"在场原则",即法庭开庭审判时,当事人以及其他诉讼参与人必须亲自到庭出席审判,而且在精神上和体力上均有参与审判活动的能力;二是"直接采证原则",即人事法庭审判的法官必须亲自直接从事法庭调查和采纳证据,直接接触和审查证据;证据只有经过法官以直接方式获得才能作为定案的根据。③

所谓言词审理原则,从诉讼行为的角度看,系指当事人及法院的诉讼行为,特别是辩论、证据调查以及裁判,均要求以言词的形式进行;从诉讼资料的角度看,系指只对当事人以言词的形式陈述的内容进行裁判斟酌的诉讼原则。④ 言词审理原则常与直接审理原则相结合而存在,但两者并非同一概念。倘由受诉法院以外之人进行审理,当事人即使以言词方式陈述,法官再将言词陈述的笔录作为判决之基础时,亦属间接审理;反之法官直接受理当事人提出的书面陈述,亲自阅读书面陈述内容,亦不失为直接审理。⑤

---

① [法]让·文森、塞尔日·金沙尔:《法国民事诉讼法要义》(上),罗结珍译,中国法制出版社 2001 年版,第 625 页。
② [日]谷口安平:《程序的正义与诉讼》(增补本),王亚新、刘荣军译,中国政法大学出版社 2002 年版,第 129 页。
③ 陈瑞华:《刑事审判原理论》,北京大学出版社 1997 年版,第 183 页。
④ [日]三ケ月章:《日本民事诉讼法》,汪一凡译,台湾五南图书出版公司 1997 年版,第 382 页。
⑤ 陈荣宗、林庆苗:《民事诉讼法》,台湾三民书局 1996 年版,第 49~50 页。

在大陆法系国家,直接和言词原则是经过对中世纪纠问式制度的改革和扬弃而确立下来的;而英美法系中尽管没有确立直接和言词原则,却设有与之相关的"传闻证据规则"(hearsay rule)。二者具有相似的要求和功能。直接和言词原则在审判程序方面可包含以下几项规则:(1)法庭审判必须在当事人亲自在场的情况下进行;(2)在法庭审判过程中,所有提供言词证据的原证人、鉴定人、双方当事人必须出庭作证;(3)法官对证据的调查和采纳必须亲自进行;(4)法庭审判须持续而集中地进行,一般不得间断;(5)从事法庭审判的法官须自始至终地参加审判,不得中途更换。①

直接和言词原则尽管着重强调"审判者亲自调查证据",着重于审判者于证据的关系,但是这一原则要求诉讼各方均同时出席法庭审判,要求证人出庭作证,因此在客观上也会使双方当事人拥有对席辩论,并对对方的证人进行质证的机会。

四、约束性辩论原则

在诉讼理论上,辩论原则一直被认为是我国民事诉讼法中一项重要原则,同时也是民事诉讼法所特有的一项原则。我国1982年颁布的《民事诉讼法(试行)》和现行《民事诉讼法》,都将其作为"基本原则"进行了明确规定。1982年的试行法第一章即为"任务和基本原则",其中第10条被认为是关于辩论原则的规定,即"民事诉讼当事人有权对争议的问题进行辩论";1991年颁行的民事诉讼法仍在第一章"任务、适用范围和基本原则"中的第12条作出规定,"人民法院审理民事案件,当事人有权进行辩论"。通说认为,辩论原则是指在人民法院主持下,当事人有权就案件事实和争议问题,各自陈述自己的主张和根据,互相进行反驳和答辩,以维护自己的合法权益。辩论原则的内容包括以下几个方面:(1)辩论权的行使贯穿于从当事人起诉到诉讼终结的整个过程;(2)辩论的内容既可以是程序方面的问题,也可以是实体方面的问题;(3)辩论的表现形式及方式是多种多样的,既可以通过口头形式进行,也可以运用书面形式表达。② 从我国长期以来的理论观点来看,辩论原则往往是同绝对的"客观真实"观念紧密相关的,即法院为了达到其所认为的客观真实,可以不受当事人辩论内容的约束。因此,就总体而言,过去我国民事诉讼立法和理论对辩

---

① 陈瑞华:《刑事审判原理论》,北京大学出版社1997年版,第186~187页。
② 江伟主编:《民事诉讼法》,高等教育出版社2007年第3版,第44~45页。

论原则的界定,主要是单纯地从当事人享有和行使辩论权的角度来进行的,这一点与大陆法系国家和地区的理论存在较大的差别。

在大陆法系国家和地区民事诉讼法及其诉讼理论中,一般将辩论原则称为"辩论主义"。我国于清末引进西方民事诉讼制度时亦采用了"辩论主义"这一概念。这一原则的基本含义是指,作为裁判基础的诉讼资料,应当由当事人予以提出,法院只能以当事人提出的并经过充分辩论的资料为基础进行裁判。按照日本民事诉讼理论的通说观点,辩论原则包括以下三层含义:(1)直接决定法律效果发生或消灭的必要事实(这被称为主要事实)只有在当事人的辩论中出现才能作为判决的基础,法院不能将当事人未主张的事实作为判决的基础;(2)法院应当将双方当事人无所争议的主要事实当然地作为判决的基础,就这一意义而言,法院也受其约束(自认);(3)法院能够实施调查的证据只限于当事人提出申请的证据(禁止职权调查)。不过,上述第三项内容的"禁止职权证据调查"并未达到其他两项内容那样绝对化的程度。①

可以看出,在大陆法系国家,辩论原则直接界定了当事人和法院在诉讼中的地位和作用,其核心就在于当事人的辩论内容对法院裁判的制约,法院或法官判断的依据被限制在言词辩论中当事人所提主张的范围内,因而辩论原则对于整个诉讼程序的架构具有基本的指导作用。而在我国民事诉讼立法和司法实践中,辩论原则仅仅局限于对当事人辩论权的认可,其辩论的内容只是法院判断的一个信息渠道,有时甚至不是主要的信息渠道,法院对实体问题的判断可以依自己的调查结果为根据,不受当事人辩论内容的限制。例如,《民事诉讼法》第 68 条规定,证据应当在法庭上出示,并由当事人互相质证。但质证的内容及其后的法庭辩论对法官认定事实和适用法律是否具有约束力,法律并未说明。正是由于存在这种区别,有学者将大陆法系国家和地区民事诉讼中的辩论原则称为"约束性辩论原则",而将我国民事诉讼中的辩论原则称为"非约束性辩论原则"。②

从诉讼法理上说,对审原则的实质是赋予当事人的辩论权,允许双方当事人对诉讼中的事实、证据和法律问题广泛地展开辩论,最后由作为中立的裁判者的法院根据当事人双方提出的主张和事实作出公正的判决,这是公正的程

---

① [日]高桥宏志:《民事诉讼法——制度与理论的深层分析》,林剑锋译,法律出版社 2003 年版,第 329~330 页。

② 张卫平:《我国民事诉讼辩论原则重述》,载《法学研究》1996 年第 6 期。

序保障的必然要求。但如果对席辩论只是涉及双方当事人在诉讼过程中的基本关系,却没有规定相应的法律后果,没有使当事人的辩论结果形成对法院裁判的约束,而法院可以主动收集和提供证据,认定当事人没有主张、辩论过的事实,裁判当事人没有提出过的请求,那么,两造审理的过程就会出现"你辩你的,我判我的"这样的反常状态,对席辩论原则就会变得空洞化而对民事诉讼结构和民事诉讼活动失去其基本的指导作用。因此,对审原则要求双方当事人的辩论对法官的裁判构成实质性的约束。

第四节 排除适用对审原则的特别情形

一、执行行为

民事诉讼是包含判决程序和执行程序两种类型的司法程序。审判与执行历来被视为车之两轮、鸟之双翼,共同确认和实现当事人的私权。但是,在执行机构与执行当事人之间的关系上,执行程序并不完全适用审判程序的法理,二者在以下方面存在重要区别:[①]

(一)民事执行的单向性与审判的多向性、互动性

执行机构对被执行人采取的执行行为,无论是查封、扣押、冻结等控制性执行行为,还是拍卖、变卖、分配等处分性执行行为,均以被执行人的责任财产为执行标的,以最终满足债权的清偿为目的,体现的是执行机构的强力和意志,而被执行人的人身自由、财产自由和意志自由受到限制。但在审判程序中,裁判权是消极、被动的权力,审理过程中始终存在着原、被告双方的协商、交涉、辩论、辩驳、质证、对抗,诉讼信息不停地在法院、双方当事人之间交流,法官的裁判必须是在受判决直接影响的有关各方的参与下,提出证据并进行理性的说服和辩论,以此为基础作出裁判。

(二)民事执行的不平等性与审判的平等性

民事执行以保护债权人的债权为己任,奉行债权人与债务人不平等原则。债务人只有接受或忍受强制执行的义务,没有拒绝执行的权利,也无资格要求

[①] 江伟主编:《民事诉讼法专论》,中国人民大学出版社2005年版,第486～489页。

在强制执行中与债权人平等。这一点不同于民事审判程序中的当事人权利平等原则。

（三）执行机构的主动性与审判机构的中立性

中立性的原则是审判的基础。法官必须保持中立，不偏不倚，否则就会丧失司法所固有的要求。但是在执行程序中，执行人员必须审时度势，随机应变，根据实际情况主动采取各种执行措施。

（四）民事执行的职权主义与审判的当事人主义

民事执行属单方行为、主动行为，必然带有强烈的职权主义色彩。当债权人向执行机构提出申请，从而启动执行程序之后，无论是对于被执行人财产的调查、确定执行对象的财产范围，还是查封、扣押、冻结、拍卖等执行措施的采取，都由执行机构依职权来决定，无须当事人的申请。而审判活动则奉行当事人主义，当事人决定审判程序的开始和终结，当事人对自己权利的处分行为对法官有约束力，法院认定案件事实的有关诉讼资料只能由当事人提出，否则不能作为法院裁判的依据。

上述的审执分立原理决定了对审原则通常不能适用于民事执行行为。但应当注意的是，民事执行程序的目的虽然是实现生效法律文书所确定的给付内容，但是执行机构并非仅仅依职权进行各种执行行为。在某些情况下，也需要就被执行人的执行能力、追加被执行人、执行和解、执行异议等事项作出决定。这些决定的本质是属于行使司法判断权，而非单纯的执行权，当事人应当受到充分的程序保障。因此，在作出判断之前，一般需要通过听证会的形式，在执行法官的主持下，让案件当事人、案外人和有关执行参与人围绕争议问题进行举证、质证，查明案件的有关事实。在此类执行听证程序中，对审原则依然应当予以适用。

二、非讼程序

法院依照民事诉讼法处理的民事案件，在性质上可区分为诉讼案件和非讼案件两大类。诉讼案件是指双方当事人对于诉讼标的存在民事权益争议并请求法院予以裁判的案件；非讼案件则是指利害关系人或起诉人在没有民事权益争议的情况下，请求法院确认某种事实和权利是否存在，从而引起一定的民事法律关系发生、变更或消灭的案件。由于案件的性质不同，法院行使审判权的前提及目的不同,因而程序的具体设置也就必然不同。诉讼案件与非讼案件的客观存在,是诉讼程序与非讼程序设立的客观基础,法院处理诉讼案件适用通常诉讼程序,处理非讼案件则适用非讼程序。

世界各国的民事诉讼法一般都设有非讼程序,以审理一些特殊类型的案件,但在非讼程序的适用范围方面却有较大的差异。各国的民事诉讼法一般都把认定公民失踪和宣告失踪人死亡、公民行为能力受限或无行为能力、财产无主等案件列入非讼程序的适用范围。此外,有些国家的民事诉讼法将丢失不记名凭证的复权(公示催告程序)、遗嘱文件的验证、死者或无行为能力的人财产的管理、婚姻亲子关系案件等也列入适用非讼程序的范围。总之,外国民事诉讼法中非讼程序的适用范围是比较广泛的。① 根据以上对非诉讼案件和非讼程序概念的界定,我国现行民事诉讼立法符合这一特征的程序包括《民事诉讼法》第 15 章、第 17 章至第 19 章规定的特别程序、督促程序、公示催告程序。②

非讼案件与争讼案件在法律性质和特点等方面存在着差异,非讼案件应当依照非讼法理来处理,原则上不能依照争讼法理来处理。在对审原则的适用上,诉讼程序与非讼程序存在着重大差别:

民事诉讼在结构上以有对立着的双方当事人为基本型态。诉讼中既有作为起诉者的原告,又有作为被诉者的被告。原、被告处于利害关系中的对立状态。这样的状态要求民事诉讼程序的设置,无论在形式上还是实质上,均应维持原、被告之间的平等地位,以及原被告分别与法官之间的等同距离,从而使之拥有平等的陈述意见、提供证据的机会,亦即拥有相同的攻击与防御方法。法官正是在此诉讼程序的格局中,以公正的第三者的立场,作出对案件的最终裁判。因此,理论上也称该原则为"武器平等原则"。据此原则,原告在起诉时,若缺乏明确的被告,诉讼程序则不能成立;反之,若起诉者不是声称与本案有直接利害关系的人,诉讼程序也不能构成。因为,无论何种情形的出现,都意味着诉讼程序中缺乏相对立的双方当事人,对审的机制无以产生,法院由此缺乏作出裁判的契机。非讼程序则不然,它的启动不以案件有权益争端为事实前提,因而只要一方当事人的申请就可以把它发动起来,而且该申请者不一

---

① 王强义:《民事诉讼特别程序研究》,中国政法大学出版社 1993 年版,第 13~14 页。
② 蔡虹:《非讼程序的理论思考与立法完善》,载《华中科技大学学报》(社会科学版) 2004 年第 3 期。

定与本案有直接的利害关系。法院对于非讼案件的处理,不是依赖于双方当事人的陈述及辩论的结果,而是以一方当事人的单方面陈述及辩论为裁判基础的。所以,通常见到的非讼程序,在案件解决过程的自始至终,往往只出现一方当事人,另一方当事人或者根本没有,或者没有出席法庭的必要。亦即,与以当事人双方审理为原则的诉讼程序不同,非讼程序是以当事人一方审理为原则的。①

此外,在非讼程序中,原则上采取书面审理和不公开审理原则,并限制或排除当事人主义的适用而采行职权主义。非讼案件和非讼程序中,不存在争议,无对立的双方当事人而只有申请人一方,不可能也无须法庭言词辩论,法官通常根据申请人提供的事实证据进行书面审查。法院可以依职权主动收集调查案件事实和证据,不受当事人提出的案件事实和证据以及当事人自认的限制;可以变更或超出当事人请求的内容和范围作出裁判,不受当事人请求的内容和范围的限制。非讼程序之所以原则上采取职权主义,主要是因为非讼案件往往涉及当事人以外的不特定人的权益,包含着公益因素,对于非讼案件的处理原则上不受私权自治和当事人意志的约束,法院作为社会公益维护者以职权处理非讼案件和控制非讼程序。②

由于非讼案件与诉讼案件在法理上存在的对立性,因此在非讼案件的审理过程中排除对审原则的适用。

三、依据当事人的单方申请作出裁定的程序

在诉讼案件中,对审原则的适用具有广泛性,排除适用这一原则的情形很少。但是,根据法律规定,在某些依据当事人的单方申请而作出裁定的程序中,不要求事先通知双方当事人即可进行。

这种依据单方申请而作出裁定的程序一般是出于两种原因:其一,申请的事项并不影响对方当事人的合法权益,因此不需要经过两造辩论,例如申请法官回避;其二,基于该事项的性质,只能根据一方当事人的申请立即作出决定,否则将无法达成目的,如申请财产保全等临时性救济措施、又如督促程序中支

---

① 汤维建:《试论诉讼原理与非讼原理的交错适用》,载《诉讼法学新探》,法制出版社 2000 年版,第 708～714 页。

② 蔡虹:《非讼程序的理论思考与立法完善》,载《华中科技大学学报》(社会科学版) 2004 年第 3 期。

付令的申请。在后一种情况下,由于这种基于单方申请的决定也影响到对方当事人的实体利益,因此在承认只根据债权人一方的申请作出裁判的同时,又必须给予债务人提出异议,重新要求以双方审问的方式进行审理的权利。

四、缺席审判

在民事诉讼中,原、被告双方为了维护自己的利益,通常都会于言词辩论期日到庭,并为了获得有利于自身的判决而进行诉讼活动。具有利害关系的人作为诉讼的当事者直接进入程序,典型地体现了诉讼程序的参与性。但是,民事诉讼具有私法的性质,民事案件的当事人对民事纠纷本身有自主解决和对诉讼标的有自由处分的权利,所以在诉讼过程中可能会发生当事人缺席的情形。虽然说基于私法自治的原则,法院不能强制当事人到庭参加诉讼,然而法律也不应当听任由于当事人不出庭而阻碍诉讼的进行。因此,有必要设置缺席判决的程序以对出席审判一方当事人的合法权利进行救济。

如前所述,两造具备、对席审理是民事诉讼的基本法理。它不仅是裁判者发现事实真相最有效的方式,有助于达成公正的判决,同时也体现了当事人在诉讼程序中的人格与尊严,使当事人对裁判结果感到满意和信服。在某一方当事人缺席的情况下进行审理并作出判决,一方面没有经过两造主张、举证、对质、辩论的过程,法庭往往只能根据单方面的陈述作出判断,诉讼资料的提出和审查是不完整的,所作出的判决难以保证建立在客观真实的基础之上;另一方面,对于未到庭诉讼的当事人而言,由于没有亲自出席庭审,也就不能通过充分地参与审理过程而对判决结果的形成施加影响。考虑到判决本身的正确性以及当事人的参与性都存在着重大瑕疵,缺席判决的约束力难以顺理成章地及于受到判决影响的缺席当事人。要使缺席判决的效力获得当事人以及社会公众的认可,必须从程序机制上寻求缺席审判的正当性基础。同时,对于缺席一方当事人来说,由于丧失了在庭审中陈述、辩论,提出诉讼资料的机会,应当有机会得到事后的救济。

第二章　缺席审判的正当性基础

第一节　程序正义与缺席审判的正当性

一、私法自治与当事人缺席

民事诉讼系当事人之间的私权之争。一般认为,在私法领域,每个人得依其自我意志处分其有关私法事务,这一基本原理被称为"私法自治"。① 民主社会中,私法自治是最重要的原则,因为这个原则是以自由思想为基础,② 若无私法自治,即无法律秩序的存在。私法自治之意义,在于法律给个人提供一种法律上的权力手段,并以此实现个人的意思;这即是说,私法自治给个人提供一种受法律保护的自由,使个人获得自主决定的可能性。③

在私法自治的前提下,私人间所生之财产关系的纷争,以委由当事人自主解决为原则,即使进入诉讼程序,也应当尽量地以接近自主的方式加以解决。民事诉讼程序中,无论当事人是否利用民事诉讼程序,利用至何种程度,都尊重当事人的意思决定(处分权主义),连同诉讼资料的提出,亦承认当事人自律的支配原则(辩论主义)。

当事人在诉讼中处分的权利对象是多种多样的,但无非两大类:一是基于民事实体法律关系而产生的民事实体权利;二是基于民事诉讼法律关系所产

---

① 李锡鹤:《论民法本位》,载《华东政法学院学报》2002年第2期。
② 黄立:《民法总则》,中国政法大学出版社2002年版,第185页。
③ [德]迪特尔·梅迪库斯:《德国民法总论》,邵建东译,法律出版社2001年版,第143页。

生的诉讼权利。诉讼权利虽然属于程序意义上的权利,但往往与实体权利有关,当事人对实体权利的处分,一般是通过对诉讼权利的处分而实现的。① 诉讼发生后,到庭参加诉讼、进行辩论是当事人的基本权利,这种权利的属性是一种自由的、不需要说明理由的决定。如果当事人放弃对席审理的权利,在通常情况下,无需对任何人说明为何作出这样决定的原因,这种自由是私法自治的优越性所在。如果强迫当事人到庭接受审判,在两造对席的基础上作出的判决可能会产生较为符合实质正义的结果,但是为了达到这些结果,接受者的人格尊严就会受到侵犯。而一种公平的程序应当是这样的一种程序——"它并不要求人们以一种有损尊严的方式行动,或者有人对他们做了通常被认为是无礼的或可耻的事情"。② 因此,基于私法自治和行为自主,当事人是否到庭参与诉讼属于其自我意志决定范围之内的事项。

二、通过程序正义获得裁判的正当性

对行使权利而产生的结果,人们作为正当的东西而加以接受时,这种权利的行使及其结果就可以称为具有"正当性"或"正统性"(legitimacy)。缺乏正当性或失去了正当性的权利或权利行使的制度不可能长久维持。③

如果裁判的实体内容能够获得当事人和社会的普通认可,那么它就获得了最充分的正当性。然而,在事实上这不大可能被实现。因为在大多数诉讼中当事人的利益往往是相互对立、矛盾的,不同的社会利益群体或文化群体对某些基本原则存在根本分歧,对裁判结果的评价也会不同。在关于裁判的实体公正性不能达成共识时,程序是否公正就是裁判获得正当性的唯一尺度,因为相对于实质公正,程序是否公正更容易形成共识,更具有可操作性,也更容易被公众感知。④ 正如贝勒斯所言,"倘若当事者觉得用来作出判决的程序是不公正的,那么无论是在心理上还是在行动上,他们都不太可能接受解决其争

---

① 江伟主编:《民事诉讼法》,高等教育出版社 2007 年第 3 版,第 46 页。
② [英]戴维·米勒:《社会正义原则》,应奇译,江苏人民出版社 2005 年版,第 148 页。
③ [日]谷口安平:《程序的正义与诉讼》(增补本),王亚新、刘荣军译,中国政法大学出版社 2002 年版,第 9 页。
④ 任辉献:《论作为司法权正当性基础的程序公正》,载《法律适用》2002 年第 10 期。

第二章 缺席审判的正当性基础

执的判决"。①

1975年,约翰·蒂伯(John Thibaut)和劳伦斯·沃克(Laurens Walker)发表了一个具有启发性的专题报告"程序正义:心理学方法的分析"。该文采用实证分析方法比较了判决、仲裁、调解等由第三方介入的争端解决程序,其中关于主体之程序回应的观点最引人注目,他们提出:争端当事人以及其他人对于争端解决过程公正性的关注常常不亚于对解决结果本身的关注。约翰·蒂伯和劳伦斯·沃克通过社会心理学调查的研究表明:程序公正对于当事人对结果的满意程度有密切的影响,即使结果对他们不利。继后,美国西北大学汤姆·R.泰勒(Tom R.Tyler)的一项研究调查了曾与警察、法官打过交道的芝加哥居民,询问了他们是否对警察或法院的处理过程和结果满意。结果表明,对处理过程公正性的感受是决定人们对结果满意度的最重要因素。被询问者根据其获得的有利与不利结果分成不同的小组,然后根据他们关于结果是出自公正还是非公正程序的看法作进一步的划分。即使在结果不利的情况下,那些相信程序是公正的被告对作出决定的权威都不会怀有疑虑。进一步研究表明,甚至在一些被判入狱的已决重刑犯,刑罚的轻重与否对他们所作的评价并没有产生直接影响,但是被告对案件处理程序的公正性的看法对他们所作的评价却产生了积极的影响。因此,在法律程序中,诉讼双方对于结果的接受程度更多地取决于解决纠纷的程序正当性,而不是决定结果的正当性。程序公正是"看得见的公正",这个命题包含这样一种意义:过程正当性向当事人提供了结果合理性的间接依据,它给予结果以间接的支持,因而当事者接受这一(可能对他不利的)结果。②

与程序的结果有利害关系或者可能因该结果而蒙受不利影响的人,都有权参加该程序并得到提出有利于自己的主张和证据以及反驳对方提出之主张和证据的机会。这就是"正当程序"原则最基本的内容或要求,也是满足程序

---

① See Michael Bayles, *Principles for Legal Procedure*, Law and Philosophy 5 (1986), by D.Reidel Publishing Company,pp.54~55.转引自孙笑侠:《论当事人角度的程序公正》,载法律思想网:http://law-thinker.com/show.asp? id=2650,下载日期:2012年3月20日。

② 孙笑侠:《论当事人角度的程序公正》,载法律思想网:http://law-thinker.com/show.asp? id=2650,下载日期:2012年3月20日。

正义的最重要条件。① 在当事人亲自参加的诉讼程序中,原、被告双方都已经被给予了充分的机会表达自己的观点和提出证据,并且由相信是公正无私的法官进行了慎重的审理,所以对结果的不满也就失去了客观的依据而只能接受。这种效果并不是来自于判决内容的"正确"或"没有错误"等实体性的理由,而是从程序过程本身的公正性、合理性产生出来的。

三、对审机会的保障

缺席判决是一种没有听取一方当事人的主张或辩论就作出不利于其决定的制度。由于未曾贯彻双方对审的原则,没有经过言词辩论,要使它产生与对席判决一样的效力,就必须在程序上保障宪法赋予公民接受公开审判和获得对席辩论的权利的前提下,当事人放弃通过法庭审理与对方争执的辩论权时才有可能。这种国家对公民的生命、自由或财产,非经正当程序不得剥夺的现代诉讼的基本原则,就被称为正当程序或正当过程。在1950年的姆内恩诉中央汉诺威银行和信托公司(Mullane v. Central Hanover Bank & Trust Co.)一案中,美国联邦最高法院指出,"提供听审机会是正当法律程序的基本要求",如果某人被告知了未决的诉讼事项,并且能够自行选择究竟是应诉还是缺席、自认还是抗辩时,实际听审的权利就不那么具有现实必要性了。②

按照日本学者谷口安平的观点,利害关系者的参加存在着种种形态和不同的程度,对此可以分为三类:③

(一)直接参加

这指的是具有利害关系的人作为诉讼的当事者直接进入程序,并为了获得有利于自身的判决而进行诉讼活动的情况。毫无疑问,两造对席的审理方式就是参加的作用表现得最为明显的情况。

---

① [日]谷口安平:《程序的正义与诉讼》(增补本),王亚新、刘荣军译,中国政法大学出版社2002年版,第11页。

② *Mullane v.Central Hanover Bank & Trust Co.*,339 U.S.306,1950 U.S.LEXIS 2070.

③ [日]谷口安平:《程序的正义与诉讼》(增补本),王亚新、刘荣军译,中国政法大学出版社2002年版,第11~16页。

第二章 缺席审判的正当性基础

(二)间接参加

潜在的当事者自己不直接参加诉讼,而由代表其利益的人进行诉讼来实现程序参加。日本民事诉讼法第 47 条规定,复数的具有共同利害关系的人员可以不必全部作为当事者参加诉讼而推选代表者并授权由他进行诉讼。这就是选定当事者制度。在美国,具有共同利害关系的潜在当事者中任何一部分人都可以任意地授权由他人代表进行诉讼的所谓"集团诉讼"(class action)相当发达。在德国则有消费者保护组织等代表一般人利益的团体出面代表多数人进行诉讼的"团体诉讼"制度。在这些情况下,第三者为了他人利益进行诉讼,诉讼的结果则对未参加诉讼的人们发生法律效力。

(三)参加机会的保障

即使当事者实际上没有参加诉讼,但只要被给予了参加的机会,即视为达到了参加的目的。

在缺席审判的程序设计上,首先必须承认和保障公民享有接受审判和进行法庭辩论的权利,这是诉讼程序是否正当、是否合法的问题,而把每个具体案件是否要在法庭上进行对席辩论的决定和选择权交给当事人自身。黑格尔曾云,"凡是出于我的故意的事情,都可归责于我"①,也就是说,立法不应当让人们对其意志控制范围之外的事件负责,但人们应当为自己有意识的行为负责。具备诉讼行为能力,意味着能够亲自通过自己的行为行使诉讼权利、履行诉讼义务,并能够理解、辨认自己的诉讼行为所带来的法律后果。当事人应当作为一个负责任的理性行动主体来参加诉讼,如果是意图拖延诉讼、逃避义务,或是出于懈怠、气恼、愤恨、情绪激动而缺席,虽然不会遭到法庭的强制或额外惩罚,但必然应当负担由于程序的经过、机会的流逝而带来的不利后果。此时,即使当事者实际上没有参加诉讼,但只要被给予了参加的机会,赋予了充分的程序保障,即可视为达到了对审原则的目的,在此基础上作出的缺席判决也获得了正当性。

因此,在缺乏对席审理的基础时,是否已根据实际情况采用适当的方式对利害关系人进行未决诉讼的通知,从而保障其到庭参加诉讼的权利,则成为缺席判决获得正当性的关键所在。

---

① [德]黑格尔:《法哲学原理》,范扬、张企泰译,商务印书馆 1961 年版,第 118 页。

第二节 获得诉讼通知的权利

一、诉讼通知的必要性

基于私法自治,当事人可以自行决定是否参与诉讼过程,以两造对审的方式维护自身的权益。作出选择的前提是听审机会的存在,亦即双方当事人都拥有充分地参与诉讼程序的可能性,在此基础上再自由选择应诉还是缺席、自认还是抗辩。如果被告不知道他已经被起诉,则他无法参与诉讼,向法庭表达自己的意见、观点和主张;如果法庭的裁判不是建立在通过审判所认定的事实以及有关法律规范的基础上,作出的裁判显然难以被认为是正确的。因此,当事人有接受法院就程序进行事项给予通知的权利,法院有义务就诉讼相关事项给当事人以有效的通知,这是民事裁判具有正当性的基本前提。

告知诉讼已经系属的事实与法定听审权并列,都属于程序基本权利之列,并且可以追溯到很久以前。在中世纪的教会法中,预先传唤当事人(citation)就已经属于任何裁判的必要前提条件了;传唤上的错误将排除形式既判力,并将导致裁判的无效。[①] 而在英美法系的传统中,诉讼通知与法院的司法管辖权紧密相关。如果被告能够被送达令状,足以表明该法院对其具有司法管辖权;只有具备管辖权,法院才能对进行审判。[②] 直到今天,诉讼通知也没有改变这一重要意义。仅当当事人知悉诉讼已经系属并且能够参与该诉讼时,其他程序基本权利才能够发挥效力。

二、诉讼通知的宪法意义

宪法所确认的实体基本权利或法律所规定的权利在被侵犯或与他人发生争执以后,应当有所救济,"无救济即无权利"。因此,大多数国家和地区的宪法规定了"裁判请求权",作为设计和运作民事诉讼制度的最高理念。裁判请求权是指任何人在权利受到侵害或与他人发生争执时有请求独立的法院予以公正审判的权利,它包括两方面权利:一是诉诸司法的权利;二是

---

① [德]卡尔·海因茨·施瓦布等:《宪法与民事诉讼》,载《德国民事诉讼法学文萃》,赵秀举译,中国政法大学出版社 2005 年版,第 165 页。

② Adrian Briggs, *Civil Jurisdiction and Judgments* (2nd edition), LLP 1997, p.1.

第二章 缺席审判的正当性基础

公正审判请求权。而程序的告知权被认为是公正审判请求权中的一项重要内容,当事人应当有权获得对其提起的诉讼事项的通知和其他有关程序事项的通知。①

《德意志联邦共和国基本法》②第 103 条第 1 款明确规定:"任何人在法院面前享有法定听审请求权"(Vor Gericht hat jedermann Anspruch auf rechtliches Gehör.)。法定听审请求权的效力是由宪法所赋予的,因此普遍适用于民事诉讼、刑事诉讼与行政诉讼。2001 年德国《民事诉讼法改革法》第 321a 条也对民事诉讼中受到侵害的法定听审请求权规定了听审责问程序。由此,听审权的请求权在宪法和民事诉讼法中都有明确的体现。③ 德国联邦宪法法院从法定听审权(《基本法》第 103 条第 1 款)中得出法院负有义务,让法院诉讼所直接涉及的人员知悉有人已经提起诉讼,至少当法院知道谁是所涉及的人员并且对需要告知的人员范围了然于胸的时候需要这样做。④

从宪法层次将获得诉讼通知的权利阐释得最为系统、完善的是美国,美国联邦最高法院将未进行诉讼通知视为侵犯了"正当程序"(due process)的权利,而正当程序的基本含义为"恰当地告知和听取",其核心是要确保利害关系人有充分地参加程序的机会。

根据美国宪法修正案第 5 条、第 14 条的规定,联邦和州"未经正当法律程序,不得剥夺任何人的生命、自由和财产",这标志"正当程序"在美国作为一条宪法原则得以确立和保障。当某人的生命、自由或财产面临被政府剥夺的威胁时,"正当程序条款"将发挥保护性作用。正如联邦最高法院所阐明的,"任何一个诉因都是受到正当程序条款所保护的财产权利之表现形式"。受正当程序保护的个人并不需要证明其对争议财产的确享有权利,只要提出权利主

---

① 参见刘敏:《裁判请求权研究——民事诉讼的宪法理念》,中国人民大学出版社 2003 年版,第 18~32 页。

② 《德意志联邦共和国基本法》(德语:Grundgesetz für die Bundesrepublik Deutschland,缩写"GG"),于 1949 年 5 月 23 日通过,次日即生效,象征德意志联邦共和国的成立。1990 年原东、西德统一后,德意志联邦共和国统一适用该《基本法》。德国基本法是德国法律和政治的基石,由于经历过纳粹德国对公民权利的严重侵犯,德国基本法中包含的基本权利(Grundrechte)极为受到重视。

③ 田平安、蓝冰:《德国民事法定听审责问程序》,载《金陵法律评论》2007 年秋季卷。

④ [德]卡尔·海因茨·施瓦布等:《宪法与民事诉讼》,载《德国民事诉讼法学文萃》,赵秀举译,中国政法大学出版社 2005 年版,第 166 页。

张就足够了,而无论最终的诉讼结果如何。①

自 1856 年著名的"怀尼哈德诉人民案"开始,正当法律程序便由原来的单一程序性概念变为程序和实体兼备的综合性概念。② 按照美国权威的《布莱克法律辞典》对"正当程序"的解释,实质性正当程序是指"那种可能被概括性地定义为宪法性保证的东西,即任何人不得被专横地剥夺其生命、自由和财产。实质性正当程序的本质在于防止专横和不合理的行为"。而"程序性正当程序是指那些由美国宪法第 14 条修正案予以保护的人的自由和财产权,诸如使穷人获得委派辩护律师的权利、取得副本的权利、对证的权利,所有由第 6 条修正案予以特别规定和根据第 14 条修正案适用于各州的程序。程序性的正当程序的核心意思是权利受到损害的当事人有权得到审理,为了他们可能享有该项权利,他们必须得到通知。合理的通知、得到审理的机会和提出自己的主张并进行辩护都包含在'程序性正当程序'的条款中"。③

在前述 1950 年的姆内恩诉中央汉诺威银行和信托公司一案中,美国联邦最高法院阐明了接受诉讼通知的权利及其适用标准:在一切终局性的程序中,正当程序的一个必不可少的根本要求是,在任何情况下能够合理地通知利害关系主体未决的诉讼,并赋予他们提出异议的机会。这一通知必须能够合理地传递有关信息,并让利害关系人有合理的期间进行应诉。……当一个人有获得通知的权利时,仅仅作出告知的姿态不符合正当程序的要求,采取的方式必须如同某人迫切地想要实际通知缺席者时可能采用的合理方法。④ 因此,与程序的结果有利害关系或者可能因该结果而蒙受不利影响的人,都有权参加该程序并得到提出有利于自己的主张和证据以及反驳对方提出之主张和证据的机会。这就是"正当程序"原则基本的内容或要求,也是满足程序正义的最重要条件。

---

① Patrick Woolley, Rethinking the Adequacy of Adequate Representation, 75 *Tex. L.Rev.* 571, 1997.

② 汤维建:《美国民事司法制度与民事诉讼程序》,中国法制出版社 2001 年版,第 39～41 页。

③ See *Black's Law Dictionary*, clause of "due process", West Publishing Company (7th edition), 1999.

④ Mullane v. Central Hanover Bank & Trust Co., 339 U.S. 306, 1950 U.S. LEXIS 2070.

三、诉讼通知的要素

(一)诉讼事由告知

对利害关系人进行未决诉讼的通知,首先需要告知诉讼事由,即向其告知对方当事人所提出的事实主张、诉讼请求以及相关的理由和证据,从而有助于双方当事人在了解对方主张的前提下进行应诉、参诉,并在充分行使诉讼权利的基础上,有针对性地提出自己的主张和证据,反驳对方的主张和证据。因此,在庭审之前,被告有权获得原告所提交的起诉状副本,并作出答辩;原告也有权获得被告的答辩状副本。通过诉讼书状的交换使双方当事人对诉讼事由有清楚的认识。

(二)传唤状及后果告知

诉讼通知必须包含有法院向当事人发出的传唤状,敦促当事人到庭应诉并告知诉讼开始阶段的步骤和程序。这些步骤和程序可能包括答辩、提交证据、交换证据、首次开庭的期日及其地点等等。传唤状必须说明当事人完成这些诉讼程序的期限,并充分说明如果未能按期完成这些程序步骤可能产生的后果,包括可能产生的失权效果甚至是作出缺席判决,使当事人在了解程序后果的基础上自行决定是否参加诉讼。

(三)正式的送达程序

送达是按照一定方式将诉状或其他诉讼文件交付给当事人和其他诉讼关系人的一种程序,以便受送达人了解诉讼文书的内容,从而产生一定的程序法和实体法上的效果。诉讼通知与诉讼书状的送达程序紧密相关。美国联邦最高法院曾经反复强调过送达诉讼书状的重要性:"在我们的司法系统长久以来所奉行的传统中,诉讼书状的送达对被告必须遵循的任何程序性负担来说是至关重要的";"送达程序的核心功能是告知未决的法律诉讼,送达的方式和时间能够给予被告一个公平的机会来就原告的起诉进行答辩,并提出自己的防御、抗辩"。①

诉讼通知的目的在于向利害关系人现实地告知未决诉讼,并向其提供参

---

① Gene R.Shreve,*Understanding Civil procedure*,Lexis Nexis,2002,p.95.

加诉讼的机会。通知目的的实现完全依赖于向当事人进行的正式送达程序。送达程序对于送达主体、送达对象、送达方式、送达时间等都有严格的规范性要求,这一方面体现了法庭传召处于其司法管辖权之下的当事人时应当具有的权威性,另一方面是为了保障诉讼通知的内容能够实际地达到受送达人,使其充分了解未决的诉讼,并保障其参加诉讼的机会。

(四)就审期间保障

当事人受送达传唤状与言词辩论期日之间,应有相当的时间间隔,即所谓就审期间,以便当事人准备辩论及到场应诉。就审期间之目的在于使被告有充分的时间来了解原告的控诉内容,并提出自己的事实主张,收集必要的证据,以行使其防御权;对于原告而言,在接受被告答辩状的送达之后,也需要一定的期间间隔,以便充分了解被告的防御意旨,并适时调整本方的攻击方法。

为了使利害关系人有公正的机会提出有利于本方的主张和证据、反驳对方提出的主张和证据,各国家和地区民事诉讼法中一般都有关于就审期间的规定,如《德国民事诉讼法》第217条规定,"在已系属的案件中,传票送达后到指定的期日之间的期间,在律师诉讼,至少一周,在其他诉讼,至少为3天";我国台湾地区"民事诉讼法"第251条也规定:"诉状,应与言词辩论期日之通知书,一并送达于被告。前项送达,距言词辩论之期日,至少应有10日为就审期间。但有急迫情形者,不在此限。曾行准备程序之事件,前项就审期间至少应有5日。"我国《民事诉讼法》第122条也规定,人民法院审理民事案件,应当在开庭3日前通知当事人和其他诉讼参与人。

第三节　民事诉讼送达的基本问题

合理化的送达制度增加了缺席判决案件的程序合法性,成为民事裁判正当性评价的标准之一。依据案件的具体情况不同,诉讼文书的送达可以采取直接送达方式,即直接将诉讼文书送交受送达人;或者采取法律规定的或法院确定的替代性送达方式;送达还可以通过邮寄或公告方式实施送达;也可以将诉讼文书留置于受送达人居所、住所或受送达人指定的场所,在书记员处存卷备查。然而无论送达程序的细节如何,都必须设计好诉讼文书送达制度,以便受送达人有一个公正的机会对受送达的信息进行及时和充分的了解。

一、送达的性质

(一)民事诉讼的基本程序

送达程序是法院审判民事案件所必须进行的基础性程序,也是民事诉讼中当事人参与和对审原则得以贯彻的基本保障。送达制度可以在诸多程序环节中发挥作用,将各方诉讼主体间的行为联系起来,如立案、答辩、开庭、判决、上诉及至执行程序等,都会有若干重要的诉讼文书、资料在程序参与者之间进行传递。如果送达未能完成,这意味着联系、沟通各方的手段失效,常常导致环环相扣的程序阶段产生断裂,后续的诉讼行为无法继续进行。尤其是在原告提起民事诉讼之后,法院有义务就诉讼的相关事项向被诉者进行有效的通知以便给予其听审的机会,这是民事裁判具有正当性的基本前提;在进行合法通知之后当事人未出庭应诉,法院在此基础上作出的缺席判决,被认为是保障了利害关系人参与诉讼的机会,从而并不影响裁判的正当性。因此,就其地位而言,送达是民事诉讼中的基本程序,而非单纯的技术性规定。

(二)带有强制性的职权行为

在采取职权送达主义的国家和地区,送达是法院以法定方式所为的诉讼行为。各国民事诉讼法都设立了单独的章节规范送达程序,以较为详细的法律条文对送达程序和方式进行具体规定。① 法院必须按规定送达方为有效送达,如果违反了法律规定的程序和方式,所为的送达行为即不合法,不能产生相应的法律效力,由此可能导致程序的停止甚至辩论的重开。对于受送达人而言,由于法院依职权进行的送达是基于公权的行为,受送达人有忍受送达的义务,因而送达亦属带有一定的强制性的诉讼行为。

(三)送达的内容是各类诉讼文书

在民事诉讼中,被送达的诉讼文书种类较多,包括原告的起诉状、被告的

---

① 例如德国民事诉讼法中关于送达程序的集中规定有 48 条(第 166 条至第 213 条),此外在第一审程序、上诉审程序中都有关于送达的规定;日本新民事诉讼法关于送达程序的规定有 16 条(第 98 条至第 113 条);法国新民事诉讼法典第 17 编专门规定了"期间、执达员文书与通知",其中关于送达的规定有 47 条(第 648 条至第 694 条)。

答辩状、出庭传票、判决书、裁定书、调解书、支付令以及法庭发出的各种书面通知和命令等等。如果没有特定的诉讼文书,自无送达之必要;法院虽有特定的事项对当事人或其他诉讼参与人进行通知,但不以书面方式按照规定的程序进行送达的,亦不属于民事诉讼中所称的送达。例如法院对当事人提出的回避申请,以口头的方式作出决定,并通知当事人,该通知的性质并不属于民事送达。

(四)送达的对象是诉讼中的参与人

送达是法院在诉讼中实施的行为,受送达人应为法院以外的一切诉讼参与人,除当事人之外,还包括诉讼代理人、证人、鉴定人、翻译人员等。对于诉讼参与人之外的不特定主体所为的特定事项通知不属于送达的范畴,例如法院在开庭审理之前的公告通知;法院在诉讼之外向公民、法人或其他组织送交某种文书的行为也不能称为送达,如法院在诉讼终结后向有关机关和部门提出的司法建议。送达应当向受送达人本人进行;对无诉讼能力人的法定代理人、法人的法定代表人、有受送达权限的诉讼代理人、受送达人指定的代收人进行的送达,视为对受送达人本人进行。

二、送达的主体

(一)职权送达与当事人送达

在民事诉讼程序的进行方面,有所谓"职权主义"与"当事人主义"的区分,"把诉讼的支配权交给法院或当事人哪一方,就意味着职权主义和当事人主义的对立"。① 这两种民事诉讼制度呈现出来的特征有着根本性差异,用抽象的术语表达,可谓一是职权制或纠问制,一是对抗制或对审制,前者以法院为程序的主导者,后者以当事人及其代理律师为程序的主导者。② 在对抗制的审理方式中,裁判者处于中立、消极的地位,在事实的主张、证据的提供和案情的调查等方面应当处于被动的状态,程序的运作主要是由当事人及其律师来推动;而在职权制的审理方式中,由法官主持程序的展开以保证诉讼在有秩序和公正的条件下进行,为了查明真相必须主动地向当事人发问或提出建议。这

---

① [日]兼子一、竹下守夫:《民事诉讼法》,白绿铉译,法律出版社 1995 年版,第 68 页。
② 汤维建:《两大法系民事诉讼制度比较研究》,载《诉讼法论丛》第 1 卷,第 444 页。

种法官在诉讼程序中的作用差异也体现在起诉阶段诉讼文书的送达当中。

以美国为代表的英美法系民事诉讼采取的是典型的对抗制程序,起诉阶段的诉状送达由当事人来主导进行。根据《美国联邦地区法院民事诉讼规则》,民事诉讼自原告向法院提交起诉状时开始。原告提交起诉状的同时或之后,可以向法院书记官(the clerk)提交一份传唤状(a summons),由书记官署名、加盖法院印章后发还给原告,以便由原告向被告进行送达。传唤状应记明法院和当事人的名称,注明被告,写明被告应诉和答辩的期限,并告知被告如果不在规定的期间内应诉和答辩,则可对其作出缺席判决。传唤状和起诉状副本一同送达。如果原告从向法院提交起诉状之日起120日内未能将传唤状和起诉状送达给被告,法院应当根据当事人的申请或依职权,在不损害被告利益的情况下撤销诉讼并通知原告,或指令原告在限定的期间之内送达;如果原告有不能送达的正当理由,法院应当酌情延长送达的期限。① 由此可见,起诉阶段诉讼文书的制作、送达行为以及送达不能的后果,均由当事人自己承担。

依照德、日等大陆法系国家和地区的观点,法院对诉讼程序的进行起着主导作用,送达是国家行使审判权的行为,所以由法院依职权为之。德国民事诉讼法第270条第1款规定,"如果没有其他的规定,送达依职权为之"。法院指定一次终结辩论期日后,应将传票与诉状一并送达给被告(第274条第2款);如果法官确定了早期首次言词辩论期日,则向被告无迟延地送达起诉状的认证副本并同时附上传票(第274条第1款、第271条)。日本新民事诉讼法第98条也规定,"送达,除另有规定外,依职权进行;关于送达的事务,由法院书记官处理"。我国台湾地区"民事诉讼法"第123条亦确立了"依职权送达"的原则。

法国虽然从传统上来看属于大陆法系国家,但是民事诉讼中当事人主义的色彩较为浓厚,在送达程序上体现为两种送达方法的并存,称为普通送达和执达员送达。法国新民事诉讼法典原则上保留了执达员送达诉讼文书的垄断地位,但同时也引入了普通的通知途径,两种通知方法有着各自的适用范围,这种范围表现为两项规则:第一项规则,凡是法律明文准许经普通途径进行通知的文书,可以不经执达员送达;与此相反,如果有条文规定要求经执达员途径送达的文书,则禁止运用普通途径进行通知。第二项规则,当法律准许运用

---

① Federal Rules of Civil Procedure 4(b),4(m).

普通途径进行文书通知时,仍然始终可以经执达员送达。①

就职权送达与当事人送达的优劣而言,二者各有所长。由当事人负责诉讼书状的送达,其优势在于送达过程较为简易、迅速,能够节约大量的司法资源,同时反映出当事人对诉讼程序的主导和控制,体现了司法民主。但是,当事人不是行使国家权力的机关,在受送达人拒绝接受送达的情况下,难以通过留置诉讼文书等方式达到送达目的;并且由于送达行为对诉讼程序的进行有着重大影响,而进行送达的当事人与本案有利害关系,因此送达行为本身必须作为待证事实在诉讼中得到充分的证明。在依职权进行的送达程序中,送达行为带有国家的权威性和一定的强制性,较易达到送达目的;同时由于送达机构本身的中立地位,送达的效力较少受到质疑。

(二)我国民事诉讼的送达主体

按照我国的民事诉讼理论,送达是法院按照法定的程序和方式,将诉讼文书送交当事人或其他诉讼参与人的行为。送达的主体必须是法院,受送达人必须是当事人及其他诉讼参与人。当事人及其他诉讼参与人之间、法院之间递交诉讼文书的行为不能称为送达,当事人及其他诉讼参与人向法院递交诉讼文书也不能称为送达,均不适用民事诉讼法关于送达程序的规定。② 因此,诉讼通知以及诉状的送达,均属于法院的职权范围之内。

有学者认为,从节约诉讼成本、提高诉讼效率的角度考虑,赞同在我国建立以法院送达为主、当事人送达为辅的双轨送达体制,以增加我国司法资源的供给,减少送达环节的司法需求,从而缓解我国司法资源供给与司法需求之间的紧张关系。③ 但是,这一提议在我国将会遭遇到一定的障碍:

首先,按照我国传统的诉讼法理论,民事诉讼法律关系只存在于人民法院和一切诉讼参与人之间,诉讼法律关系的主体一方是人民法院,另一方是当事人、人民检察院和其他诉讼参与人,人民法院在民事诉讼法律关系中始终占主导地位,而人民法院以外的所有诉讼参与人之间不存在诉讼法律关系。④ 虽

---

① [法]让·文森、塞尔日·金沙尔:《法国民事诉讼法要义》(上),罗结珍译,中国法制出版社 2001 年版,第 656~657 页。
② 江伟主编:《民事诉讼法学原理》,中国人民大学出版社 1999 年版,第 522 页。
③ 王福华:《民事送达制度正当化原理》,载《法商研究》2003 年第 4 期。
④ 柴发邦主编:《民事诉讼法学新编》,法律出版社 1992 年版,第 42~43 页。

然其后的学说发展也认为在特定的条件下,当事人之间也会发生争讼法律关系,①但从现行民事诉讼法以及相关司法解释的规定来看,当事人之间的诉讼行为只有通过法院才能对双方当事人产生法律效果。例如当事人在诉讼中自行和解后,申请撤诉必须经过法庭准许;当事人达成的调解协议必须由法院制作调解书,经双方当事人签收才能产生法律效力;当事人协商一致的举证时限必须经人民法院认可;证据交换应当由人民法院组织进行;不承认当事人之间订立的证据契约、不上诉契约等诉讼契约的约束力;等等。因此当事人之间自主进行的送达行为能否产生程序法和实体法上的效力不无疑问。

其次,当前的诉讼实践中"送达难"的状况已成为不争的事实。在由法院进行的送达中,受送达人故意藏匿以躲避送达、将送达人员拒之门外、拒绝接收被送达的诉讼文书等情形时有发生,在直接送达难以实现的情况下,法院不得不采用邮寄送达、留置送达、公告送达等替代性送达方式。双轨送达体制的倡议者也承认,由当事人送达是建立在互相信任和诉讼合意的基础之上,由于这种送达缺乏司法强制力,硬性要求受送达人签收是不现实的,所以,通过这种送达途径送达后不应要求受送达人签字,而应当由送达人提交宣誓陈述书(或具结保证)证明受送达人实际收到了文件。这一设想与我国现阶段的诉讼文化和法律意识是相脱离的。在社会普遍遭遇诚信危机、民事诉讼法中没有规定当事人的真实陈述义务、法庭宣誓所依托的宗教色彩在我国极为淡薄的情况下,由当事人自行完成送达、并通过单方面宣誓来进行证明,不仅给送达人造成了难以送达的客观困难,也极易引发诉讼中的道德风险。尤其是诉状和传票送达是为了给予当事人以诉讼通知和听审机会,其程序保障意义极为重大,在当前的诉讼理论和现实条件下只能由具有公信力的机关来进行送达。

三、实际送达与拟制送达

送达系由送达机关将诉讼文书交付给受送达人,以受送达人了解诉讼文书的内容为目的,至于受送达人接受该诉讼文书后,是否亲自阅读并理解其内容则在所不论。因此送达程序系以诉讼文书的实际交付为中心,只要诉讼文书已处于受送达人可支配的范围,送达程序的目的便已达到,对当事人的程序保障便告完成。各类送达方式可据此而划分为实际送达与拟制送达。

实际送达,指诉讼文书已实际地处于受送达人可支配、掌握的范围之内,

---

① 江伟主编:《民事诉讼法》,高等教育出版社 2007 年第 3 版,第 19 页。

受送达人可以通过亲自阅读诉讼文书而了解其内容。实际送达又可分为直接的实际送达与间接的实际送达两类。直接的实际送达指诉讼文书由送达机关直接交付给受送达人本人,如我国民事诉讼法中所规定的直接送达;间接的实际送达指诉讼文书的送达由其他机构或人员代为进行;或是因送达人未能与受送达人会面、受送达人拒绝接受送达,从而通过转交、留置等方式将诉讼文书实际地置于受送达人可支配的范围之内。我国民事诉讼法中规定的邮寄送达、留置送达、转交送达便属于间接的实际送达方式。

拟制送达,指在受送达人下落不明,或者通过实际送达方式未能达到目的的情况下,送达机关以公告、单向邮寄①等方式来进行送达,经过一定的程序之后视为送达完成。由于民事诉讼是由多个相继进行的阶段构成,而诉讼文书的送达通常是各个诉讼阶段之间的纽带,送达完成后才能进入下一个诉讼环节。为了防止送达障碍而导致程序的阻滞,民事诉讼中采用拟制的手段进行送达,从而推动程序的进行是完全必要的。拟制送达有两层作用:其一,希望通过公告、单向邮寄的方式使受送达人了解到诉讼文书的内容,从而完成相应的诉讼行为。因此公告除了在法院的公告栏、受送达人原住所张贴外,往往要在报纸上刊登以扩大传播面;单向邮寄也应当向与受送达人有实际联系的地点寄送。其二,即使刊登公告,被告实际了解看到的机会也是微弱的,因此公告更重要的作用在于通过拟制送达的方式形成一个保障当事人程序权利的外观。只要符合立法规定的要件,已完成的拟制送达具有与实际送达相同的法律效力。应当注意的是,拟制送达虽然是在实际送达难以奏效的情况下不得已的一种手段,但由于它对当事人参加程序的保障来说是软弱无力的,因此必须规定严格的适用条件,并且让受拟制送达的当事人有机会得到事后的程序救济。

四、送达的证明

(一)职权送达行为的证明

在职权主义的送达体制下,诉讼文书的送达行为均由有权实施送达的公

---

① 这种寄送不同于普通的邮寄送达。一般的邮寄送达亦属于实际送达,必须将诉讼文书当面交付,只是交付者是邮政人员而非法院人员;而拟制的邮寄送达是在无法实际送达的情况下,向受送达人的地址单方面进行寄送。具体可见本章第四节。

务人员进行。为了证明送达行为的完成及其方式,应由送达人作成文书,被称为"送达证书"。送达证书的内容不仅应包括受送达人收到文书的证明,更需要证明的是诉讼文书的种类、收到的日期以及送达的方法。

送达证书一般应由受送达人签章加以证明。采取的送达方式不同,送达证书的内容也迥然有异。在直接实际送达的情况下,送达证书应由受送达人本人的签章,如若受送达人拒绝签章,送达人应当记明拒绝签章的事由;此处所谓拒绝签章,系指受送达人接受了诉讼文书,但拒绝在送达证书上进行签章,如果是受送达人拒绝接受诉讼文书,则会发生是否适用留置送达的问题。在间接实际送达的情况下,即因为送达人未能与受送达人会面,或者受送达人拒绝接受送达,通过转交、留置等方式将诉讼文书实际地置于受送达人可支配的范围之内。此时应由代收人进行签章,或者是由送达人记明受送达人拒绝接受送达的事由。在拟制送达的情况下,由于受送达人下落不明,送达人只需将送达的方法及时间记载于送达证书之上。

送达人属于履行公务的人员,送达证书属于送达机关制作的公文书,因此具有较强的证明力,在受送达人拒绝签章时,送达证书所记载的事项无须其他证据便能单独证明送达的完成。① 当然,在受送达人有确切反证的情况下,也

---

① 在2012年我国现行《民事诉讼法》修订之前,原《民事诉讼法》第79条规定了留置送达制度:"受送达人或者他的同住成年家属拒绝接收诉讼文书的,送达人应当邀请有关基层组织或者所在单位的代表到场,说明情况,在送达回证上记明拒收事由和日期,由送达人、见证人签名或者盖章,把诉讼文书留在受送达人的住所,即视为送达。"根据上述规定,适用留置送达时必须有见证人,无人见证的情况下不能采用留置送达,并且对见证人身份有着较为严格的规定,即有关基层组织或者所在单位的代表。法院不能以一名工作人员实施送达,一名工作人员作为见证人的形式进行留置送达。但是在司法实践中,有关基层组织或所在单位代表由于种种原因不愿到场见证的情况也客观存在。最高人民法院《关于适用〈中华人民共和国民事诉讼法〉若干问题的意见》第82条又补充规定:"受送达人拒绝签收诉讼文书,有关基层组织或者所在单位的代表及其他见证人不愿在送达回证上签字或者盖章的,由送达人在送达回证上记明情况,把诉讼文书留在受送达人住所,即视为送达。"该《适用意见》已经考虑到了其他机关或所在单位代表在履行见证义务后不愿在送达回证签名或盖章的情况,但对其不愿履行见证义务的情况未予考虑。对留置送达作出严格的程序规定,其本身的积极意义在于限制法院送达职权的滥用,但是此种要求过于严格,以致在司法实践中要合法有效地适用留置送达存在一定难度,应当考虑适当放宽留置送达的证明标准,采用由送达人的笔录加以证明。因此,在2012年修订后的《民事诉讼法》第86条对留置送达制度的证明进行了完善,可以把诉讼文书留在受送达人的住所,并采用拍照、录像等方式记录送达过程。

可以推翻送达证书的证明力。

(二)当事人送达行为的证明

在当事人自主进行的送达中,如果受送达人对送达的完成及其效力提出异议,则该送达行为是需要当事人举证加以证明的程序法律事实。例如在美国联邦法院,除了特定的诉讼之外,只要不是当事人且年满18周岁的人都可以担任诉讼书状的送达工作①,许多州的诉讼规则也允许通过邮寄的途径进行诉讼书状的送达。送达的完成通常由送达者及时返回填写完毕并经签名认可的送达回证证明。不过,现代的法院认为送达回证并无决定意义,它仅仅是表明其所载事实的有力证据而已,可能因证明其有错误而被推翻。② 因此,当事人进行的送达有可能作为待证事实而成为双方之间争讼的对象。

第四节 邮寄送达的采纳与适用

一、当面送达的传统

当面送达,亦称为直接送达、本人送达,是指将应被送达的诉讼文书或者应为通知的事项,直接送达于应受送达人本人。根据通知的原则,起诉书应当直接送达被告,而且被告应有足够的时间准备答辩和出庭应诉。最佳的方式是书面直接送达被告。③

为了向被告进行诉讼通知、实现对席审理,至少四千年以来,原告都必须亲自将被告带到审判法庭面前。根据已知的最早法典之一《埃什努那法典》的记载,原告起诉的一些用语,其字面含义是指"说"或"喊"。但是,除非与被告共同将纠纷提交给法庭,埃什努那的原告是不能单方面开始诉讼的。④ 罗马人认为权利必须有诉权的保障,否则形同虚设,故《十二表法》的前三表是关于

---

① Federal Rules of Civil Procedure 4(c)(1).
② [美]杰克·H.弗兰德泰尔等:《民事诉讼法》,夏登峻等译,中国政法大学出版社2003年第3版,第163页。
③ [美]迈克尔·D.贝勒斯:《法律的原则——一个规范的分析》,张文显等译,中国大百科全书出版社1996年版,第50页。
④ See Kent Sinclair, *Service of Process: Rethinking the Theory and Procedure of Serving Process under FEDERAL RULE 4(c)*, 73 Va.L.Rev., p.1183.

诉讼程序的规范,其中第一表的内容就是"传唤"。第一表第1~3条规定,"原告传被告出庭,如被告拒绝,原告可邀请第三者作证,强制前往";"如被告托词不去或企图逃避,原告有权拘捕";"如被告因疾病或年老不能出庭,原告应提供乘骑的牲口或车子"。① 这些条款用以确保当事人到庭参加诉讼,使法官在作出裁决前能听取双方的意见和辩解。在中世纪,传唤被告到庭最常用的程序是由司法官找到被告,并传唤其接受审判。英格兰的司法官送达令状时都身穿盔甲,骑在马背上到达当事人面前,其形象令人敬畏;而代表法庭至高无上司法权力的诉讼书状,都以红色的热蜡来封缄。② 这些带有仪式化特征的法律行为,"不仅仅是为了反映那些价值,也不仅是为了彰显那种认为它们是有益于社会的价值的知识信念,而且是为了唤起把它们视为生活终极意义之一部分的信仰"。③

在现代社会里,由公务机关负责进行诉讼的通知和文书的当面送达,依然处于一种相对垄断的局面。这主要是出于安全的考虑,因为由公务机关完成的行为更加直接与可靠,而送达的安全问题本身又与通知内容的重要性联系在一起。毫无疑问,与当事人的程序保障联系最为紧密的就是起诉阶段的书状送达,为了确保利害关系人有充分参加程序的机会,向当事人送达诉状和传票是至关重要的手段。自从国家垄断民事纠纷的强制性解决以来,由公职人员进行当面的送达和传唤被认为是严肃、正当与权威的体现。我国民事诉讼法第85条就规定,送达诉讼文书,应当直接送交受送达人。

二、邮寄送达的经济性考虑

现代使用邮寄送达方式的制度大概是源于吉米·边沁(Jeremy Bentham)的提议。④ 边沁是功利论思想的代表人物,他对功利主义法学的研究、对现实法律问题的批判,以及他所倡导的法律改革运动,取得了令人惊叹的成就。尤其是他在立法理论方面所提出的原则和标准,迄今仍被许多国家

---

① 周楠:《罗马法原论》(下)之附录二:《十二表法》,商务印书馆1994年版,第1006~1008页。

② See Kent Sinclair, Service of Process: Rethinking the Theory and Procedure of Serving Process under FEDERAL RULE 4(c), 73 *Va.L.Rev.*, p.1183.

③ [美]伯尔曼:《法律与宗教》,梁治平译,中国政法大学出版社2003年版,第22页。

④ See Millar, Robert Wyness, *Civil Procedure of the Trial Court in Historical Perspective*, Lawbook Exchange Ltd., 2014, p.88.

立法机关所奉行。边沁这样描述"功利原则"："凡与某一个人的功利或利益一致的事物,即为有助于增加该个人幸福总量的事物。凡与某一共同体的功利或利益一致的事物,即为有助于增加组成该共同体的诸个人的幸福总量的事物。"①边沁认为,在考虑立法的适当性的时候,不能仅依据其古老性或所依托的宗教权威,而应该看法律可能产生的善或者恶,即快乐或者痛苦。②

边沁的法律理论倾向于法律规范的实际效率、效用和收益,而不是停留于一般道义概念的论证上。他怀着简化程序和改进法庭效率的愿望,提议几近完全放弃过去被当作保障国民权利所必需的那些制约和保障。所以,他把自己在《政府片论》中所提出的宪法原则扩展到程序法上,指出过去关于法律的形式主义或程序性,以及关于证据的可接受性的规定,都是不必要的信念。他批评法律中存在的程序繁杂、含糊不清等问题,给当事人带来了大量的花费的烦恼,主张用非正式程序来代替正式诉讼,不必拘泥于过于烦琐的技术细节。③公务机关的当面送达之所以受到异议,主要理由就是它带来了过高的诉讼成本。在各类民事纠纷日益涌入法院的近、现代社会,诉讼爆炸引发案件积压、诉讼迟延并伴生诉讼成本的攀升。实行法院送达的体制中,送达事务挤占了法院大量的审判资源;而对于法院以外的其他公务送达机构来说,若要对每一诉讼案件的文书都须亲自当面进行送达,将会成为一种不堪负荷的任务。

在美国,俄亥俄州早于1917年就授权特定法庭制定邮寄送达的程序规则。美国《联邦民事诉讼规则》4(c)原本规定所有的传唤状都要由一名联邦执法官、助理执法官或法庭指派的任何人来送达。在对该《规则》讨论进行修订的过程中,美国联邦执法官署于1978年前期,向《规则》咨询委员会提出了一个紧急帮助请求,因为他们在联邦民事诉讼中的传唤状送达职能成为一项沉重的负担,在财政上不堪负荷。美国司法部基于在12个联邦地区进行的实地调查,就执法官署的状况发布了一份详细的评估调查,包括定点访问执法官署职员,以及对数百份诉讼卷宗的调查。在展示出许多表格、图示以及统计一览表之后,调查的结论是:由于"预算的限制",执法官在送达传票方面的任务应

---

① ［英］吉米·边沁:《立法理论》,李贵方等译,中国人民大学出版社2004年版,第2～3页。

② ［英］吉米·边沁:《立法理论》,李贵方等译,中国人民大学出版社2004年版,第86～87页。

③ 顾肃:《西方政治法律思想史》,中国人民大学出版社2005年版,第347～348页。

第二章 缺席审判的正当性基础

当大幅度缩减。1978年,《规则》修改建议稿对第4条进行了修改,明确规定可以选任经各州法律授权的任何个人来送达传唤状[新的《规则》4(c)规定:"经授权可以在州普通管辖法院提起之诉讼中送达传唤状的个人,也可以进行在该州联邦法院受理的案件之送达,或者是在该州完成之送达。"]。尽管作出这一修改的同时亦明确保证当事人仍然可以选择由执法官进行送达,但由于更多数量的个人有资格在联邦诉讼中送达传唤状,预示着联邦执法官的负担将会变小。尽管委员会担心改由个人的送达会发生欺诈行为、效率低下,以及根据《规则》12(b)(5)提出的送达无效的动议将大量增加,但减轻执法官的负担成为首要目标,"两害相权取其轻,这种修改大大便利了执法官,由此而带来的负面作用是法院应当付出的代价"。起草委员会还计划在《规则》4里增加一款,编为4(d)(8),授权对个人和商业实体性质的被告采用挂号邮件或保证邮件的方式进行送达,这一提议同样是为了缓解执法官署的财政紧张状况。①

时至今日,各个主要国家的民事诉讼程序几乎都允许使用邮寄的方式进行诉讼文书的送达。② 改当面送达为邮寄送达,客观上节约了送达资源,加快了法律文书传输速度,缩短了案件审理周期,在一定程度上促进了效率。特别对交通欠发达地区实行邮寄送达的意义更为重大。

三、邮寄送达的类型及其通知效果

即使是由邮政机关承担诉讼文书的送达任务,依然存在着两种不同的情况:一为邮政机关实际地将诉讼文书交付给受送达人;一为通过邮寄途径进行拟制的送达。

---

① See Kent Sinclair, *Service of Process: Rethinking the Theory and Procedure of Serving Process under FEDERAL RULE* 4(c).但是咨询委员会最终提交的修改建议删除了关于邮寄送达的规定。咨询委员会认为,在那些不采用邮寄送达方式的州里,允许邮寄送达成为缺席判决的基础是"不明智的";而如果不能获得缺席判决,计划中的邮寄送达程序不会产生效果。但由于《规则》4(e)(1)许可按照联邦地区法院所在州或者进行送达所在州的法律规定的方式进行送达,而许多州的法律都允许采用一级邮件的送达方式,因此在大多数情况下,在联邦法院进行的诉讼都允许通过邮寄进行送达。

② 如德国民事诉讼法第193条规定:"送达可以由邮局为之";日本新民事诉讼法第99条第1款规定:"送达,除另有规定外,由邮政或执行官进行。"其立法措辞的顺序似乎表明邮政送达乃是诉讼文书送达的首选方式;法国新民事诉讼法典第667条规定,通知可以用信封封装,或者用邮件封装,经邮局寄送;英国民事诉讼规则第6.2条规定,送达文书可以采取一级邮件(first class post)的方式。

在采取邮寄送达方式的大陆法系国家和地区,从事邮寄业务的人送达诉讼文书时,通常都准用法院执达员进行送达的规定。德国民事诉讼法第195条规定,由邮务员所为的送达,适用法院执达员进行送达时的送达地、由同住人员转交、向办公地点的职员送达、留置送达等规定,并应制作送达证书。日本新民事诉讼法典第99条第2款规定,在邮政送达的情况下,以从事邮政业务的人为实施送达的公务员。我国台湾地区"民事诉讼法"第124条也规定:"送达,由法院书记官交执达员或邮务机构行之。由邮务机构行送达者,以邮务人员为送达人。"据此,邮政机关的送达以实际送达为原则,必须将诉讼文书当面交付给受送达人本人。如果邮政机关登门送达时,如果未能遇见应受送达人,可以将文书交付给具有相当辨别能力的同住人、雇员或其他职员;应受送达的人无正当理由拒绝接受送达时,可以邮政机关可以将文书留置在应送达的场所。按照这种方式进行的邮寄送达,能够如同法院的直接送达一样安全、可靠地将诉讼文书交付给受送达人,并应向法院提交记载送达事项的送达证书。此类邮寄送达与法院直接送达在适用顺序上没有先后的等级安排,法院可以任意进行选择,二者的效力是完全等同的。

除了邮政人员进行的当面送达之外,各国法律还规定了另一种邮寄送达方式,即不遵守实际送达的原则,也不需要制作送达证书,诉讼文书付邮后即视为送达,无论受送达人何时收到文书,或者根本不能收到,均能产生送达的效力。例如德国民事诉讼法第175条、第213条规定的"向邮局送达":"执达员可将应交付的书状按当事人住所的地址,交邮局送达。此时,交付邮局,即视为送达而发生效力;即使因投寄不到而退回,依然生效。""交付邮局送达时,书记官应在记录中记明交付的时间与寄交地址。不必要有送达证书。"日本新民事诉讼法第107条规定了"交付挂号信件送达":"在不能实际送达的情况下,法院书记官可以将文书交付挂号信件向各规定的场所发送,以该发送的时间视为已经进行送达。"

这种交付邮寄的送达与前述的由邮政机关进行送达,虽然从形式上看同为通过邮寄进行送达,但其实质相差极远。由邮政机关担任送达人时,必须遵守实际送达的原则,并制作送达证书以资证明,从而严格保障了受送达人了解文书信息的机会;而后述交付邮寄的送达,是在送达的场所不明,通过实际送达方式未能达到目的的情况下,通过邮寄的方式来拟制进行送达,难以保证受送达人实际收到并了解诉讼文书的内容。这种拟制的邮寄送达与公告送达的目的相同,都是在不得已情况下对当事人的程序保障作出的妥协;在适用条件

第二章 缺席审判的正当性基础

上也有相似之处,都是在其他送达方式不能奏效的情况之下采取的最后手段。

四、对我国采用邮寄送达方式之实施评价

(一)邮寄送达的制度发展及主要内容

我国现行《民事诉讼法》第84条至第92条对送达的方式作了规定,具体包括直接送达、留置送达、邮寄送达、委托送达、转交送达、电子送达以及公告送达等七种方式,并对每种送达方式的程序和适用顺序也作了相应的规定。但由于我国关于送达制度的规定较为原则、许多问题还不明确,这在一定程度上导致各法院实践操作不统一,也给案件当事人故意躲避诉讼提供了一定的土壤。一项统计数据表明,北京市37%以上的超审限案件是因为法律文件送达难所造成的。"送达难"的客观存在影响了法院审理工作的顺利进行以及案件的及时审结,也妨碍了另一方当事人诉讼权利的及时行使和对实体权利的维护。

在实践中较早发展并规范使用邮寄送达方式的是北京市第一中级人民法院。该法院与北京市西城区邮局进行合作,于2000年11月份联合开展了借助社会专业资源力量,改革人民法院司法送达工作的新尝试新举措,该举措被称为"司法专邮"。即指人民法院以协议方式,授权邮局在北京地域范围内以特快专递业务,代替人民法院完成特定的司法送达事项。符合程序法签收规定的司法专邮回执,具有与人民法院的送达回证同样证明送达的效力。送达的内容包括有关诉讼文书或法律文书,比如起诉状副本、判决书、调解书或者传唤当事人应诉的传票等。除了北京一中院以外,北京市仲裁委员会、北京朝阳法院、北京石景山法院、北京西城法院等几家单位也与该市邮局签订了"司法专邮"协议。据统计,北京市第一中级人民法院2001年度共使用"司法专邮"一万零三百余件,成功送达近万件,退件率仅为6.6%。①

2004年9月7日,最高人民法院审判委员会讨论通过了《最高人民法院关于以法院专递方式邮寄送达民事诉讼文书的若干规定》(以下简称《邮寄规定》),确认了邮政速递法院司法文书的途径、方式及法律后果,并于2005年1月1日起施行。该司法解释第1条、第2条规定,人民法院直接送达诉讼文书有困难的,可以交由国家邮政机构以法院专递方式邮寄送达;以法院专递方式

---

① 《北京法院系统推广"司法专邮"提高审判效率》,据中新社2001年12月27日电。

邮寄送达民事诉讼文书的,其送达与人民法院送达具有同等法律效力。最高人民法院认为,采用"法院专递"的邮寄送达方式,可以克服直接送达的某些不足,减轻某些当事人的对抗心理。同时,"法院专递"还可以发挥邮政机构的行业特点,使诉讼文书的送达更快捷、更专业、更便民。尤其是"法院专递"可以大大降低直接送达的成本,特别是在跨地区的送达中具有无可替代的优势,在一定程度上可以避免部分法院以异地送达为名向当事人收取其他诉讼费用,真正体现司法为民的要求,也有利于"送达难"问题的解决。①

《邮寄规定》与现行民事诉讼法和以往的司法解释相比,主要有以下三点变化:

1. 建立了"送达地址确认书"制度。《邮寄规定》要求当事人起诉或者答辩时应当向人民法院提供或者确认自己准确的送达地址,并填写送达地址确认书,送达地址确认书的内容应当包括送达地址的邮政编码、详细地址以及受送达人的联系电话等内容。(第3条、第4条)。

2. 对代收人的范围、条件作出了明确规定。在邮寄送达的实践中,受送达人的法定代理人、诉讼代理人、指定代收人、法定代收人拒绝签收或者签收后反悔的现象时有发生,导致邮寄送达的质量无法保证。司法解释明确规定受送达人本人、法定代理人、诉讼代理人、指定的代收人、同住成年家属,受送达法人的法定代表人、该组织的主要负责人或者办公室、收发室、值班室的工作人员进行签收的,即为送达。(第9条)

3. 当事人有过错的,应承担送达不能的法律后果。当事人拒绝提供自己的送达地址,经人民法院告知后仍不提供的,自然人以其户籍登记中的住所地或者经常居住地为送达地址;法人或者其他组织以其工商登记或者其他依法登记、备案中的住所地为送达地址。因受送达人自己提供或者确认的送达地址不准确、拒不提供送达地址、送达地址变更未及时告知人民法院、受送达人本人或者受送达人指定的代收人拒绝签收,导致诉讼文书未能被受送达人实际接收的,文书退回之日视为送达之日。(第5条、第11条)

(二)法院专递制度中存在的问题

利用邮政机构广泛的传递网络来送达司法文书,在实践中很好地节约了

---

① 《最高法院负责人就法院专递邮寄送达民事诉讼文书司法解释答新华社记者问》,据新华网北京 2004 年 9 月 28 日电。

司法资源,减轻了法官送达的任务,缩短了案件审理的期限,确实是起到了一定的作用。不过,对于该司法解释中的部分问题,仍然有值得探讨之处。

1. 法院专递与直接送达的关系

根据现行民事诉讼法的规定,我国送达制度的基础方式为直接送达,邮寄送达是在直接送达有困难的情况下才能适用。《邮寄规定》依然持这种态度,第1条规定在"人民法院直接送达诉讼文书有困难"的情况下,可以以法院专递方式邮寄送达。如何判断直接送达有困难则成为一个重要问题。这种困难究竟指的是直接送达未能奏效,还是指法院人手不足、异地直接送达费用过高等情况,依然没有明确。从程序地位上来看,诉讼文书的送达是当事人对程序参与权的重要保障,属于民事诉讼中的基本程序;但就送达过程本身而言,仅仅属于一种技术性手段,排除法院工作人员与邮政机构工作人员的职业属性因素,两者进行送达的行为在实质上没有太大的差别,由何者送交都不会对受送达人了解诉讼文书的信息内容产生影响。因此,只要严格规定邮寄送达的程序性条件,其与直接送达完全可以并列。出于快捷、效率性的考虑,在实践中邮寄送达将成为法院送达工作的首选方式。最高人民法院负责人在答记者问时也指出,以法院专递方式开展的邮寄送达凭借其专业、准确、迅速、中立等四大优势,"必将成为今后人民法院送达民事诉讼文书的一种主要形式"。考虑到最高人民法院进行的司法改革必须在民事诉讼法的框架内进行,这实际上是属于司法解释在合法性的外表下"架空"了民事诉讼法的规定。

2. 法院专递制度的程序保障

《邮寄规定》制定的指导思想侧重于保障诉讼的顺利进行,而非极力保障当事人的程序利益,这导致了一些正当性问题。

根据我国现行法律,送达是法院依职权而为的诉讼行为,邮政部门并无法定的送达义务和职权,因此,即使是采用"法院专递"的方式,也不能改变邮政人员的投递仅仅是一种营业行为这一事实。除了《民事诉讼法》中关于"邮寄送达"之条款以外,我国的《邮政法》及其他法律对于法律文书的邮寄并无特别规定,从程序约束与责任承担方面来看都处于空白状态,因此对于邮政机关尤其是邮政投递人员来说,"法院专递"与其他形式的"特快专递"并无本质不同,邮政机构对于法院的寄出文书材料有时会存在不甚重视与漫不经心的态度。在司法实践过程中,不少法院专递以"地址不详""查无此人""投递无人""用户要求退回"等理由退回。另外有时投递回单上注明"他人代收",但是这里的

"他人"却是身份不详,无法分清是受送达人同住的成年家属、其他近亲属,还是其邻居,或者物业公司收发人员,导致法院无从判别能否构成法律上的送达完成。①

如果邮递人员在投递过程中由于个人法律知识的匮乏、责任心不强、甚至出现故意延误送达的情况,亦只能参照有关邮政部门行规行纪对邮递员行为进行规范。但对于诉讼文书之类可能对当事人产生重大权利义务的重要信件仅仅采用行业规范进行约束,则必然导致邮递员在送达中承担责任过轻的事实。例如《邮寄规定》第 8 条规定,受送达人及其代收人拒绝签收的,由邮政机构的投递员记明情况后将邮件退回人民法院;而根据第 11 条的规定,在这种情况下,文书退回之日视为送达之日。对比我国《民事诉讼法》第 86 条的规定,由法院依职权进行的送达过程中,受送达人或者他的同住成年家属拒绝接收诉讼文书的,送达人应当邀请有关基层组织或者所在单位的代表到场,说明情况,在送达回证上记明拒收事由和日期,由送达人、见证人签名或者盖章,把诉讼文书留在受送达人的住所;或者是把诉讼文书留在受送达人的住所,并采用拍照、录像等方式记录送达过程。经过法院履行前述两种证明方式之一的,方可视为送达。两相比较,无论是从送达人员的公信力、法律素质方面,还是从所需要履行的见证手续,是否依然向受送达人提供阅览文书的机会来看,《邮寄规定》中采取的做法都难以被称为是赋予了受送达人充分的程序保障。

《邮寄规定》对因当事人的原因造成送达不能的情况课以了严厉的失权制裁,其中第 11 条规定:因受送达人自己提供或者确认的送达地址不准确、拒不提供送达地址、送达地址变更未及时告知人民法院、受送达人本人或者受送达人指定的代收人拒绝签收,导致诉讼文书未能被受送达人实际接收的,文书退回之日视为送达之日。此项规定相当于在我国民事诉讼法规定的公告送达方式之外,另行制定了一项拟制送达方式。其本意是针对那些严重违背诚信、意图逃废债务的当事人而言,由其承担送达不能的不利后果,既有利于及时保护债权人的合法权利,又符合民事诉讼中的诚实信用原则,以便"彻底解决送达难的问题"。② 由于送达不能的情况无须经过一定的见证程序,仅凭邮政机构

---

① 赵纲:《民事案件审前送达存在问题及其对策》,载《法律适用》2014 年第 9 期。
② 参见《最高法院负责人就法院专递邮寄送达民事诉讼文书司法解释答新华社记者问》。

的投递员退回邮件的行为来认定,所以容易诱发送达行为的道德风险,如何控制该种风险的发生、保障当事人的诉讼权利就显得至关重要。最高人民法院的负责人也承认,在送达实践中,因投递过程中存在的失误而导致的送达不能时有发生,因此,如果受送达人能够证明自己在送达过程中没有过错的,将不承担送达不能的不利后果。但在投递过程存在失误、收件人未曾获知任何讯息的情况下,如何证明自己的无过错也是一个难题。

送达制度是民事诉讼中当事人参与原则得以贯彻的基本保障,尤其是传唤状的送达,涉及当事人出席法庭陈述意见的权利,也是民事裁判正当性评价的标准之一。正如美国学者贝勒斯在《法律的原则》一书中所指出的那样:"通知的权益和发表意见的机会是如此之根本,以至于只有存在最重大的理由,并且尽一切可能保护被告的利益时,才可剥夺。"① 现代送达规则最重要的要求之一就是:针对任何人的诉讼,如果没有进行让该人知悉诉讼情况的努力,而且他也没有机会参加诉讼的审理,则该诉讼就不能进行。交流范围的扩展、技术的发达使人的移动更加自由,提供有效送达的目标经常是困难的。但在每一起案件中,无论是否是被告故意制造了送达的障碍,都必须尽最大努力让被告知悉针对他的诉讼的情况,而且所采用的送达方法应当尽可能有效,否则,诉讼程序的进行就失去了其正当性的意义。在受送达人拒收的情况下,听任法院专递被退回,显然没有做到尽一切可能保护当事人的利益;在地址不明而不能送达时,邮件的退回并没有完成对送达的拟制。因此,受送达人及其代收人拒绝签收时,诉讼文书应当留置,使其处于受送达人的支配范围之内,以供其仍有机会了解诉讼通知的内容;在法院专递因无法送达而被退回时,必须重新进行送达的拟制,对此可采取公告送达或者再次单方面邮寄的方式,以符合程序公正的外观。在现代司法理念的框架下,在立法上应首先确立程序本位观念,倡导程序本位的目的是要树立对程序的尊重,减少程序的恣意,使送达程序成为一种"刚性"的程序,即法律关于送达程序的各个环节的规定都应当是严肃的、权威性的,诉讼参与者不根据规定行事,就会有特定的不利后果对其进行制裁或者惩戒。

---

① [美]迈克尔·D.贝勒斯:《法律的原则——一个规范的分析》,张文显等译,中国大百科全书出版社 1996 年版,第 51 页。

第五节 公告送达制度完善

一、公告送达的概念与性质

公告送达是我国民事诉讼法中规定的法定送达方式之一。在受送达人下落不明或适用其他送达方式无法送达的情形下,人民法院以张贴或刊登公告的方式,将应送达的法律文书内容告知受送达人,经过法定期间后即发生送达效力。我国现行《民事诉讼法》第 92 条规定:受送达人下落不明,或者用本节规定的其他方式无法送达的,公告送达。自发出公告之日起,经过六十日,即视为送达。

按照《最高人民法院关于适用〈中华人民共和国民事诉讼法〉的解释》第 138 条,公告送达可以采取如下形式:(1)在法院的公告栏和受送达人住所地张贴公告。人民法院在受送达人住所地张贴公告的,应当采取拍照、录像等方式记录张贴过程。(2)在报纸、信息网络等媒体上刊登公告,发出公告日期以最后张贴或者刊登的日期为准。(3)对公告送达方式有特殊要求的,应当按要求的方式进行。如果采取公告的方式进行送达,其内容必须符合相应的要求。根据《最高人民法院关于适用〈中华人民共和国民事诉讼法〉的解释》(以下简称《民诉法解释》)第 139 条规定,公告送达应当说明公告送达的原因;公告送达起诉状或者上诉状副本的,应当说明起诉或者上诉要点,受送达人答辩期限及逾期不答辩的法律后果;公告送达传票,应当说明出庭的时间和地点及逾期不出庭的法律后果;公告送达判决书、裁定书的,应当说明裁判主要内容,当事人有权上诉的,还应当说明上诉权利、上诉期限和上诉的人民法院。

与其他法定的送达方式所不同的是,公告送达并非将诉讼文书实际地交付于受送达人可支配、掌握的范围之内,因此从性质上来看属于拟制送达;无论受送达人是否通过公告了解了诉讼文书的内容,均认为送达已经完成,其与直接送达、留置送达、邮寄送达等具有相同的法律效果。但是,作为立法所列举的最后也是最为特殊的一种送达方式,公告送达只能在受送达人下落不明,或者穷尽其他一切送达方式且均无效果之后才允许使用。也就是说,公告送达是整个民事送达程序体系中的兜底方式,是为保障民事诉讼程序顺利进行、保护各方当事人权益的最终手段。

二、我国司法实践中公告送达适用分析

随着市场经济的不断发展,我国民事主体跨地域的各类活动日见频繁,由此形成了大规模、常态化的人口流动局面。另外,由于公司注册资本登记制改革、公司登记条件放宽等鼓励性措施的实施,各类商事主体的设立与消亡也呈加速状态,实践中许多被诉的公司企业处于停业或半隐藏状态,难以知晓或联系到相关的法定代表人、实际负责人。因此,因当事人和其他诉讼参与人下落不明或送达地址不准确而采用公告方式送达诉讼文书的现象也随之增多,并在实践运用中具有下列特点。

(一)公告送达的使用率偏高

从公告送达的性质及立法规定来看,应当属于是穷尽其他方式后所采用的最终手段,法院必须谨慎使用公告送达。然而根据若干学者与实务工作者的调查统计,许多地方法院的公告送达使用率较高,并且呈明显的上升趋势。

表1 湖南省某中级人民法院公告送达使用率统计①

年度	2002	2003	2004	2005	2006
起诉状副本	7.3%	7.5%	8.1%	8.0%	8.1%
开庭传票	8.3%	8.5%	9.1%	9.0%	10.1%
判决书	15.4%	16.4%	17.1%	18.0%	23.1%

表2 广西壮族自治区某基层法院公告送达使用率统计②

年度	民事案总数	公告送达案件所占比例	送达起诉状	送达开庭传票	送达判决书
2009	899	9.68%	8.90%	8.90%	9.23%
2010	936	10.27%	9.51%	9.51%	10.04%
2011	1003	10.57%	9.57%	9.57%	10.27%

---

① 数据来源于廖永安、胡军辉:《试论我国民事公告送达制度的改革与完善》,载《太平洋学报》2007年第11期。

② 数据来源于黄猛、黄岚:《反思与重构——破解民事公告送达制度困局的路径选择》,载于桂林法院网:http://glzy.chinacourt.org/public/detail.php?id=9201,下载日期:2015年5月30日。

从上列两个表中我们可以发现,近年来人民法院适用公告方式进行送达的案件数量呈升高趋势,往往接近或者超过法院同期民事案件总数的10%。

(二)当事人到庭率低,法院缺席判决率高

就公告送达的方式而言,按照法律规定,主要是通过在法院或受送达人住所地张贴公告,或者是在媒体上刊登公告来送达诉讼文书。无论是采用何种方式,法院都未能将诉讼文书实际交付给受送达人,法院的信息传播基本是单向的,没有形成法院和受送达人之间的信息互动交流;受送达人很难在报刊媒体上读到自己涉案的有关公告;由于许多被公告送达的当事人已经离开了自己的住所,在法院或住所地张贴的公告也很难让受送达人知悉。送达的最终目的是令受送达人参与相关程序,但从公告送达的实际效果来衡量,远远没有达到该目的,最终很可能导致缺席审判。

表3 广西壮族自治区某基层法院缺席判决率统计[①]

年度	公告送达案件总数	缺席判决案件数	公告送达案件缺席判决率
2009	87	79	90.80%
2010	96	85	88.54%
2011	106	96	90.56%

通过表3可以发现,近三年来,某县人民法院公告送达的案件缺席审判率每年都在90%左右。应该说明的是,广西壮族自治区某县法院所统计的这一数字并不是孤例,在全国许多其他法院也同样存在类似情形。例如上海某法院在2007～2009年间,采用公告送达方式的案件中,当事人的到庭率分别为3.57%、2.67%和0.96%,通过公告送达的当事人受到缺席判决的比例更是在96%以上。[②]

[①] 数据来源于黄猛、黄岚:《反思与重构——破解民事公告送达制度困局的路径选择》,载于桂林法院网:http://glzy.chinacourt.org/public/detail.php?id=9201,下载日期:2015年5月19日。

[②] 参见龚婕:《从程式化走向人性化——以公告送达的实践运作为例谈司法为民》,载《审判权运行与行政法适用问题研究》,人民法院出版社2011年版,第445页。

（三）公告次数较多、周期较长，严重降低诉讼效率

民事诉讼是由若干审判行为与诉讼行为按时间先后所形成的一系列流程。以一审诉讼程序为例，从原告起诉、法院立案开始，对于当事人下落不明的，应当通过公告送达起诉状副本、应诉通知书、合议庭组成人员通知书、开庭传票、裁判文书等法律文书，这些法律文书可按类别分为开庭之前应当送达的文书与开庭审理之后应当送达的文书；也就是说，一审程序中至少需要对下落不明当事人进行两次公告送达。有些法院在实践中实行立审分开，立案庭只负责送达起诉状副本、应诉通知书；案件移交到审判庭之后，再由合议庭送达合议庭组成人员通知书、开庭传票，从送达次数上看，此时至少要分三次进行公告送达。

根据现行《民事诉讼法》的规定，采用公告送达的，自发出公告之日起经过60日，即视为送达。如果一个案件需要进行三次公告送达，每次60天，三次共需180天（约六个月）；另外加上民事诉讼法规定被告提出答辩状的期限15天、法院指定的举证期限（合计通常不小于30天），仅进行送达及等待时间就长达七、八个月。如果一审判决以后，任何一方当事人不服提出上诉，二审程序对于下落不明的当事人一方同样要适用公告送达方式，法律文书包括上诉状副本、传票、合议庭组成人员通知书、二审裁判文书等。从公告次数来看，二审程序中同样要公告送达至少两次，需时120天，加上提出答辩状的时间15天，公告送达时间同样需要四、五个月。总体而言，对于有当事人之一下落不明情形的一起民事案件，从一审到二审要适用公告送达方式送达民事诉讼文书，最少要四次，时间长达半年多，严重影响了诉讼效率，令案件久拖不决，权利义务关系迟迟不能确定。

（四）实践中可能出现原告恶意利用公告送达来侵害被告方合法权益

根据民事诉讼法的要求，原告向法院提起诉讼，条件之一是要有"明确的被告"。据《民诉法解释》第209条所规定，原告提供被告的姓名或者名称、住所等信息具体明确，足以使被告与他人相区别的，可以认定为有明确的被告。在保障当事人起诉权、实行立案登记制的背景下，《最高人民法院关于人民法院登记立案若干问题的规定》第6条第（三）项也规定，原告起诉时只需要提交"具体明确的足以使被告或者被告人与他人相区别的姓名或者名称、住所等信息"材料。也就是说，原告起诉时仅需要提供被告的住所信息，并不要求提供被告当前的准确地址。

在司法实践中,常常有原告恶意利用法律的规定,在明知被告具体地址的情形下,故意虚构被告方地址或者谎称被告方下落不明。最高人民法院法释〔2004〕17号《关于依据原告起诉时提供的被告住址无法送达应如何处理问题的批复》中规定:"人民法院依据原告起诉时提供的被告住址无法送达或者留置送达,应当要求原告补充材料。原告因客观原因不能补充或者依据原告补充的材料仍不能确定被告住址的,人民法院应当依法向被告公告送达诉讼文书。人民法院不得仅以原告不能提供真实、准确的被告住址为由裁定驳回起诉或者裁定终结诉讼。"法院在无法按原告提供地址进行送达的情形下,最终只能采用公告送达。此后原告方利用公告送达并不能保证实际通知到被告的特点,变相剥夺了对方的举证、质证、辩论权,最终获得有利于自己的诉讼结果,极大地侵害未到庭被告的合法权益,也给人民法院的司法权威造成损害。

此类适用公告送达进行的欺诈性诉讼主要多发于两类情形:其一,进行恶意离婚。例如在配偶外出打工、与家庭并未失去联系的情形下,另一方在当地提起离婚诉讼并进行公告送达。法院作出缺席判决支持起诉方的离婚请求,此时配偶方还未曾知晓诉讼;等到上诉期一过,离婚判决就是生效判决,并且按照法律规定离婚判决不能申请再审。其二,恶意制造债务。利用他人长期外出之机提起诉讼制造债务;或者债权人与债务人进行恶意串通,侵害与债务人存在连带清偿责任的第三人合法权益。①

三、公告送达的完善建议

综上所述,当前我国民事诉讼中,关于公告送达的立法规定与司法实践存在着若干不合理之处,主要体现为公告送达的适用率高、公告时间长、缺席判决率高,对受送达人(通常为被告人)的程序利益保护存在严重缺失。我们应当从公正与效率两个出发点来完善公告送达制度,最大限度地减少公告送达可能对审判公正造成的损害。

(一)对公告送达的适用进行穷尽性审查

依据《民事诉讼法》第92条规定,只有在受送达人下落不明,或者用其他

---

① 徐宏康、王洪平:《防止利用公告送达实现恶意诉讼目的》,载《检察日报》2007年11月27日第4版。

方式无法送达的才能采用公告送达。应当说现行立法对于公告送达的适用条件规定较为清楚,并且具有合理性。但在实践中公告送达比率居高不下,甚至一些当事人恶意利用公告送达侵害被告人权益的事件屡有发生,其主要原因在于立法并未对公告送达的适用规定明确的审查程序,由此造成实践中许多法院一旦发现被告人地址不明确,或者是初次送达不成功时,就直接采用公告的方式进行送达,造成了某些情形下公告送达不当适用。

笔者认为,法院采用公告送达之前应当进行穷尽性审查,即通过特定的方式审查受送达人是否存在其他的送达地址,是否穷尽了其他的送达方法。根据笔者的调查,一些法院已经通过内部规则明确提出送达的穷尽性要求,通过各种举措完善民商事案件的送达工作,只有在穷尽其他可能之后,才能适用公告送达。① 这些举措可以包括:

1. 加强调查核实,确保受送达人的身份信息真实准确。当案件只有受送达人的身份证或者居住证复印件,且向上述户籍地址或者居住地址送达均不成功时,可要求原告提交或法院自行调取受送达人的常住人口详细信息单或者居住证信息单,及时发现受送达人的地址变更情况,以确保受送达人的身份信息真实准确。

2. 通过阅卷发现原告未披露的其他送达地址。要求法官和法官助理在收到案卷后认真阅卷,仔细查看案卷中是否存在原告未披露的其他送达地址,如合同记载的通讯地址和抵押房产地址等,及时补充登记,进一步提高送达的成功率。

3. 根据情况实施夜间送达。因为工作关系,许多当事人白天都不在家,因此白天的送达工作往往比较困难,成功率不高。根据送达工作实际情况,法院充分利用晚上加班时间,集中安排对个人当事人进行送达,不少材料得以一次送达成功,效率得到了很大提高。

4. 强化原告披露被告或者第三人送达地址的义务。在立案时主动告知原告故意不披露被告或者第三人的送达地址的风险和后果,同时责令原告签署确认书,确认其已披露被告或者第三人所有的送达地址。此外,在案件公告前应再次询问原告是否还有其他送达地址,确保在穷尽送达措施后才适用公

---

① 可参见深圳市福田区人民法院:《我院六项举措完善民商事案件送达工作》,载福田法院网:http://www.ftcourt.gov.cn/search.aspx? keyword=%e5%85%ac%e5%91%8a%e9%80%81%e8%be%be,下载日期:2015年5月30日。

告送达。

5. 加强系列案件、当事人相同案件的信息共享。对涉及同一被告的多宗案件,尽可能合并送达;对同一被告涉及案件受理时间相距较大的,后案的送达工作应及时参考前案的送达做法,优先选用前案成功送达的地址,或在前案无法查找到相关当事人,且间隔不超过三个月的情况下考虑直接公告送达,避免重复劳动。

总之,对于公告送达进行穷尽性审查时,可以将司法实践中的一些做法形成规则:首先直接送达或电话联系,其次邮寄送达,再次到住所、社区或物业公司、派出所核对等顺序,最后形成书面说明。① 这样使公告送达既有法律依据,又有规则可遵循,减少公告送达适用的随意性。

(二) 适当缩短公告送达的生效时间

如前所述,我国立法将公告送达的生效时间定为自公告之日起经过60日,这个时间要求较长,不利于纠纷的及时解决。公告送达从性质来说毕竟是一种拟制送达,目的主要是为了防止送达障碍而导致程序的阻滞;即使刊登公告,被告实际了解看到的机会也是微弱的,因此对于当事人权利保障更重要的方面在于公告送达之前的穷尽性审查,尽量达成实际送达的效果。还应当考虑到的是,司法实践中间仍然存在相当一部分的案件属于当事人故意逃避送达,恶意利用法律来逃避、拖延诉讼,此时侵害的是对方当事人的利益。

从比较法的角度来看,许多国家或地区关于公告送达的生效时间往往比我国要短,大致在1个月以内。例如德国《民事诉讼法》第206条规定,包括有传票或催告的书状,从节本最后登载于公开的报纸时起届满一个月即视为已经送达;在其他情形,在书状张贴于法院公告牌上满两周后,视为已经送达。② 日本《新民事诉讼法》第112条规定:公告送达,自根据本法前条规定开始告示之日起两周即产生效力。③ 我国台湾地区的"民事诉讼法"第152条也规定:"公示送达,自将公告或通知书粘贴牌示处之日起,其登载公报或新闻报纸,自

---

① 赵纲:《民事案件审前送达存在问题及对策》,载《法律适用》2014年第9期。
② 《德意志联邦共和国民事诉讼法》,谢怀栻译,中国法制出版社2001年版,第51页。
③ 《日本新民事诉讼法》,白绿铉译,中国法制出版社2000年版,第63页。

最后登载之日起,经 20 日发生效力。"此类时间规定相对较为合理,我国立法可以相应缩短公告的期间,促使程序顺利进行。

值得注意的是,如果一个民事案件需要适用公告送达时,往往需要进行多次公告,分别送达不同的法律文书。首次进行了公告送达之后当事人仍然缺席,则其后的法律文书再次进行公告送达时,又需等待同样长的期间,这一做法显然没有必要性。如果首次公告送达未能起到通知效果,则其后再次进行同类型公告奏效的可能性更是微乎其微,因此没有必要进行程序的空耗。日本和我国台湾地区对此都有特别规定:对于同一当事人第一次以后的公告送达,则在开始告示之日的第二日即产生效力。这一规定也值得我国立法借鉴。

(三)扩大公告送达的传播渠道

根据 2015 年 1 月颁布的《民诉法解释》第 138 条,公告送达既可以采取张贴公告,也可以采用在媒体上刊登公告的形式。张贴公告需要在法院的公告栏和受送达人住所地张贴公告;刊登公告的媒体也可以包括报纸、信息网络等媒体。另外,根据《民诉法解释》第 139 条,公告送达起诉状或者上诉状副本的,应当说明起诉或者上诉要点,受送达人答辩期限及逾期不答辩的法律后果;公告送达传票,应当说明出庭的时间和地点及逾期不出庭的法律后果;公告送达判决书、裁定书的,应当说明裁判主要内容,当事人有权上诉的,还应当说明上诉权利、上诉期限和上诉的人民法院。这些新的规定极大弥补了《民事诉讼法》中对于公告送达具体规定的缺失,有效扩大了公告的传播渠道,保证了公告基本内容的完整性。

应当说明的是,虽然立法规定的公告形式主要分为张贴和刊登两种,并且每一种都能产生相应的法律效力,但并非禁止两种方式的同时采用。司法实践中,为了证明公告已经完成,法院往往倾向于采用在媒体上刊登公告的方式进行公告送达,但在被告人住所地张贴公告也是通过人际网络进行传播的有效手段。因此,法院在进行公告时,从保障当事人利益的角度出发,可以考虑全方位、多层次的公告传播。近年来,随着互联网的普及,一些法院在张贴、刊登公告以外,还同时将该公告在法院网站上予以发布。例如,上海市高级人民法院在上海法院网开设了"法院公告"栏目,发布上海市各级法院的诉讼文书公告送达信息,并可进行检索;中国法院网设置了"法院公告"栏目,登载各级法院已在《人民法院报》刊登的法院送达公告,并可下载打印。① 通过多层次的公告尤其是网络公告方式,能够低成本、宽覆盖地达到传播效果,实践中应当尽量推广适用。

---

① 黄良友、文庭婷:《网上公告送达制度研究》,载《吉首大学学报》(社会科学版)2013年第1期。

第三章 缺席时间范围的界定

第一节 诉讼结构对缺席时间界定的影响

一、英美法系对缺席时间范围的界定

英美法系国家民事诉讼程序的一个共通特点就是一审程序明显地可以分为"庭审"(trial)与"审前程序"(pretrial)这两个大的阶段。trial 在许多方面与大陆法系诉讼中的"开庭审理"有相似性,与此相应,pretrial 总体上也能够被视为开庭前的准备阶段。从历史上看,trial 是由陪审团听取当事人双方进行的证明活动和相互辩论后对案件事实作出最终判断的审理过程。由于非法律专家的陪审团必须在较短时间内集中地听取证据和辩论并作出判断,开庭前所作准备活动的主要内容就是必须使案情能够在开庭时以某种适合于集中审理和陪审判断的样式被呈示出来。① 在一个民事案件以一种宜于审判的形式而被明朗化之前,可能会需要数月甚至数年的审前准备,法官和律师正是力图通过审前程序以澄清无关的争点直至仅保留真正有争执的事实争点被带入庭审。如果不存在真正的事实争点,案件就不会进入审判,而是通过和解、自愿撤销或者其他处置性动议得以解决。审前程序是英美法系民事诉讼最重要的步骤之一,它本身就具备独立的纠纷解决功能。

由于绝大多数的民事纠纷都在审前阶段得以解决,因此当事人之间的对抗从诉讼一开始就具有实质性意义。尤其是在诉讼程序的开始阶段,英美法系国家的民事诉讼规则对双方当事人的诉答书状提出了严格的内容和时间要

---

① 王亚新:《社会变革中的民事诉讼》,中国法制出版社 2001 年版,第 74~75 页。

求。原告的起诉状不仅必须写明诉讼请求,通常还需要载明原告对所依据事实的准确陈述;被告在收到原告的起诉状之后,有责任在规定期间之内提出内容详尽的答辩状,对原告提出的每一个请求作出答辩,并对原告提出的事实主张进行自认或否认。如果被告在规定期间内未能进行实质性的答辩,法院可以直接对其作出败诉判决。因此,无论是在审前阶段还是在审判阶段,如果当事人未能按照诉讼规则的要求完成一定的诉讼行为,都有可能被认定为"缺席"而遭受不利的后果。也就是说,按照英美法系的诉讼结构,从诉讼开始直到庭审结束的时间阶段,都有可能产生缺席状态。

二、大陆法系对缺席时间范围的界定

在大陆法国家,不存在英美法那样的陪审制,即使有陪审员参与审判,对案件事实的认定与适用法律都是由陪审员和法官共同确定。因此,大陆法国家的民事审判不要求一次完成,一般先由法官与当事人进行一系列会晤,提交文书并搜集有关证据,而后进行庭审和判决。在诉讼的开始阶段,原告的起诉状与被告的答辩状都比较笼统,原、被告之间争论的要点只有随着诉讼程序的进展才能逐步明朗化。

基于历史的原因,大陆法系各国确立了以言词辩论为标志的庭审中心主义的基本思想,庭审阶段对于纠纷的解决发挥着不可替代的作用,任何审前程序的设置无非都是建立在如何顺利、有效、及时地开展庭审活动的价值基点之上,所有的诉讼资料都应当在公开的法庭上以口头方式进行陈述,才能作为裁判的依据。为了保障两造当事人对审的权利,大陆法系各国民诉法一般都规定,非经言词辩论(即开庭审理)不得作出判决,这被称为"必要言词辩论原则"。例如德国民事诉讼法第128条第1款规定,当事人应在为判决的法院就诉讼案件进行言词辩论;法国新民事诉讼法典第14条规定,任何当事人,未经听取陈述,或者未经传唤,不得受判决;日本新民事诉讼法第87条第1款也规定,当事人应当在法庭诉讼进行口头辩论。因此,只有当事人在言词辩论期日不到场,才会被认定为缺席,并在此基础上作出缺席判决,而庭审开始之前通常不存在"缺席"的状态。①

第二节 英美法系民事诉讼中的不应诉判决

一、有关的基本概念

由于英美法系对诉答过程的严格要求,以及"审前程序+庭审"的诉讼阶段划分,使之对于"缺席"的界定与大陆法系有着显著的区别。其中,"到案"(appearance)、"答辩"(defense)、"庭审"(trial)这三个概念对于理解英美法系的缺席判决十分重要。②

按照布莱克法律辞典的解释,到案(appearance)是指"作为当事人、利害关系人或其律师'到庭'(come to court)的行为";诉讼开始后,如果被告未在规定期间内到案,则视为他放弃了抗辩的权利,法庭可以对其作出不应诉判决(default judgment)。直到现代之前,英国法庭并非仅靠送达传唤状来取得对被告的司法管辖权,而是必须诉诸扣押财产、人身拘禁等进一步的程序来迫使其"到案",这不仅要求被告出席法庭,而且要通过一些行为来显示对法庭权力和司法管辖的遵从。诉讼中的任何步骤,例如通过保释金来解除拘禁,都属于这种应诉或服从的表现。……通过正式令状、口头宣告或登记,以及任何意图应诉并服从法院司法管辖的行为都能构成默示的到案。③ 到案的目的在于告知原告他将对原告的请求予以争辩。根据英国新的《民事诉讼规则》,这一程序已被送达认收书(acknowledgment of service)的做法所取代;或者被告也可以不提交送达认收书,而是在规定期限内直接提交答辩状,同样能起到到案的法律效果。而在美国的民事诉讼中,到案的概念虽然也非常重要,但是联邦民

---

① 根据德国民事诉讼法第276条和第331条第3款的规定,在书面准备程序中,被告如果要进行防御,必须在诉状送达后两周的不变期间内以书面向法院提出;否则依原告的申请不经言词辩论而作出判决。按照这一规定,缺席判决可以在庭审之前作出。但是,这种规定不具有普遍性,而仅限于书面准备程序这种特殊的程序进行方式;尤其是,此时只需要被告表示自己是否有进行防御的意愿,不要求进行事实的主张或证据资料的提供,没有实质性的辩论内容,没有破坏诉讼资料必须在庭审中进行言词辩论的结构。

② 杨剑:《司法竞技与诉辩规则——英美法系的"不应诉判决"及其理论基础》,载《深圳大学学报》(人文社会科学版)2008年第1期。

③ See *Black's Law Dictionary*, West Publishing Company, 7th edition, pp.94~95.

事诉讼规则并未对到案程序作出明确界定。以程序性理由提出抗辩(攻击送达的效力、提出撤销案件的动议、要求更详细的诉状,等等),针对起诉状提交答辩状都能构成到案;除此之外,非正式行为也能构成到案,例如双方当事人之间就庭外和解所进行的函件往来。很多法院在决定什么样的行为构成到案的问题上均采取宽松处理方式,因为法院通常不愿意未经对方当事人陈述就作出判决。① 由于英、美的民事诉讼规则都认为被告提交答辩状能产生到案的效果,而且不进行答辩都会作出不应诉判决,因此在多数情况下"到案"已经逐渐失去它的独立意义。②

被告对原告起诉状的回答即为答辩,其书面形式则为答辩状。按照答辩规则的要求,被告应当针对原告起诉状中提出的请求作出答辩,并对原告提出的事实主张作出自认或否认的陈述,对事实的否认应当清楚地指向其实质性内容。答辩的目的在于形成事实上的争点,以便进入正式的庭审程序。如果被告不进行答辩,或没有充分地回答起诉状以否认起诉状中的主张,或者双方当事人仅有法律问题上的争点,这表明本案的事实争点没有形成,于是就不需要进入开庭审理阶段,而是由法官在审前程序中直接作出不应诉判决(default judgment)、基于诉辩状的判决(judgment on the pleadings)、简易判决(summary judgment)或作为法律事项的判决(judgment as a matter of law)。

原告与被告通过诉答、证据开示等审前程序形成了事实争点之后,就应当进入开庭审理阶段。开庭审理保留着陪审团审判的特征,即由陪审团裁决事实争议,法官在此基础上适用法律作出判决。开庭审理通常是连续进行、一次性完成,双方当事人都应当到庭参加诉讼。如果被告及其代理律师不出席庭审(实践中这种情况相当少见,因为经过长期、复杂的审前程序后已经表明了被告的防御决心),此时便构成庭审的缺席。

为了便于阐述和理解,本书把庭审之前因被告不到案或不答辩而作出的

---

① [美]杰克·H.弗兰德泰尔等:《民事诉讼法》,夏登峻等译,中国政法大学出版社2003年第3版,第447页。

② 直到如今,"到案"并没有完全被"答辩"所取代,在被告已经到案而不答辩的情况下,与被告完全没有到案存在着不同的程序法上效果。例如美国联邦民事诉讼规则第55b(2)规定,"如果被请求不应诉判决(指因未答辩而作出的不应诉判决)的当事人已经到案,则应当对不应诉判决的申请进行听审,并提前3日以书面形式通知该当事人或其代理人"。

判决统称为"不应诉判决",而将庭审阶段在一方当事人不到场的情况下作出的判决称为"缺席判决"。

二、诉辩规则与不应诉判决

(一)英国民事诉讼规则的规定

1999年4月26日,英格兰和威尔士的民事司法制度发生了最基本的变革。民事司法改革的第一阶段,乃是引进了一部适用于所有民事法院的统一民事诉讼法典,从而结束了高等法院和郡法院诉讼惯例和诉讼程序不必要的区分。①

根据新的《民事诉讼规则》第7.2条第1款,法院基于原告之申请,签发"诉状格式"(claim form)时,诉讼便提起。诉状格式签发后,须向被告送达,还应同时或随后送达"诉状明细"(Particulars of claim),载明原告对所依据事实的准确陈述。送达诉状明细时须同时附送答辩状等格式文书。如果被告希望对原告诉讼请求的全部或部分予以抗辩的,须在收到诉状明细之日起14日内提出答辩;或是先在14日内提交"送达认收书"(acknowledgment of service),并在收到诉状明细之日起的28日内提出答辩。答辩状应当表明对原告在诉状明细中所提主张的态度:(1)否认原告在诉状明细中的哪些主张;(2)不能确定原告的主张,但要求原告提供证据证明;(3)承认原告之主张。如果被告否认原告的主张,须在答辩状中陈述否认之理由,以及不同于原告所陈述的案件事实。若被告对原告主张未回复的,除原告提出的给付金钱之数额外,视为对原告主张的自认。按照英国民事诉讼规则第12.3条的规定,如果被告未按期提出送达认收书,或者未按期提出答辩的,原告可以申请法院直接作出不应诉判决(default judgment)。

(二)美国联邦民事诉讼规则的规定

根据美国的《联邦民事诉讼规则》,联邦诉讼案件是通过向恰当的联邦法院书记官办公室提交诉状的方式而启动。原告提交诉状的同时或之后,可以向书记官提交传唤状(summons)要求书记官签署,加盖法院印章,并发还给

---

① 引自英国司法大臣、上议院议长欧文勋爵的致辞,参见《英国民事诉讼规则》,徐昕译,中国法制出版社2001年版,第1页。

原告，以便由原告向被告送达。传唤状是一份通知被告诉讼开始以及被告有一定期限针对起诉状提出答辩状的文件，应当载明法院和当事人名称，并注明原告或其代理律师的姓名和住址。传唤状中还应写明被告到案和答辩（appear and defend）的期间，并告知被告如果不在规定的期间内应诉和答辩，则根据原告起诉状所请求的救济，对被告作出缺席判决。

原告有责任在提起诉状之日起通常的120天内将起诉状和传唤状送达被告。被告应当"在起诉状和传唤状送达之日起20日内"向原告送达针对起诉状而作出的答辩状。如果被告已经放弃被直接送达诉状的要求，则享有"自弃权请求发出之日起60日"的提出答辩状的期限。① 被告应当以简单明了的措辞对原告提出的每一个请求作出答辩，并对原告提出的事实主张进行自认或否认。如果被告不能确定该事实的真伪，则应当作出不知陈述，该陈述具有否认的效力。对事实的否认应当清楚地指向其实质性内容。如果当事人出于善意，仅否认部分事实或其条件，则应当指出该事实的真实及重要的部分，否认其余部分。

当被告不到案或不行使其他抗辩，并且该事实已经被宣誓陈述书或其他方法所明确时，书记官应该登记该当事人为不应诉。如果已经进行不应诉登记，同时起诉状清楚表明了诉讼请求的特定金额，书记官可以就该笔金额作出不应诉判决；除此之外，大多数规则赋予法官决定是否作出不应诉判决的自由裁量权。在行使该自由裁量权时法官将考虑各种因素，包括不应诉是否主要是技术性的以及被告现在是否准备好进行答辩、原告是否因被告的迟延应答而受到损害、所涉及的金额或所争议问题的重要性。②

三、惩罚性的不应诉判决

在英美法系国家的民事诉讼中，特定情况下可以适用惩罚性的不应诉判决。如果被告在审前程序里未能遵守某些程序要求、期限或者法院指令，法院可以作出不应诉判决以示惩罚。

---

① 这种延长期限是一种激励机制，促使被告放弃更为正式的送达，而接受不大正式的邮寄送达。

② [美]杰克·H.弗兰德泰尔等：《民事诉讼法》，夏登峻等译，中国政法大学出版社2003年第3版，第444～445页。

第三章 缺席时间范围的界定

(一)英国民事诉讼规则中的规定

尽管不应诉判决主要适用于未能签署送达认收书或进行答辩的情况,但英国原先的诉讼规则以及新的《民事诉讼规则》都认为不应诉判决的适用范围不止于此。在被告未能遵守特定的程序要求时,原先的规则规定可以适用不应诉判决。①

1999 年实施的新民事诉讼规则设置了一个特殊程序,当被告没有遵守法庭发布的命令时,原告能够获得一个不应诉判决。基于对案件的管理权,法院可向当事人发出命令,并规定如果当事人不遵守的话,将会撤销案情声明。此时原告能够请求法庭就特定金额或财物的交付作出不应诉判决。根据这一程序被登录不应诉判决的被告可以向法庭申请撤销有关判决。②

(二)美国联邦民事诉讼规则中的规定

美国联邦民事诉讼中的发现程序(discovery)是审前程序的实质和基石,它是当事人寻找与诉讼有关的证据和信息的程序。发现程序有助于保存证据,明确真正存在的争点,并使当事人能够获得与争点有关的证据和信息。根据《联邦民事诉讼规则》,在开庭审理之前当事人可以利用庭外证言(deposition)、质问书(interrogatories)、要求提供文书和物证、要求自认、检查受害人的人身和精神状态等方法向对方当事人或诉讼外第三人收集与案件有关的证据和信息。发现程序原则上在当事人之间进行,根据联邦民事诉讼规则第 26 条的规定,当事人有主动向对方当事人出示与请求有关的信息和证据的义务;如若一方当事人拒不出示或者拒不协助发现证据信息,另一方当事人可以向法院申请强制出示或发现命令。

如果当事人或证人没有遵守法院发出的命令,未遵守的一方或证人就会被视为藐视法庭,为此会被罚款甚至被投进监狱,直到其执行了法院的开示命令。除此之外,法院可以限制当事人在庭审中使用一定的证据,从而删除一方当事人请求、答辩的全部或部分内容,还可以命令当事人向对方支付包括律师费在内的合理开支。在极端的情况下,法院甚至可以驳回原告起诉,或者对被

---

① Neil Andrews, *English Civil Procedure: Fundamentals of the New Civil Justice System*, Oxford University Press 2003, P.494.

② Civil Procedure rules 3.5 and 3.6.

告作出不应诉判决。当然,除非当事人的行为显然是"明目张胆、蛮横无理",或者"故意、顽固、无理地无视法院的权威",否则法院不会直接作出败诉判决。对于是否实施制裁,法院有着广泛的自由裁量权,因此,在决定何种行为是否严重到了应当处以终结诉讼的处罚时,法院的标准并不完全统一。①

第三节 不应诉判决的理论基础

在英美法系国家,立法对被告进行答辩的期间、方式和内容均作出了严格的要求,并附有详细的文书格式。被告收到起诉状副本之后,如果意图进行防御,必须在固定期限之内提交答辩状。答辩应当对原告诉请的每一个主张明确地表示承认或否认;如果作出否认表示,还必须说明理由。如果被告不在规定的期间内积极应诉、答辩的,法院无须经过实体审理,即可根据原告的申请作出不应诉判决。这种与大陆法系国家的通常作法相异的模式显然有其独特的历史渊源和理论基础。

一、以司法竞技观为基础的对抗制

英美法系国家诉讼制度的基础是对抗制(adversary system),它深深地根植于英美的法律和政治传统中。基于对抗制,诉讼程序由当事人启动并为当事人所控制,其典型模式就是由当事人(原告和被告)承担调查、呈示证据和提出辩论的责任。法官被设定为双方当事人之间的消极的仲裁者,他的任务主要就是两个:一是监督当事人遵守比赛规则,二是基于当事人所呈示的内容而作出裁断。

对抗制的前身据说是采用以竞斗为形式的诺曼审判,即以决斗的结果来解决争端。② 因此,对抗制诉讼程序在设计上最初是模仿体育比赛的过程和规则进行的,这种理论被称为是司法竞技观(the sporting theory of justice)。一个世纪以前,美国法学家罗斯科·庞德(Roscoe Pound)在美国律师协会所作的演讲中对司法竞技观进行了生动的阐释:"司法的竞技理论,就如

---

① [美]杰克·H.弗兰德泰尔等:《民事诉讼法》,夏登峻等译,中国政法大学出版社 2003 年第 3 版,第 409~411 页。

② [美]史蒂文·苏本·玛格瑞特·伍:《美国民事诉讼的真谛》,蔡彦敏、徐卉译,法律出版社 2002 年版,第 30 页。

第三章 缺席时间范围的界定

Wigmore教授所言'让比赛公平进行的本能',深深地扎根于美国人的信念之中,绝大多数人都将其视为基本的法律原则。很早以前,诉讼就是两部落之间的格斗,司法竞技观大概是这一传统的遗留,只是比赛地换成了法庭。特别是对英美法系来说,长久以来一直是法学的基本原理。……因此,在美国,我们理所当然地认为法官仅仅应当是一名裁判员,去裁决各种异议,查阅竞赛规则,双方当事人应当以自己的方式通过斗争来完成自己的比赛,无须司法干涉。我们厌恶这种干涉,认为它是不公平的,即使是为了正义的实现。……司法竞技理论让最尽责的法官觉得自己仅仅应当观看律师们的表演,再根据竞赛规则来宣布比赛结果,而不是独立地去发现真实和正义。我们所探寻的不是实体法律和正义需要的是什么,而是比赛的规则是否被严格遵守了。如果发现了任何严重的犯规,为了维护竞赛规则,我们的司法竞技理论将根据实际情况重启新的审判,变更原先的判决,或是支持所提出的抗辩,正如橄榄球规则让犯规的队后退5码、10码或15码。"① 主持英国民事诉讼规则改革的沃夫勋爵在1995年6月提交的《接近司法》中期报告中也指出,从传统上来看,在英格兰和威尔士,包括其他实行普通法的地域,民事诉讼的特点是对抗性的。诉讼程序的启动和进行在很大程度上取决于当事人双方,法官的职责是对当事人选择提交到法庭的争点进行裁断。对抗性程序激励了一种对抗文化,"诉讼程序常常被看作一个没有规则的战场"。②

对照英美法国家诉讼程序的启动和进行,我们发现它与体育竞技有着极大的相似之处。在诉讼程序的开始阶段,被告必须"到案"(appearance),即同意接受法院管辖,以出庭、提交书面答辩等方式使自己参加诉讼,成为一方当事人。在英国高等法院的民事诉讼中,申明到案(entering an appearance)是被告人在被送达传票后进行的一种正式程序,目的在于告知原告他将对原告的请求予以争辩。申明到案应于限期内以书状呈交法院,并附具通知书由法院转告原告。③ 这一单纯的"到案"程序令人联想到体育比赛开始前的"报到"。如果被告未在规定期间内到案,则视为他放弃了抗辩的权利,法庭可以

---

① Roscoe Pound, *The Causes of Popular Dissatisfaction with the Administration of Justice*, Reports of the American Bar Association Vol. XXIX, 1906.
② Lord Woolf, *Access to Justice* (Interim Report, June 1995) chapter 3, pp.3~4.
③ 根据英国新的《民事诉讼规则》,这一程序已被送达认收书(acknowledgment of service)的做法所取代。参见《元照英美法词典》,法律出版社2003年版,第82~83页。

对其作出不应诉判决,正如体育竞技中一方不到场,则另一方会直接获胜。双方当事人的对抗开始之后,并不需要履行完全部的诉讼过程,纠纷可能在诉讼的任何阶段得以解决。例如在被告提交答辩状之后,如果没有充分地回答起诉状以否认起诉状中的主张,则原告可以向法院提出基于诉辩状作出判决的动议,并能够不经审判即告胜诉;在证据开示程序中的任何时间,如果能够证明双方当事人关于要件事实不存在真正的争点,任何一方当事人都可以请求法院作出简易判决;即使是在审判中,当事人仍有机会向法院提出动议,要求作出作为法律事项的判决,无需将案件提交给陪审团进行审判。① 准许上述任何一项动议都能够立即终结案件,就如同在竞技过程中一旦双方当事人的力量对比已失去均衡,争斗随时可能在任何时间结束。英美法系国家并不像大陆法国家那样赋予"言词辩论"以特殊重要的意义,审判(trial)只占据了诉讼生命周期的一部分,"审前程序"(pretrial)这个词不再是审判的前奏,相反,它被设定为一个无须审判而结束案件的途径。② 因此,从诉讼一开始,当事人就进入了直接对抗的过程,只要能够分出胜负,这个过程可能结束于诉讼的任何环节。作为公平竞争的一种特殊保障,惩罚性不应诉判决的思想根源依然在于诉讼竞技观念;民事诉讼的首要目标是保证程序正义,关注当事人之间的对抗规则是否被严格遵守;如果发现了严重的犯规行为,法官将根据实际情况对违规当事人施以一定处罚,直至直接判决其败诉,使其被罚离场,尽管案件的争点还没有进行实质性审理。在这里,法官并不需要独立地去发现真实和正义。

美国学者罗伯特·库泰克(Robert Kutak)曾经说过这样一段话:我们的社会有那么多竞争性的机构。这样的事实的确要求对抗制的审判方式反映相同的根深蒂固的价值,这些价值在各经济单位之间、政党之间和伦理、政治思想之间的竞争中也体现出来。对于我们这个个人主义的社会来说,这是一个个人主义的司法程序制度。这是对对抗制哲学原理的深刻提示,它无疑植根

---

① 一个被反复引用的事实就是,在1997年,联邦法院系统中起诉的案件只有3%进入审判;到1999年,这个比率更低,仅为2.3%。其余案件都在审前阶段通过和解、自愿撤销或者其他处置性动议得以解决。参见[美]史蒂文·苏本、玛格瑞特·伍:《美国民事诉讼的真谛》,蔡彦敏、徐卉译,法律出版社2002年版,第123页。

② [美]史蒂文·苏本、玛格瑞特·伍:《美国民事诉讼的真谛》,蔡彦敏、徐卉译,法律出版社2002年版,第123页。

于个人主义、竞争主义的哲学观之中。①

仔细观察普通法的法律传统,可以看出它极端个人主义的特征。一位外国观察家曾说,它的鲜明特征是"对个人自由的极端重视和对私人财产的无限尊崇"。它只与个人权利有关,与社会正义无关。它把具有最高社会意义的问题当作私人争端来处理。它从个人角度出发,制定了诉讼程序、民事、刑事和激烈辩论模式,并在现代社会里保持了公平的、抗辩式的古老诉讼理论。根据男子技艺比赛的规则,由一个法庭监视公平竞赛并防止干预。……简言之,单独的个人是它许多重要学说的核心。在它的本来意义上,对抗制这个概念反映了国家不干预主义的哲理,即国家对于个人之间的事务干涉得愈少就愈好。② 另外,美国社会占据主导地位的价值观乃是冲突的理念,而不是合作的精神。"法律程序的对抗制忠实地映现了关于社会正义的自由主义精神气质的许多方面;它反映了竞争这个卓越而又首要的价值观。"③

二、陪审团审判

另一个对英美法国家诉讼制度产生重大影响的因素是陪审团审判:法官要以陪审团的裁定为判决依据。按照这种制度,诉讼中应当召集一定数量的普通公民作为陪审员,听取证人证词,审查证据,发现事实,并在法官的指导下依据法律证明这些事实。美国宪法第 7 修正案规定:"根据普通法进行的诉讼,如果诉讼标的价值超过 20 美元,由陪审团审理的权利应予保护。由陪审团裁定的事实,除依照普通法的规则外,不得在合众国的任何法院中再行审查。"由于在审理一桩案件的时候,陪审团是由随机抽取的数十位普通公民所组成的,这些原班人马不可能被间隔、多次地反复召集到庭,因此,出于技术上的原因,这就要求当事人双方及其律师、法官和陪审团成员必须同时出庭,连

---

① 汤维建:《美国民事司法制度与民事诉讼程序》,中国法制出版社 2001 年版,第 223～225 页。

② [美]罗斯科·庞德:《普通法的精神》,唐前宏等译,法律出版社 2001 年版,第 9 页。

③ 汤维建:《美国民事司法制度与民事诉讼程序》,中国法制出版社 2001 年版,第 241 页。

续进行审理,直到宣布裁判结果为止。① 诉讼必须是口头的,因为在早期的大多数案件中,陪审团成员是文盲;审判必须尽可能地集中,因为陪审团只能短时间集会;证据的排除性规则是必要的,因为陪审团较易受骗。② 普通法系人们所知道的审判,就是指这种有关各方出庭、一次判案的活动。③ 这一要求使审前的阶段变得更为重要。审前程序的目的非常简单:清除无关的事项,准许当事人获得信息,并且确定是否适于审判的争点,所有的内容都导向一个在陪审团或法官面前的有效率的审判。被告必须在审前阶段表明防御的意愿,就原告的主张提出详细的答辩意见,以便形成事实争点提交陪审团进行审理。如果被告不积极进行应诉答辩,对其作出不应诉判决是顺理成章的。

三、法律变革中的历史因素

同所有其他现存法律体系相比,英国法更强调探究它的历史源流。事实上,没有别的国家像英国那样数个世纪来一直固守自己的法律风格,而免于其法律生活发生重大变动。

英国法律史始于1066年,诺曼人威廉公爵征服了不列颠岛上的盎格鲁·撒克逊人,建立了富有效能的中央王权。在12世纪和13世纪,英格兰的御前会议逐渐发展起三种永久性的中央法院:理财法院、普通诉讼法院和王座法院,从而开始了英国法的发展,这种发展在后来的数百年间导致了司法的集中和英国法律的统一,普通法(common law)即由此而得名。④

普通法在中世纪的发展,许多方面同罗马法的发展十分相似。在古罗马和英格兰,原告只能够从一位非司法官员(古罗马是执政官,英格兰是大法官)那里获得特殊的权利请求文书(古罗马是诉讼程式,英格兰是令状),其权利才

---

① 需要说明的是,如今在英美法国家里,由陪审团参加审理的案件已经比较少见了,英国甚至已经废除了陪审团在民事诉讼中的使用,但是,在现在的英国,即使是由独任法官进行审判的一审民事案件,其诉讼程序依然是采用以陪审团审判为前提的程序结构,因为这种集中审理的传统已经被保留下来、沿用至今,并且规定在成文的民事诉讼规则当中。

② [法]勒内·达维:《英国法与法国法:一种实质性比较》,潘华仿等译,清华大学出版社2002年版,第71页。

③ [美]约翰·亨利·梅利曼:《大陆法系》,顾培东、禄正平译,法律出版社2004年第2版,第113页。

④ [德]K.茨威格特、H.克茨:《比较法总论》,潘汉典等译,法律出版社2003年版,第272～276页。

能得到司法保护。十分相似的控告方式,使古罗马和英国的法律实务者都更多地注意诉讼类型,而不注重实体权利;在这两种制度中,实体法规则的形成晚于程序法规则,实体法"隐蔽于程序法的缝隙之中"。"普通法法学家与罗马法法学家的近似之处,多于罗马法学家与现代欧洲大陆继承罗马法国家的法学家的近似之处。"①如果某人将英格兰中央集权的司法与一个法兰西大公爵领地中央集权的司法相比较,他就会发现两者在12世纪有着明显的相似性。一个显著的例子是诺曼底中央集权的司法,因为在12世纪,在诺曼底公爵领地法官对重要民事案件的审判基本上类似于英格兰王室法官对重要民事案件的审判。诺曼底公爵同英格兰国王是同一个人。在那时,无论是在诺曼底还是在英格兰,都没有对这样案件的上诉制度;法院的判决都不是由主持审判的官吏作出,而是由外行的"陪审员"作出,把法庭划分为主持法官和陪审员,在时间上可以追溯到法兰克人的陪审团;英格兰曾有陈述原告诉讼主张的书面传唤,而法兰西也曾有口头的传唤和口头的审判程序。②

英国和大陆诉讼程序法之间的区别要追溯到13世纪。1215年的第二次拉特兰宗教会议实质上宣布了自从罗马帝国灭亡以来一直通用于欧洲的决斗、宣誓和神明裁判等传统的方式不可能实现真正的正义。这样,新的诉讼程序法和新的证据法便须制定。在这方面,英国与大陆走上了两条路径。在法国和欧洲大陆其他国家,各国采用了教会法院模式的新型诉讼法。③法兰西的制度开始倚重于书面程序,而英格兰的制度则倚重于口头程序;法兰西依赖于大量经过培训良好的专业法官,而英格兰则依赖于外行的陪审员和外行的治安法官以及为数很少的专业法官;在法兰西,由法官询问当事人和证人,被询问者要发誓,而在英格兰,对指控和对方当事人的抗辩,由陪审团裁决是否成立。④

近代民族国家的蓬勃兴起,摧毁了欧洲封建时代由于普遍接受罗马教会

---

① [德]K.茨威格特、H.克茨:《比较法总论》,潘汉典等译,法律出版社2003年版,第279～280页。

② [美]哈罗德·J.伯尔曼:《法律与革命——西方法律传统的形成》,贺卫方等译,中国大百科全书出版社1993年版,第566～577页。

③ [法]勒内·达维:《英国法与法国法:一种实质性比较》,潘华仿等译,清华大学出版社2002年版,第70～71页。

④ [美]哈罗德·J.伯尔曼:《法律与革命——西方法律传统的形成》,贺卫方等译,中国大百科全书出版社1993年版,第577页。

的共同法而形成的法律统一体。欧洲大陆远比英国更为强烈,原因不外两点:首先在于英国革命的软弱性、缓慢性和开化性。另一个更重要的原因是,英国受土生土长的普通法的影响极大。① 英国和美国有着与大陆法系不同的司法传统,差异之一就在于,法官常常是与人民站在一起反对统治者滥用权力的进步力量。英国的法律家阶层已有数百年的历史,它已经形成了严密的组织结构、较强的职业内聚力和政治影响,他们致力于维护普通法,为了原则,也为了利益。在同专制王权的斗争中,普通法成为议会政党手中的强大武器,因为普通法在长期的历史发展中,形成了某种韧性,它烦琐的、形式主义的技术,使得它能够顽强地抑制住来自上级的进攻。自那时起,英国人便把普通法看作基本自由的保障,用它保护公民的权利,对抗专制权力的肆虐,而在欧洲大陆国家,这种职能是由宪法履行的。② 大陆革命似乎要求抛弃旧法统,而英国革命则要求承受旧法统,甚至还要加以发扬光大。

最后,英国没有爆发像法国 1789 年那样的政治激变。在法国,革命的主要后果之一,就是推翻了旧王朝的法律制度,并代之以一种崭新的法律制度。③ 尽管在美国革命也属于同时期资产阶级革命的一部分,由于美国的司法传统与法国不同,美国的司法制度并没有成为美国独立革命的对象,因此从英国统治时期继承和发展起来的诉讼制度得以完整保留并继续加以发展。

第四节 大陆法系庭审中心主义思想对缺席时间范围的限定

一、传统大陆法系国家庭审中心主义思想的形成

(一)欧洲近代统一法中的诉讼程序

在 12 世纪之前,西欧通行的是源于日耳曼法的诉讼程序。在日耳曼人的观念中,并没有民事诉讼与刑事诉讼之分,类似于罗马"私诉"性质的诉讼更为

---

① [美]约翰·亨利·梅利曼:《大陆法系》,顾培东、禄正平译,法律出版社 2004 年第 2 版,第 22~24 页。

② [德]K.茨威格特、H.克茨:《比较法总论》,潘汉典等译,法律出版社 2003 年版,第 291 页。

③ [德]K.茨威格特、H.克茨:《比较法总论》,潘汉典等译,法律出版社 2003 年版,第 272~273 页。

盛行,因而多采用自诉原则,传唤一般也由原告负责,无故不服从传唤者,将会受到处罚。诉讼的过程充满着浓厚的形式主义,应该说什么套语、配合什么固定动作,一般均有约定俗成的规矩。在证据制度方面主要是宣誓、神明裁判和决斗。①

正如教皇革命导致了近代西方国家的产生一样,它也导致了近代西方法律体系的产生。第一个近代西方法律体系就是近代的教会法体系。② 教会法亦称宗规法或寺院法,以《圣经》为主要法源。它是罗马天主教、东正教、东方基督教以及其他教派教会法规的总称,但通常是指中世纪罗马天主教会的法律,包括教会的组织结构、各类制度、教徒的生活守则以及教会与世俗政权的关系等。③ 中世纪鲜明的思想方式可用代表宗教权力和世俗权力的两柄剑来形象地说明:"上帝赐予世界两把剑用以保护基督教界:教宗掌握宗教的,皇帝掌握世俗的。而一把剑必须置于另一把之下,即世俗权力必须服从宗教权力……因为人们应服从上帝甚于服从人。"④

教会法学家倡导理性的良心原则,用以抑制日耳曼法的形式主义和魔法巫术。1215年,第四次拉特兰宗教会议颁布了禁止教士参与神明裁判的法令,这项法令有效地终止了通行西方基督教世界的神明裁判,并由此迫使世俗当局接受新的诉讼程序。⑤ 教会法的更为近代、更为合理和更为系统化的诉讼程序与早先流行于日耳曼审判程序中的较为原始、程式化以及多变的法律制度形成了鲜明的对照。它的根本特征,首先在于刑事诉讼中私人控诉的减少甚至消失,而由国家官员的公诉取而代之,由此发展出现代的公诉制度。其次,法官从公正的仲裁人变为一个积极的审判官,他可以自由地收集证据,决定审判的性质和对象。另外,那种以两造当事人平等地在公正仲裁人面前相互辩论为特征的控诉式制度已经发生了很大的变化,现在这种相互辩论发生

---

① 李秀清:《日耳曼法研究》,商务印书馆2005年版,第398～413页。
② [美]哈罗德·J.伯尔曼:《法律与革命——西方法律传统的形成》,贺卫方等译,中国大百科全书出版社1993年版,第101、139页。
③ 叶秋华:《西欧中世纪法制发展特点论析》,载《南京师大学报》1999年第6期。
④ [德]拉德布鲁赫:《法学导论》,米健、朱林译,中国大百科全书出版社1997年版,第138～139页。
⑤ [美]哈罗德·J.伯尔曼:《法律与革命——西方法律传统的形成》,贺卫方等译,中国大百科全书出版社1993年版,第305页。

在个人(被告)和国家之间。① 在今天看来,纠问程序的功绩在于使人们认识到追究犯罪并非受害人的私事,而是国家的职责;其严重错误则在于将追究犯罪的任务交给法官,从而使法官与当事人合为一体。② 在证明方法方面,法定证据制度取代神示证据制度使司法裁判建立在理性认识的基础之上,提高了判决的可预测性,并防止了法官的错误和专断,无疑也更加合理。从这个意义上来说,教会法庭的纠问式程序"是法制史上的一大进步"。③

(二)教会法诉讼程序的特点及其逐渐产生的弊端

直到法国大革命前后,罗马教会法诉讼程序一直被接纳为通行的、一般的诉讼程序规范。罗马教会法诉讼程序有着鲜明的独特性:首先,书面材料在诉讼程序中占据绝对优势,事实上,享有真正的垄断地位。正如拉丁谚语所言,"未转化为书面形式的东西不存于世",基于非书面材料的判决本身就是无效的。其次,罗马教会法诉讼程序阻碍了法院与信息来源发生直接的、公开的接触和联系,该信息来源包括当事人、证人、鉴定人或者其他诸如地点、事项等证据方法。这一诉讼程序要求法官排他性地依据书面记录作出裁决,而不得依据法官的个人印象。那么,只能由法官之外的人制作证据记录,因此,询问官、公证人以及其他人秘密讯问证人,并将证人的口头证言转化为书面形式,通常以拉丁语的形式出现,而不是由法官对证人进行讯问。法院仅仅在程序行将结束之际,才与诉讼材料见面。因此,在法官与参与民事诉讼的其他人之间横贯着一堵墙。有了这堵墙,法官便与事实隔离开来,当然也与人民分隔开来。再次,罗马教会法民事诉讼程序,以所谓的"形式的"证据制度或者说"法定的"证据制度为特征。证据的评价根据法律规定,以数值方法计算。法官不得不计算证据,而不是衡量证据,这种证据制度是可以理解的,因为法官没有见到证人,也没有对证人的行为进行观察,不可能判断证人是否诚实,抑或怀有恶意。那么,法律在以一种抽象且先验的方式对法官发生作用。最后,程序的进行断断续续、零零碎碎。既然法官不干预诉讼程序,也不引导程序,因此,当事

---

① [美]约翰·亨利·梅利曼:《大陆法系》,顾培东、禄正平译,法律出版社2004年第2版,第149~150页。

② [德]拉德布鲁赫:《法学导论》,米健、朱林译,中国大百科全书出版社1997年版,第121页。

③ 彭小瑜:《教会法研究——历史与理论》,商务印书馆2003年版,第4页。

人的律师可以毫无限制地主导着诉讼的进行,滥用诉讼程序、采取拖延的策略以及延缓诉讼程序之进行,是再平常不过的困扰。罗马教会法诉讼程序的最后一个特征,是所有其他特征产生作用的自然结果,即民事案件的审理期间相当之长。持续几十年的民事诉讼屡见不鲜。①

教会法诉讼程序之所以在后世广受诟病,更主要是因为它的刑事审判。纠问式程序创始之初,其制定并非不善。根据1200年左右印洛森三世所确立的规则,被告须亲自到案,并将原告的姓名及提出的证人、证物告知被告,使被告可以就原告对自己所为的攻击进行防御,并允许被告传唤或提出有利于自己的证人或证物。但到了中世纪末期纠问程序的没落时代,开始流弊丛生,特别是在审判异端的法庭上,渐成不公平的程序和压迫人民的工具。②异端裁判所是一个令人生畏的机构,它审理的程序是秘密的,告发者的姓名不向被告透露。被告可能受到严刑拷打,一经定罪,财产即被没收,为世俗当局所瓜分,这种办法使人经济破产,极为狠毒。毫无疑问,正是由于这一原因,迫害异端之火才经久不灭,四处蔓延。③说来令人难以相信,在整整五个多世纪里,世界各地成千上万与世无争的平民仅仅由于多嘴的邻居道听途说而半夜三更被人从床上拖起来,在污秽的地牢里关上几个月或几年,眼巴巴地等等既不知姓名又不知身份的法官的审判。没有人告诉他们罪名和指控的内容,也不准许他们知道证人是谁,不许与亲属联系,更不许请律师。如果他们一味坚持自己无罪,就会饱受折磨直至四肢都被打断。别的异教徒可以揭发控告他们,但要替他们说好话却是没有人听的。最后他们被处死时连遭到如此厄运的原因都不知道。④诚如近代一位修道士所云,在此种纠问程序之下,即使信徒彼得(Peter)与保罗(Paul),亦将不能逃脱异教之罪。⑤宗教裁判所前后共经历了500年之久。15世纪以后,西班牙的宗教裁判所最为残暴,据统计,仅1483年

---

① [意]莫诺·卡佩莱蒂等:《当事人基本程序保障权与未来的民事诉讼》,徐昕译,法律出版社2000年版,第111～113页。
② [美]孟罗·斯密:《欧陆法律发达史》,姚梅镇译,中国政法大学出版社1999年版,第204～205页。
③ [美]威利斯顿·沃尔克:《基督教会史》,孙善玲等译,中国社会科学出版社1991年版,第293页。
④ [美]房龙:《宽容》,迮卫、靳翠微译,三联书店1985年版,第136页。
⑤ [美]孟罗·斯密:《欧陆法律发达史》,姚梅镇译,中国政法大学出版社1999年版,第205页。

至1820年将近350年间,判处的异端分子达38万多人,被火刑处死者达10余万人。①

(三)庭审中心主义观念的形成

17世纪至18世纪古典自然法学为大陆法系的形成和发展贡献了思想理论条件。由于贝卡利亚和18世纪其他人的努力,公众反对滥用刑事诉讼程序的情绪愈来愈强烈。因而诉讼制度的改革,便成了欧洲革命的主要目标之一。

对司法行政制度的不满,是1789年法国革命的重要原因。在革命前的法国,司法官职被视同财产,可以买卖和继承。法官本身属于贵族阶级,他们支持土地贵族反对农民、城市工人和中产阶级,支持土地贵族与巴黎的中央集权政府分庭抗礼。当法国革命爆发时,贵族统治便土崩瓦解,贵族阶级的身份地位也随之烟消云散。在革命初期,新成立的国民议会首先将其注意力投身法院组织系统。1789年8月4日那个著名的夜晚,封建领主法院和司法职位买卖制与所有其他的封建特权一并被废除了,教会法院失去了所剩无几的处理世俗事务的审判权。②根据1789年8月4日—11日《废除封建制的法令》第4条规定:"一切领主法庭均应无偿废除;但在国民议会尚未制定新的司法制度以前,此类法庭的官吏仍应继续执行其职务。"第7条规定:"法院和市政官职的买卖制从现在起即废除之。裁判应免费执行。"③1790年8月16日—24日法令废除了商事法院以外的所有法院,并建立起新的法院体系。1795年通过的一部法律,废除了秘密讯问证人原则,而规定讯问证人必须在当事人出庭的公开听审时进行。最后,法国改革者激烈地抨击了"法定证据制度",并确立了自由心证观念。④

诉讼程序的改革实质上是新兴的自由资产阶级社会需要的自然结果,是十八九世纪初欧洲文化背景和经济结构的客观结果。在欧洲大陆,这一伟大的程序改革运动树立了一面鲜明的象征性旗帜:"言词主义"。言词主义不仅仅意味着对罗马教会法诉讼程序及其衍生程序中盛行书面材料的反动,它还

---

① 唐逸主编:《基督教史》,中国社会科学出版社1993年版,第153~154页。
② 何勤华主编:《法国法律发达史》,法律出版社2001年版,第437页。
③ 由嵘等编:《外国法制史参考资料汇编》,北京大学出版社2004年版,第303页。
④ [意]莫诺·卡佩莱蒂等:《当事人基本程序保障权与未来的民事诉讼》,徐昕译,法律出版社2000年版,第114~115页。

意味着对上述的罗马教会法诉讼程序的所有特征的反动,表明要与之彻底决裂。因此,这一程序改革的主要理想除了对言词要素进行重新评价之外,还有以下几点:第一,"直接主义",即法院与当事人、证人和其他证据来源在法庭上进行直接的、亲自的、公开的接触;第二,"自由"心证,或者更准确地说,"批判地"评价证据,使法官从先验的证据排除法则或评价规则中解放出来,并且基于在公开的法庭对证据要素直接观察作出裁判;第三,实行"集中主义",通过诉讼的准备程序,精心准备无须排除的书面因素,在法院举行的一次听审或者在几次间隔不长的言词听审中对案件进行审理。最后,诉讼更加迅速地进行,这一点是作为上述三大理想的客观结果。①

上段所列举的这些程序改革理想乃是整个 19 世纪欧洲最富进步性的批判、建议以及立法改革所公开宣称的目标,并继续指引着此后各国的民事诉讼法典编纂。这一时期所产生的几乎所有诉讼法典,如法国 1806 年《民事诉讼法典》、瑞士 1819 年《日内瓦民事诉讼法典》、1850 年德国《汉诺威州民事诉讼法典》、1877 年《德国民事诉讼法典》、1895 年《奥地利民事诉讼法典》等,其特点皆可简洁概括为以言词主义为旗帜,以直接主义、自由心证和集中主义为目标。②

(四)言词辩论的实质性意义

按照大陆法系最终形成的传统,民事诉讼的审理应当在公开的法庭上以听取双方当事人的口头辩论来进行,这种程序叫作"言词辩论",即以审理法官亲自口头同时询问双方当事人的方式进行审理。对当事人之间的纠纷作出判决,原则上必须以口头辩论为基础作出裁判。这种必须进行口头辩论的情况叫作必要言词辩论。③

按照言词辩论的要求,必须体现出以下几项程序上的基本原则:

1. 对审原则

这是裁判之前给予双方当事人叙述其意见之平等机会的原则,也被称为

---

① [意]莫诺·卡佩莱蒂等:《当事人基本程序保障权与未来的民事诉讼》,徐昕译,法律出版社 2000 年版,第 116~117 页。
② 徐昕:《程序自由主义及其局限——以民事诉讼为考察中心》,人大复印资料《诉讼法学·司法制度》2003 年第 12 期。
③ [日]兼子一、竹下守夫:《民事诉讼法》,白绿铉译,法律出版社 1995 年版,第 83~86 页。

双方审问主义。从给予原告和被告平等的攻击防御的武器和机会的意义上，亦将其称为当事人对等原则或武器平等原则。

2. 口头原则

口头原则也称为言词审理原则。从诉讼行为的角度看，系指当事人及法院的诉讼行为，特别是辩论、证据调查以及裁判，均要求以言词的形式进行；从诉讼资料的角度看，系指只对当事人以言词的形式陈述的内容进行裁判斟酌的诉讼原则。口头方式不仅陈述新鲜、令人印象深刻，而且由于法官和诉讼参与人直接见面，能够当场发问，去除不必要的陈述，既容易理解，又容易明确争点，使审判呈现活力。不过，采用言词审理方式，在陈述较为复杂的内容时，较易遗漏，难以向对造及法院展开细微精致的理论结构，对其内容的全面记忆也有困难。在这一方面，书面审理方式则略胜一筹。法国大革命之后，审判的公开被视为政治的要求，言词审理方式则成为诉讼审理的原则。因此，以言词主义为基础，以书面主义为补充已是现代诉讼程序共同的特征。

3. 直接原则

直接原则是指有权作出最终判决的法官必须在亲自听取当事者双方的主张和辩论并直接接触了证据的基础上才能够下判决的审理方式。与此相对，间接审理原则意味着在有权作出最终判决的法官之外，还设置了事先进行调查的法官，负责听取当事者主张和调查证据，有权作出最终判决的法官则根据调查法官的报告来下判决。直接审理原则最大的长处在于，法官能亲自听闻当事人之辩论及证人证言，并直接观察其态度表情或证据物件之实际情况，对事实真相之了解判断确实。

4. 公开原则

诉讼应在公开的法庭上进行审理并作出判决。这一原则是废除欧洲各国专制时代实行的秘密审判和君主干预司法的制度，向公众表明光明正大地行使审判权，并且以审判受公众的监督来保证其实行。因此，这是法治国家的一项根本原则。公开原则具有两层含义：一为一般审判之公开原则，另一为当事人公开原则。所谓一般审判之公开原则，系指法院于审判之际，得由任何人自由进入法庭旁听之原则；当事人公开原则，系指诉讼当事人就法院及对造于该诉讼程序所为之诉讼行为有获知之权利，于法院讯问证人调查证据时得在场并有阅览全部诉讼笔录之权利。换言之，诉讼当事人于法院之调查证据及辩论期日，有受合法传唤到庭，参与诉讼程序之权利。

上述的几项程序基本原则都必须通过庭审阶段才能完整地体现出来，因此，在大陆法系的传统诉讼理论中，作为诉讼程序的母体和核心阶段，庭审阶段对于纠纷的解决始终都发挥着不可替代的作用，而且任何审前程序的设置无非都是建立在如何顺利、有效、及时地开展庭审活动的价值基点之上，庭审之前的程序被称为"审理前的准备"，其目的是服从、服务于庭审程序的顺利进行，审理前的准备阶段本身并不具备独立解决民事纠纷的功能，准备阶段结束之后即应当进入庭审阶段。

至此，大陆法系各国确立了以言词辩论为标志的庭审中心主义的基本思想："任何当事人，未经听取陈述，或者未经传唤，不得受判决。"[①]

二、当代大陆法系国家的庭前诉答程序

（一）法国民事诉讼的答辩规则

法国的民事诉讼奉行自由的诉权理论，无论是对原告的请求还是被告的防御，都没有过多的限制。在强调当事人两造对审权利的同时[②]，法国新民事诉讼法典并没有单独对被告的应诉答辩行为进行规范，甚至不认为它有特别重要的独立意义，因此将被告可能进行的答辩归入了统一的防御权之列。实体上的防御权在诉讼的任何阶段都可以行使，没有作出答辩不会产生任何不利的后果。

法国的民事诉讼理论将被告的防御分为 4 种：实体上的防御、抗辩、诉讼不受理以及反诉：

实体上的防御是一种直接针对原告诉讼主张的防御方法，用以请求法院认定原告的诉讼主张不正确，没有依据。《法国新民事诉讼法典》第 71 条将实体上的防御定义为：旨在使对方当事人的诉讼请求经法律实体上的审查因无依据而被驳回的任何理由，均构成实体上的防御。由于实体上的防御所具有的重要性及其特点，所以，在诉讼进行到任何阶段均可以进行这种防御，无论是在一审、上诉审都是如此，即使是在最高司法法院，只要实体上的防御不构

---

① 摘自《法国民事诉讼法典》第 14 条。
② 法国新民事诉讼法典在第一章"诉讼的指导原则"中专门规定了"两造审理"一节，明确指出"任何当事人，未经听取陈述，或者未经传唤，不得受判决。"

成新的理由,亦可以提出之。这被《法国新民事诉讼法典》第72条所确认。①

抗辩是对诉权的一种阻碍,通常具有临时性质,并且是针对诉讼程序实施的一种阻碍。被告仅限于认为提起诉讼的方式不正确,而不去就权利实体展开争论。《法国新民事诉讼法典》列举了五种程序上的抗辩:无管辖权抗辩、诉讼系属抗辩②、诉讼关联抗辩③、程序延期抗辩④、无效事由抗辩⑤。根据《新民事诉讼法典》第74条的规定,程序上的抗辩应当在任何实体上的辩护之前,或者在提出诉讼不得受理之前同时提出,否则不予受理。

诉讼不受理旨在使法院不经实体审查,宣告对方当事人没有诉讼权利而不予受理,例如无诉讼资格、无诉的利益、已经完成时效、已过预定期限、属于既判事由之原因等。诉讼不受理,得于诉讼任何阶段提出,但对于意图拖延诉讼,故意不尽早提出的,法官可以处以损害赔偿。

（二）日本民事诉讼的庭前程序

根据《日本新民事诉讼法》第133条规定,原告提起诉讼,应当向法院提交诉状。经法院受理诉状,将诉状副本送达被告而完成整个过程。在受诉法院的判决程序里,当事人必须进行口头辩论(第87条第1款)。为充实口头辩论,使之有效进行,在口头辩论期日前双方应递交准备文书(第161条);而对于较为复杂的案件,法院认为有必要整理争点和证据时,可以进行准备性口头

---

① [法]让·文森、塞尔日·金沙尔:《法国民事诉讼法要义》(上),罗结珍译,中国法制出版社2001年版,第199~200页。

② 即同一诉讼已经系属于某一同级法院的情况。

③ 即两个不同的法院受理的数个案件之间相互有联系,将其合并到一起审理与判决有益于正确司法的情况。

④ 当事人享有的暂时中止诉讼的权利。

⑤ 即诉讼行为因形式上的缺陷或不符合实质性规定而无效。前者如诉讼文书不符合形式上的要求,后者如当事人无诉讼能力。

辩论①(第164条以后)、辩论准备程序②(第168条以后)或书面准备程序③(第175条以后)。

准备性口头辩论,系以言词辩论的形式以达到确定争点和整理证据的目的,在形式上依然属于言词辩论;由于准备性口头辩论是在公开的法庭进行的程序,因此这种程序适合于备受社会关注的案件或当事人人数较多的案件,对其争点和证据进行整理。④ 而辩论准备程序也属于双方当事人到场的情况下进行的争点和证据的整理程序。采取书面准备程序的时候,当事人的辩论用书面方式做准备,这一文书称为"准备文书"。当事人在口头辩论前准备好"准备文书"并相互交换,或递交给法院。被告最初递交的准备文书称为"答辩书"。准备文书应记载口头辩论期日里进行攻击或防御的方法,或就对方请求、攻击或防御方法而作的陈述。审判长可以指定提出答辩状或准备文书的期限。如果对方没有出庭,在口头辩论时便不能主张准备文书里没有记载的事实。相反,递交准备文书之后,即使本人在第一次口头辩论期日缺席,仍然可以陈述准备文书里所记载的事项。⑤ 日本《新民事诉讼法》并没有严格规定当事人提出攻击或防御方法的期限,只是规定,对于准备程序结束后提出的攻击和防御方法,或者在法官规定的期限内当事人未提出的攻击和防御方法,如果对方当事人要求,应向其说明未能提出的理由。

---

① 准备性的口头辩论是将口头辩论分为两个阶段,第一阶段只进行争点及证据的整理,便是"准备性口头辩论"。这一程序在公开的口头辩论期日进行,因此适合于社会广泛关注的案件。参见[日]中村英郎:《新民事诉讼法讲义》,陈刚、林剑锋、郭美松译,法律出版社2001年版,第191～192页。

② 辩论准备程序是当事人双方均能在出庭期日,进行争点和证据整理的程序。辩论准备程序原则上不公开,适宜不愿公开的案件(如关于隐私、商业秘密等的案件)或当事人双方希望直接面谈的案件。是否采取此程序,由法院听取当事人意见后决定。辩论准备程序结束后,当事人必须在口头辩论时陈述其结果。参见[日]中村英郎:《新民事诉讼法讲义》,陈刚、林剑锋、郭美松译,法律出版社2001年版,第192页。

③ 书面准备程序指当事人不用上法庭,而是递交准备书面文书来进行争点及证据整理的程序,适用于当事人居住在外地或因病不能出庭等情况。参见[日]中村英郎:《新民事诉讼法讲义》,陈刚、林剑锋、郭美松译,法律出版社2001年版,第192页。

④ [日]新堂幸司:《新民事诉讼法》,林剑锋译,法律出版社2008年版,第353页。

⑤ [日]中村英郎:《新民事诉讼法讲义》,陈刚、林剑锋、郭美松译,法律出版社2001年版,第189～190页。

(三)德国民事诉讼的庭前程序

在州法院进行的一审民事诉讼中,原告向法院提交诉状之后即发生诉讼系属。诉状应立即送达给被告,同时应要求被告,如果他要向原告提出防御方法,应当立即选任律师(强制律师代理)。《德国民事诉讼法》第128条第1款规定,当事人应在为判决的法院就诉讼案件进行言词辩论。为了加快诉讼程序,法院应及时地采取必要的准备措施,通过认真而全面的准备,使诉讼在一个唯一的言词辩论期日,也就是所谓的主期日解决。为此,《德国民事诉讼法》第272条第2款规定了两种途径,法官必须选择其中一种:指定一个早期首次言词辩论期日(第275条)或者书面准备程序(第276条)。① 法院必须在起诉状到达法院后,在不知道实行陈述和行为的情况下就作出选择,当事人对该选择不能声明不服。②

如果确定了早期首次言词辩论期日,法官可以给被告规定期间,命其提出书面答辩状;或者要求被告将他要提出的防御方法通过律师以书状提交给法院。被告没有提出答辩或没有提出足够的答辩,并且法院也没有事先规定被告的书面答辩期间时,应该在先期首次期日里规定提出书面答辩的期间(第275条第1款、第3款)。被告应该按照诉讼的程度和程序上的要求,在答辩中提出为进行诉讼的必要与适当的防御方法,提出书面答辩的期间不少于2周(第277条)。

如果选择适用书面准备程序,则暂时不指定言词辩论期日,而是通知双方当事人在一定期间内通过向法院及对方提交书状来交换主张和证据,展开攻击防御。审判长在将诉状送达给被告时,应该催告被告,如果他要对原告之诉进行防御,就应该在诉讼送达后2周的期间内通过选任的律师以书面方式向法院提出。根据《德国民事诉讼法》第331条第3款规定,如果被告未在诉状送达后2周内作出是否实施防御的意思表示,法院则依原告的申请不经言词辩论而对被告作出缺席判决。被告只需在2周的期间内表示自己有进行防御的意愿即可避免这种裁判,无须作出实质性的答辩。此外,法官还应为被告另

---

① [德]奥特马·尧厄尼希:《民事诉讼法》,周翠译,法律出版社2003年版,第114~115页。

② [德]罗森贝克、施瓦布、戈特瓦尔德:《德国民事诉讼法》(下),李大雪译,中国法制出版社2007年版,第759页。

行规定不少于 2 周的期间命被告提出答辩状(第 276 条)。

德国自 1976 年通过《简化与加速诉讼程序的法律》后,订立了将程序终结于一次经充分准备的言词辩论期日的目标,确立了集中审理的基本原则。修订之前的法律允许当事人随时提出主张和证据等攻击防御方法,而在导入准备程序之后,到主期日之前双方当事人的主张和证据原则上都必须固定下来,不得再随意提出新的攻击防御方法了。这就是将所谓"随时提出主义"修改为"适时提出主义"的原则转向。被告应该按照诉讼的程度和程序上的要求,在答辩中提出必要与适当的防御方法。如果被告超过指定期间而提出防御方法时,只有在法院认为不至于延迟诉讼的终结或当事人就逾期提出无过失时,才能准许提出(第 296 条)。

(四)小结

根据上文对大陆法系各国民事诉讼中庭前诉答程序的比较,可以显示出一个清楚的脉络:

答辩是被告的一项诉讼权利,其本意是赋予被告一种防御的方法和手段,以维护自己的合法权益。应当说,作为民事诉讼整体中的一个环节,规定被告答辩的目的是为了纠纷的妥当解决,脱离了程序结构,答辩本身并没有单独的意义。因此,在传统的大陆法系国家,通常被告并没有被强制进行答辩。某些情况下虽然也要求被告提交答辩状,但这种法律要求大多属于倡导性规定,被告即使未按时提交答辩状,一般也不影响他在其后的程序中进行防御,更不会因此而在言词辩论期日之前受到缺席判决。

但是,另一方面,自 20 世纪后期开始,以德、日为代表的大陆法系国家和地区通过修订民事诉讼法,向当事人课以攻击和防御方法适时提出的义务,要求双方当事人都必须按照诉讼程序的进展,"适时地"提出自己的攻击和防御方法,否则有可能因为延误诉讼而产生失权效果。尤其是在德国民事诉讼法规定的书面准备程序中,如果被告未在诉状送达后 2 周内以书面方式作出是否实施防御的意思表示,则依原告的申请可以不经言词辩论而对被告作出缺席判决。从这一规定的表面特征来看,被告若不按期对原告的诉讼请求提出反对意见,本案便无须进入庭审,而是由法院直接作出缺席判决,于是产生了类似于英美法系不应诉判决的效果。然而,这并不意味着大陆法系国家正在逐渐放弃传统的庭审中心主义思想,将诉讼的重心前移到审前阶段,而是应当从大陆法系国家的诉讼观转型方面加以理解。

三、协作型诉讼观对缺席时间界定的影响

欧洲大陆的资产阶级革命获得胜利之后,各国进行的法典编纂是以自由放任的原则作为立足点。当事人在诉讼中主要是根据自己的利益自行决定自己的行为,而法官在诉讼进行过程中则应尽可能少地进行干预。例如1877年的德国民事诉讼法就是自由主义时代的产物,并且深受实证主义法学的影响,从而采取极度尊重当事人自由的立场,即使当事人在诉讼过程中有欺诈行为,对其的制裁也仅限于法律有明文规定,也就是说,凡是法律没有明文禁止的行为,当事人均可以为之。

1933年,经修改的德国民事诉讼法明确地规定了真实义务,当事人在诉讼中应就事实状况为完全而真实的陈述,对于某种事实,只有在它既非当事人本人的行为,又非当事人自己所亲自感知的对象时,才准许作"不知"的陈述。在此基础上,围绕这一原则而展开的德国学说非常活跃。人们开始不再把民事诉讼视为当事者之间对立抗争的关系,而是将其视为协同关系来把握并使这种思想崭露头角。逐渐地,那种传统上认为诉讼乃当事人的对立抗争,按民事诉讼法的规则实施程序即可,没有必要在此之上再去遵循什么一般的伦理规则的看法被摒弃了,而一般地认为诉讼应该平等、公平地进行,诚实信用原则应予肯定。对民事诉讼的认识经历了从自由的民事诉讼向社会的民事诉讼的转变——即从竞争、从在诉讼中自由进行力量角逐转变为在法官的指挥和照顾下进行诉讼上的合作。

协作意味着个人不把权利看作是理所当然的。一个人从来不能在不考虑其行为可能会对他人造成的影响的前提下,利用法律权利追求个人自己的目的。① 这一认识转变的思想背景是:近代欧洲各国直至19世纪末都将民事诉讼视为审判之外的社会过程的一部分,其支配性的诉讼观是以所谓私人意思自治原则来理解诉讼现象,但从19世纪末开始,诉讼制度所具有的公共性质被日益强调,民事诉讼从"当事者自己的事"向"直接关系到公共利益的事"这一认识转换。国家设立司法制度的目的是解决民事纠纷,实现社会治理的安定性。司法资源是有限的,如果诉讼过于迟延拖沓,将会妨碍他人使用法院的机会,甚至影响社会公众对于司法制度的信心和态度。因此,诉讼程序的进

---

① [美]R.M.昂格尔:《现代社会中的法律》,吴玉章、周汉华译,译林出版社2001年版,第200~201页。

行,非但关系到双方当事人之间权利义务的分配,更关系到整个社会对司法的利用。在此基础上,诉讼过程中法院的主导作用得以加强,从而出现了背离传统诉讼观的动向。这一动向随着现代型诉讼的出现得到了进一步的加强。① 在这种情形下,作为公正地实施民事诉讼程序的条件之一,诉讼协作观亦变得重要起来了。

1933 年德国的《民事纠纷程序修订法》序言要求当事人"要意识到诉讼并不仅仅是为他们自己服务的,而且同时并且主要是为整个民族服务的",并且在开头部分提到当事人通过诚实地、谨慎地实施诉讼来减轻法官的法律发现困难的义务。1942 的《法院组织、民事司法和费用法的进一步简化法》第 529 条也提到了当事人适当地、谨慎地实施诉讼的义务。而通过 1976 年的《简化与加速诉讼程序的法律》之后,今天的《德国民事诉讼法》第 277 条第 1 款规定"被告应该按照诉讼的程度和程序上的要求,在答辩中提出为进行诉讼的必要与适当的防御方法";第 282 条第 1 款命令"当事人各方都应该在言词辩论中,按照诉讼的程度和程序上的要求,在为进行诉讼所必要的与适当的时候,提出他的攻击和防御方法"。这是立法目的中第一次明确清楚地表明了诉讼促进义务这一基本原则。② 到了 20 世纪 90 年代,深受德国法影响的日本和我国台湾地区也通过修订民事诉讼法,将当事人提出攻击、防御方法的"随时提出主义"修改为"适时提出主义",并把法庭审判分为口头辩论的准备和对争点集中进行审理两个阶段,一方面力图解决诉讼效率问题,另一方面也在于使口头辩论从形式化、空洞化的陷阱中解放出来,恢复口头、对席、公开和直接等开庭原则具有的实质性意义。

应当看到的是,这种攻击和防御方法的适时提出并不是单纯对诉答阶段的特殊要求,也并未强制被告按期提交答辩状,而是要求双方当事人都必须按照诉讼程序的进展,"适时地"提出自己的攻击和防御方法,使争点尽量形成于诉讼的早期阶段。在决定何时提出方为"适时",以及应当以何种方式提出等方面,法官的诉讼指挥与自由裁量权起着重要作用。尤其关键的一点是,即使被告没有按期提出自己的防御方法,诉讼也不会在庭前阶段终结,而是依然必

---

① 李建伟:《公平诉讼观与诚实信用原则》,载《国家检察官学院学报》2000 年第 3 期。

② [德]迪特尔·莱波尔德:《当事人的诉讼促进义务与法官的责任》,载《德国民事诉讼法学文萃》,赵秀举译,中国政法大学出版社 2005 年版,第 387 页。

须进行言词辩论,通过庭审作出判决。被告不进行答辩的后果仅仅是,在言词辩论中提出的防御方法有可能被课以失权的制裁。

按照德国民事诉讼法的规定,诉讼系属之后,如法官根据案情决定采用书面准备的方式,则通知双方当事人在一定期间内通过向法院及对方提交文书来交换主张和证据,展开攻击防御。到法官认为准备已就绪时才指定开庭辩论的主期日,为此,德国民诉法第 331 条第 3 款规定,如果被告未在诉状送达后两周内的不变期间内以书面作出是否实施防御或攻击的意思表示,则依原告的申请可以不经言词辩论而对被告作出缺席判决。这一在庭审前作出缺席判决的特殊规定具有其不可忽视的特殊性:首先,该规定仅存在于进行书面准备程序,由于书面准备程序里连言词辩论期日的确定都依赖于双方不见面情况下的书面提出与交换,被告在答辩期内对原告的诉状作出起码的回应就成为程序得以进行下去的一个不可或缺的起点。其次,被告只需按期表示防御的意愿即可免受庭审前的缺席判决,这相当于立法为了加快诉讼程序,促使被告尽早提出防御的意思表示,从而在庭审之前过滤掉无争议的案件;至于被告作出防御的意思表示之后是否在指定期间内提出实质性的防御方法,并不会影响法院指定主期日进行开庭审理。最后,在德国州法院进行的一审民事诉讼实行强制律师代理制度,如果被告要向原告提出防御方法,应当立即选任律师进行,这就避免了当事人因为诉讼能力的原因丧失防御权;而日本和我国台湾地区的一审案件没有实行律师诉讼,也就没有作出这种可能严重影响被告防御权利的规定。

总而言之,在大陆法系国家,诉讼观的转变并没有改变以庭审为中心的基本诉讼构造,言词辩论对纠纷的解决依然发挥着不可替代的作用,庭审之前难以出现类似于英美法系的不应诉判决。

第四章 "答辩失权"形成的开庭前缺席

第一节 问题的提出

一、答辩权利观向答辩义务观的转变

通常情况下,被告的防御意图首先体现为提交答辩状,即针对原告在起诉状中列举的事实理由进行回应和反驳。被告提交的答辩状也需要按相同的方式向原告送达。起诉状和答辩状构成了双方当事人之间的第一次交锋,并形成了书面形式的辩论。

按照传统的观点,双方当事人的诉答行为无疑是对其诉讼权利的行使,因为原告的起诉和被告的答辩"使当事人有机会主张他们的证据方法和法律理由,并使法官得以洞悉案情。这些步骤本身就是权利"。[①] 答辩制度的本意是赋予被告一种提出防御方法的手段,以维护自己的合法权益。被告在感觉到有必要进行答辩的情况下,可以在早期阶段即积极地提出自己的防御,法院可以通过当事人之间的诉答了解双方的争议所在,为其后的开庭审理进行准备;在事实简单清楚,是非曲直一目了然的情况下,被告认为没有必要提出书面答辩,也是一种可以理解的选择。我国现行立法就是从权利的角度来规定被告的答辩行为。《民事诉讼法》第 125 条第 1 款规定"人民法院应当在立案之日起五日内将起诉状副本发送被告,被告在收到之日起十五日内提出答辩状",第 125 条第 2 款后段又规定"被告不提出答辩状的,不影响人民法院审理"。

但是,在自由的答辩制度之下,被告是否提出答辩有时会失去它本来的防

---

① [德]黑格尔:《法哲学原理》,范扬、张企泰译,商务印书馆 1961 年版,第 231 页。

御意义,在某些情况下被操纵成为玩弄诉讼技巧、向对方当事人提出突然袭击的手段。从审判实践上来看,被告在庭审前提交答辩状的比例较低,不少当事人及其代理律师为了避免提前暴露底牌,让对方有所防范,常常都会选择在庭审中才提出自己的抗辩,意图打对方一个措手不及。还有少数被告滥用诉讼权利,将此作为拖延诉讼的手段。被告事先隐藏自己的观点,在庭审中才提出自己的答辩意见,这种"突然袭击"除了能使对方一时陷于忙乱之外,对裁判的结果并无多大影响。长期以来,我国的民事审判并非连续、集中地进行,由于延期审理制度的存在,对方当事人一般都会以需要调取新的证据、再次进行准备为由申请法官择日重新开庭。

过去,对于在答辩期间内不提出答辩状似乎不成其问题,而现在却成为司法实践中比较引人关注的焦点之一。随着我国民事案件数量的快速上升,民事审判的压力越来越大,进一步提高民事审判效率成为一种客观要求。社会对加快诉讼进程、提高诉讼效率的愿望也不断高涨。具体分析,被告在答辩状期间不提出答辩状所产生的消极影响主要有以下几点:

(1)使原告不能了解被告对起诉主张和事实,从而难以对被告的反驳和主张作进一步的论辩。以至于法院的第一次开庭难以取得较好的效果。一旦被告在第一次开庭时提出答辩主张和事实,原告就需要重新收集证据,开庭也就因此止步,使诉讼的效率性受到影响。

(2)给原告造成诉讼上的突然袭击,不符合诉讼的正义性。诉讼的正义性要求诉讼当事人双方的攻击和防御都应使对方当事人能有机会论辩陈述。当事人双方的攻击和防御都是对应均等的。

(3)使该期间的规定形同虚设。期间的虚设就是时间的无谓耗费,因而是不符合诉讼时间经济性原理的。

(4)影响开庭审理的效率。要提高庭审效率就需要做好开庭前的准备,这主要包括诉讼争点的整理、证据的交换和整理、对案件专门性问题的鉴定等。如果被告不提出答辩状势必影响开庭前的准备,引发诉讼迟延。①

在我国司法改革的进程中,最高人民法院于2001年12月6日颁布了《关于民事诉讼证据的若干规定》(以下简称《证据规定》),该司法解释较为详尽地规定了举证时限和证据交换等制度,改变了从前"一步到庭"的做法,初步构建了我国审前准备程序的内容。根据《证据规定》第34条第1款的要求,"当事

---

① 张卫平:《论民事诉讼中失权的正义性》,载《法学研究》1999年第6期。

第四章 "答辩失权"形成的开庭前缺席

人应当在举证期限内向人民法院提交证据材料,当事人在举证期限内不提交的,视为放弃举证权利"。举证时限是一项具有重大变革意义的制度,它的设置改变了长期以来我国民事诉讼一直实行的"随时提出主义",使诉讼主张和诉讼资料的提出由原来的随时提出改为适时提出,对于诉讼效率的提高具有积极的意义。2012年修订后的《民事诉讼法》第65条也明确规定了当事人有及时提供证据的义务、法院应当确定当事人的举证期限。

要求当事人在庭审前适时提出全部证据,就必须对对方主张的事实和理由有提前的了解,在此基础上再有针对性地提出相应证据。被告在庭审前按期提交答辩状尤为必要。从诉讼的进行和发展看,诉答阶段在前,举证和证据调查阶段在后,当事人需要依据诉答阶段的情况来确定证明的对象,然后再围绕着证明对象来收集和提供证据。即使是被告的证据也需要在庭审前提交,但其单纯就法律观点提出的抗辩主张却无须证据的支撑。假如让原告在被告提出抗辩之前就预测出被告的全部抗辩理由,并在此基础上完成全部举证内容,对原告而言是难以想象的。由于被告没有在举证期限内针对原告的诉讼请求提出答辩意见,原告在不知道被告抗辩主张的情形下,没有进行反驳的对象,其举证陷于"无的放矢"的地步。而当原告在得知被告抗辩理由时,已经超过举证时效期间,失去举证权利。因此,在实行举证时限制度的背景下,被告的答辩是不可缺少的前提。

有鉴于此,《证据规定》第32条要求,"被告应当在答辩期届满前提出书面答辩,阐明其对原告诉讼请求及所依据的事实和理由的意见"。自此,在司法解释层面,按期提出答辩状即已成为一项倡导性诉讼义务。

二、"答辩失权"的提出

《证据规定》第32条虽然要求被告在答辩期间届满前提出书面答辩,但并没规定未在答辩期内提出答辩会产生何种法律后果。根据起草者的解释,"本条规定主要还是倡导性条款,因为除了上文所述在答辩期间届满前不提交答辩状将丧失提出管辖权异议的权利以外,被告的其他诉讼权利并不因为不提出答辩状而受到任何影响"[①]。只规定证据失权显然是存在程序上漏洞的,在诉讼实务中,已屡屡出现一些聪明的被告利用这一缺陷,事先隐藏自己的抗辩

---

① 最高人民法院民一庭:《民事诉讼证据司法解释的理解与适用》,中国法制出版社2002年版,第180~188页。

理由,待举证期限届满后,等到开庭再提出答辩理由来击败原告,①因此,理论界随即提出了答辩失权的制度构建。法院方面的意见也认为,要保证举证时限制度、证据交换制度的落实,就有必要规定答辩失权制度,而确立答辩失权制度的唯一选择是修改民事诉讼法。②

答辩失权即被告人答辩权利的丧失。③ 按照答辩失权制度的构想,它可以归结为两个方面的内容:第一,被告应该在规定期间内对原告的诉讼请求提出答辩意见。为了避免当事人采取虚假答辩,提出非真实意思的答辩状,然后在开庭审理中更改答辩状的内容,在答辩状中,被告必须附加上答辩的事实理由和主要的证据及线索,同时被告的答辩行为对以后的辩论行为有约束力,没有特殊事由不得推翻,也不得提出与答辩状相反的内容。④ 第二,被告逾期不提交答辩状,应视为自认了原告的主张,并判决其败诉。⑤

三、答辩失权的本质

被告因不答辩而失去的究竟是何种权利? 对此,可以有两种不同的理解:

其一,答辩失权丧失的是提交答辩状的权利。亦即,被告如果不在指定的期间内提交答辩状,此后将不得再提交答辩状。这种失权丧失的仅仅是程序权利,而对被告的实体权利并无影响。应当认识到的是,答辩状是承载被告防御手段的一种载体,本身不是一种独立的防御方法,因此,脱离了答辩状所记载的事实主张、否认、抗辩、举证等具体内容,提交答辩状行为本身不具有实质性的防御意义,最多仅表明了被告没有承认原告之诉讼请求的态度。如果被

---

① 作为一个例子,可参见周辉:《从本案谈建立强制答辩制度的必要性》,载《人民法院报》2003年5月13日。

② 李国光主编:《最高人民法院〈关于民事诉讼证据的若干规定〉的理解与适用》,中国法制出版社2002年版,第265页。

③ 张卫平:《论民事诉讼中失权的正义性》,载《法学研究》1999年第6期。

④ 张卫平:《论民事诉讼中失权的正义性》,载《法学研究》1999年第6期。

⑤ 可参见李祖军:《民事诉讼答辩状规则研究》,载《法学评论》2002年第4期;李伯安、胡充寒:《缺陷与克服:对答辩随时提出制度的反思》,载《河北法学》2004年第8期;金永恒:《关于我国建立答辩失权制度的思考》,载《山西大学学报》(哲学社会科学版)2004年第5期;汤维建:《答辩失权是大势所趋》,载《人民法院报》2005年4月20日;胡胜、陈莺:《我国民事诉讼中应建立答辩失权制度》,载《上海大学学报》(社会科学版)2008年第6期;王琦:《答辩失权制度在我国的构建》,载《贵州社会科学》2011年第3期;曹志勋:《论普通程序中的答辩失权》,载《中外法学》2014年第2期;等等。

告在诉讼开始阶段没有提交答辩状,但是允许他在其后的诉讼过程中提出防御方法,对于被告来说,丧失提交答辩状的权利是无关紧要的。这也正是我国民事诉讼立法与实践的现状。

其二,答辩失权丧失的是防御权。被告如果不按期提交答辩状,则视为放弃了自己的防御权利,不得再提出任何防御方法,法院可以直接判决其败诉。被告提交答辩状不能只表明防御态度,因为如果被告仅答辩状中对原告的主张作出否认表示,其余的诉讼资料留待后续程序中慢慢提出的话,完全不能起到使原告了解被告的抗辩要点,并进一步做好举证、辩论准备的作用。因此,被告必须提出实质性的答辩状,针对原告诉状中的主张和请求提出具体的事实和理由。这也是当今理论界和实务界提出的主流观点。

如本书第三章所述,在诉答阶段,被告不提交内容详尽的答辩状便会遭受败诉判决,这是英美法系国家不应诉判决的基础思想;而大陆法系国家通常并未规定被告若不答辩就立即遭受败诉判决。答辩失权理论的提出,相当于主张在我国民事诉讼中引入英美法系的不应诉判决制度,于开庭审理之前,仅凭当事人之间书状的往来便可作出缺席判决。

被告是否按期提交答辩状固然是其对自身诉讼权利加以处分的表现,但它实际上还直接涉及原告一方是否能够借此及时地了解被告的抗辩要点,并据此进一步做好相应的出庭准备。特别重要的是,它也涉及法院能否迅速及时地确定双方当事人之间的争议焦点,从而为正确地指挥诉讼以及提高效率奠定坚实的基础等更深层次的问题。① 因此,被告在诉讼开始阶段尽早提出答辩状的意义是毋庸置疑的。不过,将答辩理解为被告的诉讼义务之后,是否有必要引入英美法系的不应诉判决,将其上升为我国民事诉讼中的一项普遍规则,形成庭审前的缺席判决制度,则必须考虑它是否适应我国的实际情况。

第二节 从法律传统的角度看待答辩失权

司法作为社会生活的一部分,受制于经济的、历史的、民族的、文化的多方面因素,绝不能纸上谈兵地进行简单化设计,只能根据这些因素的变化发展,由实践本身作出选择。

---

① 赵钢:《对被告应诉行为的定性分析》,载《法学评论》1999 年第 6 期。

缺席审判的基本法理与制度探索

一、中国传统的民事审判方式与诉讼观念

威尔逊(Woodrow Wilson)在其名著《国家论》(*The State*)中曾说:"凡法律非能通万国而使同一,各国皆有其固有法律,与其国民的性质同时发达,而反映一国民的生存状态于其中,并包孕人民政治的和社会的判断。"①杨鸿烈先生亦曾指出:"中国的法律是中国民族固有的产物,从殷周起经过春秋、战国、秦、西汉、新莽、东汉、魏蜀吴、晋、宋齐梁陈、唐、宋至明,都是汉族一系相传,循序进展,中间虽屡有北方野蛮民族的侵入:如晋末的后赵、前秦、后秦、南燕、北朝的后魏、北齐、后周,五代的后唐,宋以后的辽、金元、清各朝,虽立国的久暂不同,但都是努力汉化,而编纂法典,传播法律知识诸事,尤有可值得赞美的成就,因此中国法律绵延四千年才不至于中断,在世界五大法系中(罗马法系、英国法系、印度法系、回回法系)能独立自成一个系统,并且是日本维新以前法律惟一的典型。"②

中国古代的审判方式乃是典型的纠问模式。纠问制的本质特征是法官主动依职权调查案件事实,分清是非责任。这一审判模式注重实质真实的发现,诉讼程序的公正性被极端忽视了。即使是在审理户婚、继承、田土、债务等事项的民事诉讼中,当事人都没有诉讼主体地位,被告人是只承担诉讼义务的被追究的客体,当事人两造在庭审中的对抗更是无从谈起,一切皆需听从主审官吏的查究。从历代一些听诉断狱的案例中便能清楚地看到这一点。例如光绪年间湘乡魏息园辑的《不用刑审判书·卷五》记载了这样一个案件:

> 有控窃鸡者,某令唤左右邻讯之,均不认,环跪案下,佯为不理,另审别案。久之,又佯作倦容曰:"汝等且回去。"众皆起。令忽勃然拍案大叫曰:"窃鸡贼亦敢起去耶?"其人不觉,悚然屈膝,一讯而服。③

故事虽小,体现出来的意韵却极为深长。首先,本案没有明确的被告。某人丢鸡之后,无法确定是谁所偷,便径直诉到官府,这种相对人不明的单方面起诉也能获得受理,然后由审判者确定被诉对象。其次,原告提起诉讼,只是口头陈述了受到损害的事实,但未能提供任何证据来加以支持,全指望官府调

---

① 转引自杨鸿烈:《中国法律发达史》,上海书店出版社 1990 年版,第 1 页。
② 杨鸿烈:《中国法律发达史》,上海书店出版社 1990 年版,第 1~2 页。
③ 引自华东政法学院语文教研室编:《明清案狱故事选》,群众出版社 1983 年版,第 274 页。

查事实、为其作主。再次,除了原告的告诉引发诉讼开始之外,主审法官包办了诉讼的整个过程,包括传唤左邻右舍到堂讯问,以确定当事人,在诉讼中负责查清案件事实,最后是理所当然地作出裁判。诉讼的进程完全依靠审判者依职权来推动。最后,重视实质正义的实现,极端忽视对当事人的程序保障。例如任意拘索民众到案查究;所有当事人均"环跪案下",成为被审讯的客体;不依赖客观证据定案,而依靠审讯(包括刑讯)和口供,等等。

在中国古代,自然经济始终占据统治地位,商品经济的发展相对薄弱,历代官府也一贯推行重农抑商的政策,从而束缚了民事法律关系的发展。由于封建宗法家长制,家法族规对家庭的民事法律关系起着实际的调整作用;而人身依附关系长期存在,不能广泛提供法律上的权利与义务关系的"私人平等"。① 因此,中国古代社会难以产生高度抽象化、体系化的民事法律规范,从而也不可能发展出基于"私法自治"理念的民事诉讼规则。尽管从西周开始已经有了民事诉讼和刑事诉讼的初步划分,但是三千多年来二者往往交缠在一起,民事诉讼在大多数情况下是依附于刑事诉讼的,其表现是同一个法庭,同一个法官,基本上按照同一种程序,既审理刑事案件,也审理民事案件。这种诉讼模式不以控、辩双方相互对抗为基本框架,而是由审问者和被审问者构成,当事人在诉讼中的活动主要是形成供状(陈述情节)和招状(表示认罪)。在观念上,平民必须顺从官府,重视官府必不能忍受对抗。

与英美法国家的诉讼竞技观念不同,数千年来,中国的民事诉讼中不可能出现当事人诉讼行为的自我负责意识,法官并不是一个消极的仲裁者,而必须是一个明察秋毫的"父母官",正义和公理全靠他去主持,诉讼的唯一目的就是查明事实的真相,作出公正的裁断。尤其是,"两造具备、师听五辞"是自西周起便流传下来的审判方式,未经"过堂""听供"便遽下判决,无论在哪一个朝代都是难以想象的。

二、近代中国民事诉讼向大陆法系的转型

中国的法律制度在相对封闭的圈子里自我运行和完善了数千年,但是在清末,欧美帝国主义者不远万里而来打破了我们"离群索处"的清梦,中华法系的传统便分崩离析,改为全盘接受西方的法律制度。

晚清统治集团的内部包括沈家本在内的许多人都认为,改革法律,会使帝

---

① 张晋藩:《中国法制史学四十年》(下),载《政法论坛》1989 年第 5 期。

国主义放弃其"治外法权",是"变法自强之枢纽",于是实行法律改革。清廷于光绪二十八年(1902年)颁发变法革新上谕,要"将一切现行律例,按照交涉情形,参酌各国法律,悉心考订,妥为拟议,务期中外通行,有裨治理"。① 由于在清政府统治下,缺乏集中的诉讼法典,以至在日益增多的华洋争讼中处于被动状态,而且"外人以我审判与彼不同,时存歧视","每因寻常争讼细故,酿成交涉问题"。因此,必须"变通诉讼之法",改革"诉讼断狱附见刑律"的旧律结构。同时,鉴于审判实践中"民事、刑事性质各异,虽同一法庭,而办法要宜有区别"。1906年,在沈家本主持下编成《刑事民事诉讼法》,奏请试行。这是中国第一次开始区分实体法和诉讼法。但是各省督抚却表示该法与中国现实情况不符,不便执行,请求再行复议,遂被搁置。②

从1907年起,沈家本等人再次开始分别起草刑事与民事诉讼律,1911年1月27日完成大清民事诉讼律草案,提交审议。大清民事诉讼律草案主要是模仿日本和德国的民事诉讼法而成,共四编22章800条,内容比较详备,而且采用了近代国家民事诉讼通用的"当事人主义"、法院不干涉辩论等原则,表现了对私权的重视。虽然由于清廷覆亡,未及施行,但它成为民国时期制订民事诉讼法的蓝本,因此可以说是中国民事诉讼法的滥觞。③

辛亥革命推翻了清王朝的统治,结束了延续三千余年的封建帝制。袁世凯就任临时大总统后,立即公布《临时大总统宣告暂时援用前清法律及暂行新律令》,命暂时仍适用前清法律,只是"同民国抵触"的各条则一律失效。民国中央政府正式颁行的第一部民事诉讼法典产生于1921年,由民国北京政府的修订法律馆以《大清民事诉讼律(草案)》为基础,参照德国、日本、奥地利、匈牙利等国民事诉讼法而起草了《民事诉讼法(草案)》,是年7月22日民国北京政府颁令公布,后更名为《民事诉讼条例》。由于当时国家处于军阀割据、混战局面,国家法令难以统一,有的省仍采用的是《民事诉讼律》,形成两种民事诉讼法规并行的局面。南京国民政府建立之初,为求得民事司法的统一,司法部于1928年起草完成了《民事诉讼法草案》,经过修订后于1930年公布,于1932年5月正式施行;1934年又提出《民事诉讼法修正案》,于1935年7月正式施

---

① 张晋藩主编:《中国民事诉讼制度史》,巴蜀书社1999年版,第229~230页。
② 张晋藩:《中国法律的传统与近代转型》,法律出版社2005年版,第391~392页。
③ 张晋藩:《中国法律的传统与近代转型》,法律出版社2005年版,第392页。

第四章 "答辩失权"形成的开庭前缺席

行新的《民事诉讼法》。① 南京国民政府的《民事诉讼法》基本取法于德国、日本的民事诉讼制度,带有大陆法系的显著特点,即采用纠问式审判方式,法官是程序的主导者,整个诉讼以言词辩论为中心,其中关于当事人攻击防御方法的提出,第196条第1款规定,"得于言辞辩论终结前提出之"。

近代中国法律转型所取得的突出成就,是依照西方国家的模式建立起了具有近代色彩的法律体系。在这个过程中,无论从体系到内容都取法于大陆法系。这是因为:

首先,传统中国与大陆法系国家具有相似的国家主义观念。大陆法系国家奉行国家主义,以国家垄断立法权。而中国古代自秦时起,便形成了专制主义中央集权的国家,朝廷握有最高的立法权。

其次,传统中国与大陆法系国家都具有法典化的传统。大陆法系主张立法的一元化,通过制定成立法,满足社会和政府的需要,而法官的作用仅限于选择可适用的法律条文和阐明它的确切含义。英美法以判例为主干,可供移植的成文法典极少。中国古代一直以制定统一的成文法作为中央集权的象征,因此重视成文法是中国古代法律发展史的一个传统。

再次,近代中国缺乏适应英美法系的司法官队伍。在英美法系国家,援引判例断案是基本的审判方式,这就要求司法官具有良好的素质和经验。相比较而言,移植大陆法系更具有可行性。

最后,日本明治维新的成功对于近代中国移植大陆法系也具有启迪的作用。中、日两国不仅有相同的法律文化渊源,而且明治维新之前的日本国情与法律转型之前的中国,也有很多相似之处,因此从晚清起中国也以日本为中介,选择大陆法系。同时,由于中、日两国文字有相通之处,所翻译的日本法学著作数量最多,起草成文法典的过程中还聘请了许多日本法学家直接参与,这对近代中国法律实践和法学研究的影响都非常深远。②

因此,中国法律的近代转型不是短短一二十年之功,而是一个长期的输入西方法文化进行法制改革的试探过程。大陆法系法律模式的引进有着社会的、历史的、政治的、文化的原因,而不是少数人的偏爱。1946年,美国法学家庞德被聘为国民政府司法行政部顾问,来华后备受各界欢迎。他认为,"一个

---

① 张晋藩主编:《中国司法制度史》,人民法院出版社2004年版,第502~503、543~544页。

② 张晋藩:《中国法律的传统与近代转型》,法律出版社2005年版,第430~431页。

国家如果没有英美法的历史背景,没有如英国或美国所训练的法官及律师,要去体会它是很困难的。中国循着现代罗马法的道路已有良好发展,如果转而重新建立一种系统,既无合用的法律书籍,同时也不便于法典化,那便是一种浪费。我对于具有英国法历史背景的地区采行英美普通法,予以赞扬,不后于任何人,但以之移植于不同背景的地区,将是无益的。……中国循着已走的道路向前进行,是最适当不过的"。根据他的判断,"如果中国由久经继受的现代罗马法系改采英美法系,将是一个极大的错误"。①

三、马锡五审判方式及其对新中国民事诉讼的影响

马锡五审判方式被认为是新民主主义革命时期民事诉讼制度的典型,是以陕甘宁边区从事司法审判工作的马锡五命名的。② 他当时成功审理了许多疑难案件,为革命根据地的司法战线树立了一面旗帜。陕甘宁边区政府主席林伯渠同志在 1944 年 1 月 6 日《边区政府一年工作总结报告》中,特别强调"提倡马锡五同志的审判方式,以便教育群众"。同年 3 月 13 日,延安的《解放日报》专门以《马锡五同志的审判方式》为题,发表评论,介绍典型案例,并赞扬马锡五审判方式的成就和特点。③

按照后来的总结,马锡五审判方式的主要特点,简而言之就是:(1)一切从实际出发,客观全面深入细致地进行调查研究,重证据不轻信口供,证据口供都要经过核实;也就是要使人民的审判工作牢牢建立在科学的基础上。(2)认真贯彻群众路线,依靠群众说理说法,实行审判与调解相结合,司法干部与人民群众共同断案;就是要在审判工作中贯彻民主的精神。(3)坚持党性原则,忠于职守,以身作则,严格依法办事;就是要在审判工作中始终坚持法制原则。(4)实行简便利民的诉讼手续,全心全意为人民服务;就是要在审判工作中执行利民的方针。④ 以下两个案例较能体现马锡五审判方式的特点:

---

① [美]罗斯科·庞德:《改进中国法律的初步意见》,载王健编:《西法东渐——外国人与中国法的近代变革》,中国政法大学出版社 2001 年版,第 62~63 页。

② 马锡五(1899—1962),陕西省保安(今志丹)县人。1930 年参加革命,1935 年加入中国共产党。抗日战争时期任陕甘宁边区庆环专区陇东专区副专员、专员。1943 年兼任陕甘宁边区高等法院陇东分庭庭长。1946 年任陕甘宁边区高等法院院长。新中国成立后任最高人民法院西北分院院长。1954 年任最高人民法院副院长。1962 年病逝。

③ 张希坡:《马锡五审判方式》,法律出版社 1983 年版,第 55 页。

④ 张希坡:《马锡五审判方式》,法律出版社 1983 年版,第 54 页。

一是 1943 年马锡五审理的华池县封棒的婚姻上诉案。封棒年幼时与张柏订了"娃娃亲"。长大成人后,当地聘礼大增,封棒的父亲封彦贵贪图金钱,又将其许给朱家为妻。封棒本人愿意与张柏结婚,张家闻讯后,纠集 20 多人深夜闯入封家,将封棒抢回成亲。封彦贵立即控告到华池县,县司法处未作详细调查,即以"抢亲罪"判处张金才六个月徒刑,并宣告张柏与封棒的婚姻无效。两家都不服判,附近群众也很不满意。封棒在路上碰到马锡五,拉他到一棵树下告状。马锡五首先向当地区乡干部和附近群众了解真实情况和群众反映,接着亲自询问封棒的意见和要求,了解到她"死也要与张柏结婚"。案情真相基本掌握后,在村公所举行公开审判,然后征询到会群众对本案的处理意见。群众特别关心的是张柏与封棒的婚姻,认为这件婚事合理合法,绝不能断散。最后法庭按照群众的意见作出了裁判。①

二是合水县王治宽的场院地基案。合水县王家庄的王治宽和王统一是地邻,原存的土地约据上本已写明了两家土地的界限。王治宽企图霸占王统一家的一亩打谷场的地基,故意歪曲事实,因此发生纠纷。最初曾由区乡干部和四邻出面调解,都认为王治宽无理。可是王治宽仍不死心,编写诉状,告到合水县政府。县司法处先入为主,只凭一纸诉状,偏信了原告一方,未作任何调查,便将王统一的场地断归王治宽所有。王统一不服,上诉到陇东分庭。马锡五同志立即派石推事赴当地进行实地调查。石推事协同县、乡干部和证人、乡邻,到现场当众展示约据,进行实地丈量,同时征询群众对本案的处理意见。经过干部群众摆事实讲道理,使王治宽理屈词穷,当场承认错误,自请处分。②

由此看来,马锡五审判方式的核心思想是:在法官亲自调查事实的基础上达到实质的正义,使法院判决获得基于群众认可而产生的正当性。在上面两个案例中,受到批评的审理方式就是"只凭一纸诉状""未作详细调查",体现出对诉讼形式的摒弃以及对坐堂问案作风的反感。

马锡五审判方式对解放区以及新中国成立后的司法工作产生了极大的影响,许多做法成为民事审判的指导原则,直到今天仍在发挥着作用,如"巡回审理、就地办案""便于当事人诉讼、便于法院审理""依靠群众,调查研究,就地解

---

① 张希坡:《马锡五审判方式》,法律出版社 1983 年版,第 26~28 页。
② 张希坡:《马锡五审判方式》,法律出版社 1983 年版,第 36 页。

决,调解为主""查明事实、分清是非",等等。新中国成立以来,在很长的一段时期内,诉讼的进行是法院依其职权主导为基本特征的,收集证据、查明事实是法院当然的职责,当事人提出诉讼资料的行为对法院没有必然的约束力,直到1982年的试行民事诉讼法仍然规定"人民法院应当按照法定程序,全面地、客观地收集和调查证据",从而在观念中和实践中形成了"重实体、轻程序"的倾向,任何法院判决,如果只追求形式的公正而丧失了实体的公正,必然难以得到社会公众的认同。

马锡五审判方式中的一个特点是"认真贯彻群众路线""司法干部与人民群众共同断案",即重视群众参与,充分发挥审判的法制教育作用,这就产生了一个附带效果,即对公开审判的强调。新中国成立以后,最高人民法院院长董必武提出了"公开审判是审判活动的重心"这一著名论断①,新中国的宪法也确立了公开审判的诉讼原则,并在实践中受到高度重视。公开审理必须是开庭审理和言词审理;在实践中,虽然是立案时就可能明知被告下落不明的公告送达案件,程序上也需要经开庭审理之后才能作出缺席判决,由此形成了以庭审为中心的程序结构。② 在这样的制度框架中显然难以有"不应诉判决"的适用余地。

第三节 现实条件对答辩失权制度的制约

一、当事人诉讼能力的差别与专业法律帮助制度的不足

从目前学界与实务界的观点来看,主张实行"答辩失权"制度的理由无一例外都是以大都市的经济纠纷案件作为样本进行分析,指出被告怠于答辩所带来的诉讼拖延和程序不公。但是,早在20世纪前期,毛泽东就指出中国是一个政治经济发展不平衡的大国,③时至今日,这一论断对于我们认识中国的社会现实仍不无意义。

---

① 参见董必武1957年3月18日《在军事检察院检察长、军事法院院长会议上的讲话》,载《董必武政治法律文集》,法律出版社1985年版,第523页。
② 王亚新:《再谈"答辩失权"与"不应诉判决"》,载《人民法院报》2005年5月11日第B1版。
③ 毛泽东:《中国革命战争的战略问题》,载《毛泽东选集》第一卷。

第四章 "答辩失权"形成的开庭前缺席

20世纪的中国社会经历了数次翻天覆地的巨变,"一个西方人活四百年才能经历这样两个天壤之别的时代,一个中国人只需四十年就经历了",而历史经验表明,社会的急剧转型常常令原先相对匀质的社会状态产生迸裂。自从中国大陆实行改革开放和市场经济政策以来,中国社会的发展更加多元,并且贫富分化现象变得严重起来。2014年我国内地人均GDP(国内生产总值)为46531.20元,其中天津市的人均GDP为105889元,在全国各省市自治区中排名第一;甘肃省人均GDP为25509元,在全国各省市自治区中排名第31位,天津市是甘肃省的4.15倍。[①] 根据2010年全国第六次人口普查数据,祖国大陆31个省、自治区、直辖市和现役军人的人口共133972万人,其中接受大学(指大专以上)教育的11964万人;接受高中(含中专)教育的18799万人;接受初中教育的51966万人;接受小学教育的35876万人(以上各种受教育程度的人包括各类学校的毕业生、肄业生和在校生);文盲人口(15岁及15岁以上不识字或识字很少的人)为5466万人,文盲率为4.08%。[②] 从东部沿海到西部内陆,从中心城市到边远农村,经济发展程度、人民生活水平、教育普及比率的高低呈现出显著递减的差序格局。西南地区一些少数民族聚居的山地,农业生产尚未完全摆脱刀耕火种,生产力相当于欧洲的中世纪;北京、上海等经济发达城市已迈入信息化社会,足可比肩甚至超越一些发达国家和地区。经济差距、文化差距等并不一定能精确地反映实际诉讼能力,但是个体的经济状况、文化程度往往还是个人思想认识、社会评价、得到专门的法律帮助等等的决定因素。

在现代社会,接近律师常即意味着接近权利亦即接近实现正义。[③] 在社会公众诉讼能力参差不齐的情况下,为了使公民的权利能够获得平等的保护与实现,确保人民有平等使用法院的机会,必须同时保障当事人获得法律帮助的权利。中华人民共和国于1978年开始恢复律师制度,并分别于1986年实行全国律师资格考试、2002年实行统一的司法资格考试,这对于提高律师素质、扩大律师规模、加强律师的职业化方面起到了积极作用。

根据2013年8月26日全国律协发布的《中国律师行业社会责任报告

---

① 资料来源:中华人民共和国国家统计局《2014年国民经济和社会发展统计公报》。
② 资料来源:中华人民共和国国家统计局《2010年第六次全国人口普查主要数据公报》(第1号)。
③ 邱联恭:《司法之现代化与程序法》,台湾三民书局1992年版,第179页。

(2013年)》显示,截至2012年底,中国律师(不含港澳台地区)数量为232384名,律师事务所数量为19361家。目前我国每1万人口平均拥有1.6名律师。人口律师比最高的是北京市,每1万人口拥有11.7名律师,其次是上海市,每1万人口拥有6.7名律师。人口律师比最低的地区是西藏,每1万人口拥有0.6名律师。目前,全国每1万人口中拥有不足1名律师的省份尚有安徽、青海、甘肃、贵州、江西、西藏6个省、自治区。①

由此可见,无论是执业人数占整个人口的比例,还是律师界中高学历、外语人才所占的比例,以及中大型律师事务所占律师事务所总数中的比例,中西部律师业与东部发达地区律师业是不可同日而语的。特别是东部与中西部地区经济发展的极不平衡直接导致律师收入的差距悬殊,并且这种差距不可能在短期内有明显的改变,造成中西部地区的一些律师正在向东部地区转移,这也是不争的事实。对于分布在广大中、西部地区形形色色的当事人来说,专业法律服务的保障是不周延的。此外,我国诉讼中并不实行强制律师代理,在诉讼中许多当事人不愿请律师或者没有经济条件请律师。以2012年为例,全国法院系统共受理一审民事案件7316463件,二审民事案件588759件,再审民事案件34324件,合计7939546件;而2012年全国律师代理了民事诉讼案件1779118件。② 按此计算,所有民事案件中律师代理率约为22%,而在广大的中小城镇以及乡村,这个数字显然还要低得多。

我国民事诉讼中当事人的能力差别和专业法律帮助制度的不足,给法官消极中立、当事人直接对抗的理论模型带来了现实的干扰。因为当事人的教育和禀赋可能使这种标准超出了他所能企及的范围,法律显然有可能向他强加了他不可能达到的要求,这属于美国学者富勒所称"造法失败"的原因之一。③ 已有国内学者表达过这方面的忧思:

> 在内蒙古自治区某地的一个法庭审理案件时,曾出现了这样的一幕
> 法官甲:"请拿出证据。"
> 原告(某牧民):"我是个文盲。"
> 法官乙:"请你把证明自己主张的证据交给法庭。"

---

① 数据来源于中华全国律师协会网站:http://www.acla.org.cn/html/xinwen/20130827/11102.html,下载日期:2015年5月30日。
② 资料来源:《中国法律年鉴·2013》,中国法律年鉴社2013年版,第1064~1077页。
③ [美]富勒:《法律的道德性》,郑戈译,商务印书馆2005年版,第85页。

原告(某牧民):"我是个文盲。"

法庭如果因为原告是个文盲而判决其败诉,将会导致伦理和道义上的不公,也无法实现个体公正和社会公正。法庭如果指定律师为其代理人,这将加大当事人的诉讼成本。如果法庭认为其需要法律援助,但法律援助制度并没有普遍建立。这一案例片段,并不是一个很偶然的特例。在中国许多农村地区法院甚至是中级人民法院不断上演着。制度环境不匹配,对抗制将无以发挥良好的效应。①

二、当事人需要在庭审之前得到法官释明

继续推进我国当前以程序正义为价值指向的审判方式改革需要设立完善的释明权制度,②法官应当在诉讼中发挥更加积极的作用,促使实质正义的实现。

在司法实践中,很大一部分当事人(尤其是被告)都没有律师代理,包括书写、表达等在内的辩论能力常常不足的现实情况下,法院在立案阶段和准备程序阶段就应当积极地行使释明权。由于大部分案件当事人不具备相应的法律知识和诉讼经验,再加上所聘请的律师业务水平的限制或未能很好履行代理职责。尤其是在一方当事人有律师代理,另一方当事人没有律师代理的情况下,没有律师代理的一方当事人在诉讼中就会处于非常不利的地位。这时,法官适当地履行释明义务,平衡当事人的诉讼能力,确保双方当事人诉讼中的平等地位,从而真正依法维护涉讼当事人的合法权益,体现司法为民宗旨。

应当注意的是,如果从释明的基本含义上加以界定,则作为释明权行使的告知就应不同于法院就某种行为或事项法律后果的告知。人民法院在诉讼中应当按照法律的要求向当事人告知诉讼权利义务,例如:告知当事人不按期提交答辩状,则逾期不能提出;当事人未在法院指定的举证期限提交证据,则人民法院可以不采纳该项证据;告知当事人在一定期限内不上诉,将丧失上诉权,一审判决将发生法律效力;告知当事人有权提出管辖权异议、申请回避,等等。此类诉讼权利义务的告知并不属于真正的释明,二者的差别主要在于告知意图不同:释明权行使的告知,其意图在于通过当事人行为的再实施,还原

---

① 肖建华:《对抗制的本土化问题》,载《法制日报》2002年3月31日第3版。
② 江伟、刘敏:《论民事诉讼模式的转换与法官的释明权》,载《诉讼法论丛》第6卷,法律出版社2001年版。

其真实。作为法院释明行为方式的告知是使当事人能够进一步理解自己已经实施行为的结果,并在了解已实施行为的结果的基础上,对自己的行为予以调整。因此,在诉讼中法院单纯地向当事人告知其享有的权利或承担的义务,以及某种行为的法律后果或诉讼行为的意义并不是释明权的行使。[①]

在民事诉讼中,立案阶段的释明是最先也是较为重要的一项:法院在原告提起诉讼、法院受理的阶段,就诉讼对当事人所作的法律释明,以及对原告起诉声明不明确、不完整或者不适当时所作的事件释明,主要是在诉讼系属之前进行。在准备程序的进行中,当事人提出的诉讼资料不完整、不明确、不适当,或者还有新的诉讼资料需要提出的,法院应当明示或者暗示当事人补充、明确。[②] 在传统意义上的民事诉讼中(婚姻、继承、抚养、债务纠纷等),特别是在农村的人民法庭和简易程序中,当事人在法官的询问、提醒、说明、促动、调解之下的对抗仍然是最常用,也是最理想的民事诉讼程序和纠纷解决方式。

如果将当事人之间的对决提前到起诉阶段,规定被告在答辩期内不提交内容上有着种种技术性要求的答辩状,原则上就必须承担败诉后果的话,这相当于剥夺了被告接触法官、从而获得应诉引导和法律释明的机会。法官在向当事人送达案件受理通知书和应诉通知书的同时,向当事人送达举证通知书,在通知书中载明举证责任的分配原则和要求,这可以视为是法官履行告知义务的一种表现形式。但是法院在举证通知书中对当事人所做的举证指导只能是脱离本案的一般性指导,而不是根据本案的实际情形所作的具体的、有针对性的指导,这种笼统的告知显然难以穷尽具体案件中无穷无尽的事实状态,对于当事人的诉讼权利义务来说也是一种不平等的体现。

三、社会公众对实体正义的追求

使诉讼前真正享有权利的人的权利能够得到确认,使权利被损害者能够获得救济,使违约、侵权等违法行为人承担相应的民事责任,可以说是任何诉讼制度都努力追求的目标。尽管相反的情形——真正具有权利的人提起诉讼后反失掉了权利,侵害他人权利者却被免除了责任——总是难以绝对避免,但

---

① 张卫平:《民事诉讼"释明"概念的展开》,载《中外法学》2006年第2期。
② 张力:《阐明权研究》,中国政法大学出版社2006年版,第74~75页。

这至少是各国诉讼制度希望能够尽量避免的。① 中国人更加看重实体判决的公正,如果因为答辩失权而被视为承认对方当事人的主张,使明显有理的官司败诉了,输在规则上的被告们不服,到党委、人大上访、闹事,地方党委、人大也不能理解法院的做法,本着讲理、化瘀的原则,将案件责令法院再审,法院不但得再审改判,而且还得反复去人大、党委汇报。结果新的制度不但没有提高效率,反而因重复劳动降低了效率;不但没有解决问题,反而破坏了法律的权威。② 正如有学者指出的那样,如果基于法院单方利益即结案率的考量,建立答辩失权制度仅仅或主要在于通过限制当事人的权利而促使案件的快速审结,那么在诉答阶段了结案件将导致更多"官了民不了"的案件。在当事人尚无承担"自我责任"的心理承受力、整个社会尚未形成司法终局性意识、整个政治体制和司法制度仍在不断强化各种事后的和程序外的救济途径的背景下,这种暂时性结案的制度设计将会大大增加纠纷最终解决的成本,并进一步削弱司法制度解决纠纷的功能和以此为基础的司法公信力。③ 在这样的情况下,面对我国社会转型期民事诉讼的复杂状况,引进任何意味着程序正义观念可能强烈冲击实体正义的制度都应当十分慎重。④

第四节 答辩失权制度的效果考量

一、答辩失权难以完全解决的问题

随着我国社会经济文化的发展,特别是社会主义市场经济体制的确立,促进了人们诉讼价值观的变化,也在客观上要求民事诉讼机制作出相应的转变。诉讼更多被视为当事人自己的事情,谁主张谁举证的观念已经深入人心。以最高人民法院推动的一系列民事审判方式改革为枢纽,我国民事诉讼的基本结构表现出由法院职权主导向当事人主导转变的趋势。在现行《民事诉讼法》

---

① 李浩:《举证时限制度的困境与出路——追问证据失权的正义性》,载《中国法学》2005年第3期。
② 宋大琦:《从打事实到打证据到打官司》,载《比较法研究》2003年第3期。
③ 傅郁林:《诉答程序·程序时效·诚信机制——"答辩失权"的基础性问题》,载《人民法院报》2005年4月13日第B1版。
④ 王亚新:《我国民事诉讼不宜引进"答辩失权"》,载《人民法院报》2005年4月6日第B1版。

经过两次修订之后,连同司法解释一起规定了当事人完整意义上的证明责任,大大削弱了法院调查收集证据的职权,并通过举证时限和证据交换制度对延期举证的当事人课以一定的制裁。

如前所述,要求当事人在庭审前适时提出全部证据,就必须对对方主张的事实和理由有提前的了解,在此基础上再有针对性地提出相应证据。假如被告不及时进行答辩,让原告单方面预测出被告的全部抗辩理由,并在此基础上完成面面俱到的举证内容,对原告而言是难以想象的,难免会产生疏漏之处;在诉讼实务中,已屡屡出现一些聪明的被告利用这一缺陷,事先隐藏自己的抗辩理由,待举证期限届满后,在开庭时再提出答辩理由来击败原告。

但是,强制被告按期提交答辩状是否便可完全解决这一问题?未必尽然。试看以下案例:

> 某州建筑公司诉某局建筑研究院拖欠工程款300万元。对于欠款这一事实本身其实并无争议,问题出在原告的主体资格上。原告在签订、履行建筑工程合同的时候名叫某县建筑公司,现在改名为某州建筑公司。原告开庭前出具了新旧营业执照、上级部门文件、政府行业主管行政机关批文,单单忘了出具工商局的"企业名称变更登记表"。被告律师庭前阅卷时看在眼里、记在心里,没有吭气,当庭突然发难,对原告的主体资格提出异议。原告说打交道这么多年了,谁不认识谁呀?法庭也认为原告应出示企业名称变更登记表,原告说那简单,我们回去取来不就是了吗。但是不行了,按《证据规则》第43条,原告举证过了期限,除非被告同意,否则法院不得对该证据进行质证,可被告不同意质证。依照民事诉讼法的规定,没有经过当庭质证的证据不得作为定案依据,原告证据失权了。最后,正如被告律师所发表的代理意见所说,"因为原告的疏忽,没有意识到这份证据的重要性,它输掉了这场官司"。原告被裁定驳回起诉,被告利用原告的疏忽,捡了300万元的大便宜。①

乍一看,本案正是支持实施"答辩失权"制度的典型理由:由于被告方的抗辩事由必须由原告举证加以证明,被告便事先故意隐藏观点,在庭审中突然提出,造成对方的证据失权。不过,本案的特殊之处在于,原告方已经考虑到单

---

① 本案例来源于宋大琦:《从打事实到打证据到打规则》,载《比较法研究》2003年第3期。

第四章 "答辩失权"形成的开庭前缺席

位名称的变更问题会遭到质疑,于是就这一事实准备了多份证据(包括新旧营业执照、上级部门文件、政府行业主管行政机关批文),但忘记提交一份必备的"企业名称变更登记表",被告也正是抓住了这一点,利用对方的疏忽赢得官司。但是,即使被告按期提交了答辩状,原告方面的这一疏漏将会被填补上吗?原告的诉状只需要写明诉讼请求和依据的事实、理由。被告若要进行抗辩,无非是就欠款本身和原告的主体资格提出疑问。即使是按照英美法系对答辩形式所作出的严格要求,被告只需对原告的主体变更作出"不知"陈述,便可以起到否认的效果,视为要求原告提供证据证明,从而避免不应诉判决。而双方提交证据和交换证据,则是下一阶段的事情。事实上原告确实就此提交了证据,只是证据不足而已。也就是说,本案中被告在起诉阶段即使作出实质性的答辩,对原告的主体资格表示了异议,也不能避免原告在提交证据上的疏忽,依然可能造成举证失权的后果。

造成这一问题的原因在于,答辩状记载的只是被告的首次防御,未必是最重要的防御,更不是全部的防御。被告答辩的主要功能是表明防御的意图,并针对原告诉状中主张的"事实"作出承认或否认的回应。至于原告为了证明自己的主张而提交证据,以及被告针对原告的举证提出的抗辩、反证,都是属于审前准备程序的内容。争点是随着当事人向法院提出诉辩主张及依据的事实和理由逐步明晰的。情节复杂的案件,要在进入审前准备程序后,通过反复整理双方的主张,并多次交换必要的证据,才能够将争点凸现出来和固定下来。答辩状是承载被告防御手段的一种载体,本身不是一种独立的防御方法;大陆法系的德、日等国没有单独的"答辩"失权概念,而只有所谓"攻击防御方法"的失权,便是这个道理。

攻击和防御方法是指原告或被告为了维护自己的请求、反驳对方的请求而提供的一切事项,包括事实主张、声明、抗辩、否认、反驳,等等。日本《新民事诉讼法》第156条规定,"攻击和防御方法,应当按照诉讼进行状况的适当时期提出"。这种适当时期应当从两个方面理解:首先,不可能要求被告在答辩状中一次性提出所有的防御方法;其次,被告没有在答辩状中提出的防御方法,并不是就可以一直隐藏到庭审阶段再提出,法官依然可以根据实际情况命其在准备程序中提出。为了结合准备程序的进程揭示双方可能隐藏的实质性争点,德国《民事诉讼法》第273条第2款也规定:"法院可以命令当事人对其准备书状加以补充或解释……特别是定一定期间命当事人对应予说明的一定争点加以说明。"以上的规定都是将被告的防御方法作为一个整体,并没有赋

111

予答辩状本身以特别重要的意义,更不会单独就"答辩失权"作出规定。确定是否失权的标准不是时间阶段,而应当是过错,只有当事人有意图拖延诉讼的故意或重大过失,才应当对逾期提出的防御方法课以失权制裁。单纯强调被告在收到起诉状后的一定期间内作出答辩,对于防止诉讼突袭带来的程序延滞,并没有决定性的意义。

二、答辩失权的实际效能

除了防止诉讼突袭之外,答辩失权的另一项功能是在庭审之前排除无争议的案件,如果当事人没有防御的意图,案件便可以不经审理便直接作出缺席判决。一般认为,从诉讼效率上看,在案件诉讼流程中,经历较少的程序肯定比经历较多的程序更能体现效率价值;同时,开庭审理可以说是诉讼成本投入最大的时间阶段,如果能避免启动这一程序,使纠纷在此之前获得解决,将节省大量的司法资源,也会使正义更早获得实现。①

(一)司法成本方面

较少的程序肯定比较多的程序更有效率,从而节约司法资源,这种思路无疑是正确的。事实上,英美法系之所以采用不应诉判决和简易判决制度,尽量将无实质争点的案件终结于庭审之前,除了基于对抗制的诉讼观念之外,节约诉讼成本也是一个重要原因。因为基于陪审团审判的特征,诉讼中应当召集一定数量的普通公民到庭参与审判。典型的陪审团由 12 人组成,但也允许在刑事或民事案件中使用至少 6 人的陪审团。② 陪审员的挑选是一项技术性很强的工作,法官的助手从当地的选民登记手册中随机抽出候选人名单,法官根据案件的情况确定最初陪审员候选人数,有时候选人数可多达二三百人。陪审员的挑选应当公开进行,挑选时,法官和双方的律师都应在法庭现场;法官会将不符合法定条件的人从陪审员候选人中剔除,接下来的程序就是由双方的律师对候选人进行筛选。在某些重大的刑事案件和民事案件的审理中,法官可以根据情况将陪审团与外界隔离开来,以避免陪审员受到外界的干扰;开庭审理案件一般都是连续审判,从开庭起一直到作出裁决,除法定休息以外,

---

① 汤维建:《论构建我国民事诉讼中的自足性审前程序》,载《政法论坛》2004 年第 4 期。
② [美]彼得·G.伦斯特洛姆编:《美国法律辞典》,贺卫方等译,中国政法大学出版社 1998 年版,第 176 页。

第四章 "答辩失权"形成的开庭前缺席

不得中断。① 从以上的过程来看,从确定陪审团成员直到诉讼终结,所需要的陪审团费用是可以想象的。在庭审之前挡住无争议的案件,确实能够极大地节约诉讼成本。

大陆法系国家都没有陪审制,我国亦是如此。根据我国民事诉讼法的规定,一审普通程序中可以吸收陪审员参与审判,与审判员具有相同的权利和义务。在实践中,大多数地方的大多数法院没有或很少适用陪审制,陪审制度处于名存实亡的境地;即使有陪审员参与审判的少量案件中,陪审员的人选也相对固定、没有随机性,数量只有一至两名,所花诉讼成本并不高昂。②

(二)诉讼效率方面

从节约的时间成本来看,对于无实质争议的纠纷,无论是在开庭之前解决还是通过庭审的方式解决,二者之间的差异也许并不如想象的那么大。下面就是一个典型的无实质性争议的纠纷:

> 北京建筑工程学院小汪等4名大学生目前已经毕业了,但因拖欠着数额不等的"助学贷款",而被北京银行分别告上法院。
>
> 2006年2月24日上午,西城法院对此案进行审理,4名被告学生全部缺席。此案原定上午9点开庭,然而直至9点25分,被告席上一直空着座位,4名被告学生无一人在法庭露面。银行代理人显然对此也已习以为常,非常熟练地向法官宣读了小汪等4名大学生的借款合同,并称小汪等人的还款方式是"按季付息到期一次性偿还贷款本金",然而合同约定还款期限已经过去2年多了,4名学生仍然没有还款。
>
> 由于案件非常简单,法庭仅用了约10分钟就审理完毕。
>
> 面对银行代理人"唱独角戏"的情景,法官说:"这种情况比较常见,银行提供的被告学生地址都是原籍住址,大多数都在外地。法院只能通过司法专邮送达传票及诉讼材料,如果被告学生不来,只能缺席审理了。"据银行代理人称,银行还将在下半年起诉一批未按时偿还贷款的学生,具体

---

① 张卫平:《美国陪审团是怎样运作的》,载《人民法院报》2002年7月30日第4版。
② 需要说明的是,2015年4月最高人民法院、司法部印发了《人民陪审员制度改革试点方案》,规定从当地选民名单中通过随机抽选,确定不低于当地法院法官员额数3~5倍的人员作为人民陪审员,实现人民陪审员的广泛性和随机性。

数量现在还没有统计。①

在上述案件中,当事人双方对案件事实显然是不会存在争议的,并且四名被告均没有答辩,也未出庭参加诉讼。如果设想以"不应诉判决"的方式解决此案,则判决的流程为:首先根据我国民事诉讼法的规定,人民法院应当在立案之日起 5 日内将起诉状副本发送被告,被告在收到之日起 15 日内提出答辩状;如果被告未提出答辩,则可以待答辩期满后对其直接作出败诉判决。

相比之下,如果通过庭审来作出缺席判决,则在 15 日答辩期满后,由法院确定开庭审理的日期。根据民事诉讼法第 136 条的规定,人民法院审理民事案件,应当在开庭 3 日前通知当事人和其他诉讼参与人,此时存在两种可能:(1)被告下落不明,应当依法采用公告送达。由于我国民诉法规定的公告期间为 60 日,因此从理论上来说,被告答辩期满后,还应当重新公告送达开庭传票,这样一来耽误的时间较长。不过在司法实践中,遇有被告下落不明或者用其他方式无法送达的,送达诉状副本的公告常常与送达开庭传票的公告合二为一,在送达诉状副本的同时将开庭的时间、地点通知对方当事人,公告兼有送达诉状副本和通知对方当事人应诉的双重作用;②受送达人未在规定期限内应诉答辩的,人民法院将依法作出判决。由于公告送达起诉状副本是必须花费的时间成本,此时的庭审判决较不应诉判决并未多花时间。③(2)被告住址明确,采用实际送达的方式。法院向被告送达开庭传票后,于三日之后开庭审理。从本案来看,因为事实简单,庭审只花了 10 余分钟。由于作出"不应诉判决"也必须待答辩期满后由当事人向法院提出申请,两相对照,开庭审理的过程仅仅延长了法定的提前 3 日通知开庭的时间。也就是说,与庭前的"不应诉判决"相比,本案通过庭审作出缺席判决所花费的时间和司法资源并未显著增加。

当然,本案的案情十分简单,双方当事人之间的权利义务关系较为明确,

---

① 《大学生欠贷,法庭上缺席》,载《法制晚报》2006 年 2 月 24 日第 5 版。

② 杜开颜:《民事送达程序改进与完善》,载北京市第二中级人民法院编《程序公正与诉讼制度改革》。

③ 此外,我国民事诉讼法规定的公告送达制度还有改进的余地:公告期间可以适当缩短,例如德国民事诉讼法规定的公告期间只有一个月,日本新民事诉讼法规定的公告期间仅为两周;同时,日本新民事诉讼法第 112 条规定,对同一当事人第一次以后的公告送达,在开始告示之日的第二天即产生效力,也就是说,对于已经公告送达起诉状的被告,如果再次公告送达开庭传票,则无须经过两周的期间。这些都足以为我国借鉴。

因此法庭无须过多的事实审理便可迅速作出判决。如果是某些法律关系更加复杂、证据较多的案件，法官进行证据调查的时间应当会有相应的增加。不过，在被告方缺席庭审时，开庭审理无须经过双方质证、辩论的过程，通常也并无延期审理的事由，仅是由法官单方面对原告提交的证据材料进行审查（如果被告在开庭前已经提交过证据，也应进行审查判断），并对证据证明力的大小强弱进行判断，在此基础之上认定事实、作出判决。在这种情况下，大多数缺席审理的案件通过一次庭审便可终结并非难以实现，①对诉讼效率依然不会有太大影响。

第五节 答辩失权的修正：以庭审为基础的攻击防御方法失权

如前所述，我国传统上缺乏对抗性的文化土壤，在诉讼制度的移植中也远离了英美法系的技术，当事人的诉讼能力差别较大，司法层面以实质正义的实现为导向，片面强调答辩失权既难完全解决诉讼突袭，也缺乏显著的实际效能，等等，因此适用答辩失权制度将会遭遇到难以克服的困境。

答辩失权虽然存在着种种问题，但这并不意味着这一制度的存在不具有任何合理性，也不意味着我们应当否定促使被告答辩的积极意义。设置答辩失权制度的本意是为了促使被告在合理的时间内向法院提交答辩状，使争点尽量形成于诉讼的早期阶段，从而保证庭审尽可能集中进行。这些目标无疑都具有正当性，也符合当前大陆法系许多国家、地区追求庭审集中进行的变革方向。

一、迈向集中审理的诉讼变革

（一）大陆法系的传统审理方式及其弊端

法官受理多起不同的民事案件之后，于审理方法上，可以同时进行审理，

---

① 例如，浙江省慈溪市人民法院民二庭于 2005 年 1 月至 9 月期间审理了 135 起缺席判决的案件，缺席判决当庭宣判率为 100%。参见王建宏：《谈缺席判决案件的特点及证据的审核认定》，慈溪市人民法院网：http://www.fayuan.cixi.gov.cn/llyd/tqxpja.htm，下载日期：2009 年 3 月 25 日。

而对于每一案件而言,通常需要经过数次开庭,每次庭审之间都有时间上的较长间隔,其间法官又穿插审理其他案件,此种审理方式称为并行审理原则,亦称间隔审理原则,日本及我国台湾地区称之为并行审理主义、间隔审理主义①。这种体制使得一名法官可以同时处理几宗案件,并在诉讼提起后相对较快地对各个案件开始进行审理。本来是连贯的庭审可以间断地进行,使得当事人能够在这些时间间隔中为案情的进一步展开做好准备,从而使当事人可以免遭对方的突然袭击,因为他们可以在案件的下一次开庭中进行抗辩并提供证据。

大陆法系国家和地区的诉讼实务一向采纳并行审理方式。一位日本学者形象地描述了典型大陆法系国家的民事审判流程:通常,民事案件的审理自起诉书的提交开始,并在辩论指定日期进行。此间,当事人只按照起诉书和事先准备的书面材料进行陈述,陈述后确定下次开庭审理日期,本次审理就告结束,此间不过十分钟。有时,到辩论日期时才初次提交书面材料,这样,辩论日期竟成了交换书面材料和商定下一次开庭日期的时间,这种情形经常可见。每次辩论日期相隔一个多月,经过连续几次辩论,当明确争论要点后,就将辩论程序移至证据调查程序。讯问证人的证据调查日期每隔两三个月进行一次,在此期间,又由于时间限制等原因,只能以主要讯问而告终,反诘程序有时要等数月后才能进行。这样,案件从实质性争执到法庭对双方当事人作出判决,需要一至两年。据统计,在日本地方法院审理的普通案件中,一般需要六个月审理期限的实质性对抗案件,其平均审理时间为两年零三个月。如果案件演变成上诉或上告,其诉讼期限更为延长。②

---

① 我国台湾地区所采用的法律专有名词大多沿袭日文对外来语之翻译,特别是对日文中使用汉字的名词,往往直接加以采用,例如处分权主义、辩论主义、起诉状一本主义,等等。对于一些学说上的"理论"或"原则",日文均翻译为"主义",故台湾地区也照此沿用。已有学者指出,"本属一种'信仰'或一种'力量'之政治用语的'主义',就充斥在法律专书或专文中,使刑事法学成为到处是'主义'的'泛主义'学",遂认为法律本土化的工作宜从法律专有名词之正名开始,宜将"主义"全部改为"原则"。参见林山田:《论刑事程序原则》注26,载《台大法学论丛》第28卷第2期。本书亦认为,由于在我国大陆的诉讼法学中,对于该类范畴的概念早已约定俗成使用"原则"一语,如直接原则、言词原则、公开审理原则等,除引用日、我国台湾地区法学著述外,一般并无使用"主义"一词的习惯,故此仍采用"原则"一词来进行表述。

② [日]吉村德重:《日本民事审判的现状与民事诉讼法修改的动向》,张弘译,载《外国法译评》1993年第2期。

在案件不多且案情简单的年代,法官工作负担不重,同时审理多数案件并不很困难,而当事人能在最短的时间内获得裁判结果,也是十分方便。但自20世纪下半叶以来,各国的民事纠纷普遍呈爆炸性增长的趋势,从而带来了法院工作的沉重负担。随着民事案件的日渐增加,案情日益复杂,法官同时审理多数案件,由于期日之间相隔太久,诉讼参与人对案情的记忆逐渐减弱,法官则疲于按期日反复进行调查和审理,往往倾向于由自己记录形成的主张或证据,与言词原则和直接原则的要求相去太远。诉讼延滞现象也显著增加。① 最后还有一个关键的问题是,如果言词辩论流于形式,不仅前来旁听的一般公众很难从当庭的辩论了解到案件的内容是什么、诉讼目前究竟进行到了什么阶段,就是纠纷的当事人本人,如果不是每个期日都出庭而是在很大程度上将案件托付给了代理律师的话,即使到庭也会对诉讼的进行摸不着头脑,因而不能真正地参加到诉讼中去。在这样的状况下,可以说公开审理原则无论在一般公开还是在当事人公开的哪一个方面,相当大程度上都已经失去了实质性的意义。② 因此,历史上曾采用并行审理方式的一些大陆法系国家和地区,纷纷谋求审理方式的改革,转向集中审理方式。

(二)大陆法系国家和地区向集中审理方式的转型

所谓集中审理,是指审判程序"应尽可能地一口气完成,亦即直到辩论终结均不中断"。③ 为此,应把诉讼的审理过程划分成争点整理的阶段和证据调查阶段,通过集中审理,实现迅速且适当的权利保护。具体地说,首先,让当事人就案件的详细部分充分陈述自己的主张,并就诉讼文书相互加以说明,从而据此判断双方当事人争点之所在;其次,如果能够判断出双方争点,下面就应该就该真正的争点集中证据调查,以使法官能够基于崭新的证据进行裁判,从而实现迅速且符合真实的裁判。④ 总之,诉讼之开庭审理应尽可能使程序集

---

① [日]三ケ月章:《日本民事诉讼法》,汪一凡译,台湾五南图书出版公司1997年版,第395页。

② 王亚新:《对抗与判定:日本民事诉讼的基本结构》,清华大学出版社2002年版,第136~138页。

③ 王梅英:《刑事审判之集中审理》,载林山田主持:《刑事程序法研讨会系列(一):刑事诉讼法改革对案》,台湾元照出版公司2000年版,第398~400页。

④ [日]竹下守夫:《日本民事诉讼法的修改动向》,刘荣军译,载《外国法译评》1996年第2期。

中化,并以一次连续性地辩论便可终结为理想。

自 20 世纪 50 年代开始,一些传统大陆法系国家的民事诉讼逐渐向英美法系的集中审理方式迈进。

德国作为大陆法系的代表,在集中审理方向的发展较快,斯图加特地方法院走出了实践上的第一步。斯图加特地方法院所进行的审理方式改革被称为"斯图加特模式",其基本想法是:将此前间隔进行的多次正规庭审转变为由充分准备的答辩书状与一次全面的口头辩论期日所组成的审理方式。当事人在庭审前的准备阶段必须与法官合作,否则,法院将拒绝此后迟延提出的主张和证据。证据的调查与口头辩论都安排在一次不间断的庭审中进行,以期在庭审中最终解决该案,并在庭审结束时或稍后不久的特定宣判之日,由法庭作出最后的判决。采纳这种模式的合议庭实验取得了有效的成果,并被立法所采纳。1976 年 12 月 3 日德国通过《审判程序简化促进法》修订了德国民事诉讼法,对法院课以将程序集中化于主要期日的义务,确立了集中审理的基本原则。该修正案于 1977 年 7 月 1 日生效,被称为"世纪性的大改革",它距 1877 年德国民事诉讼法的制定刚好满 100 年,并且是经过长达 22 年的研讨才达成的修正结果。①

深受德国法影响的日本,于 1996 年 6 月由国会通过并公布了《日本新民事诉讼法》,并于 1998 年 1 月 1 日起正式施行。其对原有法律最重要的修改之一,就是改革了在当事人毫无准备的基础上反复开庭的审判方式,力图实现以争点为中心的集中审判。新民事诉讼法将当事人提出攻击、防御方法的"随时提出主义"修改为"适时提出主义",并把法庭审判分为口头辩论的准备和对争点集中进行审理两个阶段,一方面力图解决诉讼效率问题,另一方面也在于使口头辩论从形式化、空洞化的陷阱中解放出来,恢复口头、对席、公开和直接

---

① 陈荣宗:《德国民事诉讼法之新发展》,载《举证责任分配与民事程序法》(二),台湾三民书局 1984 年再版;沈达明:《比较民事诉讼法初论》,中国法制出版社 2002 年版,第 395~402 页;丘联恭:《民事诉讼审理方式之检讨——从审理集中化方案论如何加强事实审功能》,载《民事诉讼法之研讨》(一),台湾民事诉讼法研究会 1987 年第 2 版,第 346~353 页;宋冰编:《读本:美国与德国的司法制度及司法程序》,中国政法大学出版社 1998 年版,第 313~319 页。

等开庭原则具有的实质性意义。①

我国台湾地区现行"民事诉讼法"自1935年公布施行以后,多年来虽有多次修补,但并未作过重大修订。随着传统审理方式的缺失日渐显现,台湾地区"司法院"民事诉讼法研究修正委员会广泛收集各国有关集中审理制度的立法例以及学说,经征求各方面意见,于1999年4月提出了《民事诉讼法部分条文修正草案》初稿,2000年1月15日被"立法院"通过,并于2月9日公布。此次修法的核心内容就是基于发现真实、促进诉讼的要求,在民事诉讼中采取集中审理主义。一方面,修订后的民诉法对当事人课以协力迅速进行诉讼的义务,促使当事人将所掌握的事实、证据及相关诉讼资料尽可能于诉讼程序的早期阶段提出,另一方面扩大法官阐明义务之范围,以便法官及当事人能及早了解案情并整理、确定、简化争点,有利于试行和解,或集中调查证据,使言词辩论更有效率,从而促进审理的集中化。②

二、我国立法对审前程序的充实

从最高人民法院《证据规定》开始直到2012年《民事诉讼法》修订,一系列的制度变革充实了庭审前的准备程序,赋予其实质性内容。

准备程序,"是以明确争点及证据,为集中、有效地进行言词辩论而做准备的程序"。③ 准备程序的功能主要是为审理程序进行"准备",亦即整理待证事实、法律问题的争点以及双方当事人提出的证据,目的在于使将来的辩论程序得以顺利、迅速地进行,尽量使正式的庭审达到一次终结的效果。从案情、主张、证据、争点的显露过程来看,在实践中不可能仅由当事人一次提交书状和证据便可充分显露,多数情况下是当事人随着对对方主张和证据的了解、随着案情的进展和揭示,或由于法官的释明、启发才意识到某些对自己有着重大意义的事实和证据,因而当然需要有一定的阶段让当事人你来我往、充分暴露争点和证据。在准备程序中,除法律有明文规定外,原则上不得进行证据调查,

---

① 白绿铉编译:《日本新民事诉讼法》导论部分,中国法制出版社2000年版,第9～14页;[日]竹下守夫:《日本民事诉讼法的修改动向》,刘荣军译,载《外国法译评》1996年第2期。

② 参见《民事诉讼法修订资料汇编》(台湾地区),台湾五南图书出版公司2000年版,第1～3页。

③ [日]三ケ月章:《日本民事诉讼法》,汪一凡译,台湾五南图书出版公司1997年版,第401页。

准备程序中法官并不形成与本案判决有关的心证,主持进行准备程序的法官甚至也并不必须为本案的判决法官,因此准备程序并不需要集中进行。

我国现行《民事诉讼法》第133条规定,对于需要开庭审理的,通过要求当事人交换证据等方式,明确争议焦点。另外,最高人民法院《关于适用〈中华人民共和国民事诉讼法〉的解释》(以下简称《民诉法解释》)确定了审理前准备的主要方式是证据交换或者庭前会议。根据《民诉法解释》第225条、第226条,庭前会议可以包括下列内容:(1)明确原告的诉讼请求和被告的答辩意见;(2)审查处理当事人增加、变更诉讼请求的申请和提出的反诉,以及第三人提出的与本案有关的诉讼请求;(3)根据当事人的申请决定调查收集证据,委托鉴定,要求当事人提供证据,进行勘验,进行证据保全;(4)组织交换证据;(5)归纳争议焦点;(6)进行调解。人民法院应当根据当事人的诉讼请求、答辩意见以及证据交换的情况,归纳争议焦点,并就归纳的争议焦点征求当事人的意见。第一审普通程序中尤其是涉及案情复杂的案件时,法院于开庭前组织双方当事人交换证据、整理争议焦点,往往能够使此后的开庭审理更加充实、紧凑而有效率。①

按照立法的设想及规定,对于较为复杂和证据较多的案件,法院和当事人应当在庭审之前进行证据的交换和整理,明确并固定当事人之间的争点所在,然后通过开庭实现对争点的集中审理。"准备程序+集中审理"是一种有效率的诉讼结构,能够贯彻直接、言词、公开等诸项审判上的基本原则,也符合当今大陆法系民事诉讼制度的发展方向。

三、由证据失权到攻击防御方法失权

为了使集中审理不至于被当事人新提出的主张和证据所打断,就有必要让当事人在审前准备中将各种主张和证据尽数提出。所以,就需要为当事人设定促进诉讼的义务,为当事人在准备程序中实施各种行为确定适当的期限。举证只是攻击与防御方法的一种,设置举证时限是必要的,此外,从体系和谐的视角看,而且应当为当事人设置包括主张、抗辩、再抗辩、举证等在内的提出

---

① 王亚新:《新民事诉讼法关于庭前准备之若干程序规定的解释适用》,载《西部法学评论》2013年第6期。

第四章 "答辩失权"形成的开庭前缺席

攻击与防御方法的时限。① 其中一些防御方法应当由被告在答辩时提出,另外一些防御方法有待随着准备程序的深入而由法官设定相应的时限。

设置时限必然要为逾期的当事人设置某种不利的法律后果。因为总会有人超逾时限,如果没有法律后果的约束,时限制度就起不到督促当事人主张、举证,约束当事人行为的作用。我国此前的《证据规定》要求当事人在限定的期间或者特定的诉讼阶段提供所有其准备在庭审中使用的证据,并通过对逾期证据的排除来迫使当事人遵守期间,强化时限的约束力。这种方式欠缺灵活性,有违诉讼证明的规律。因为案件事实的认定是一个不断深化的认识过程,证据的收集与提供往往需要随之而调整,举证时限将证据统一集中在审前程序中予以固定,这虽有利于庭审的顺利进行,但要求当事人在审前的较短时间内即收集和提供所有的证据却有失僵化,不便于当事人根据程序的发展和证明的推进调整自己的攻击和防御方法,对当事人的举证能力也构成极大的挑战。②

同理,要求当事人一次性地提出所有攻击和防御方法更是不现实的,争点总是随着审前准备程序的深入而逐渐显现,当事人也有必要随之不断调整自己的攻击和防御方法。因此,攻击和防御方法的提出时限不应当是单一的,"应当按照诉讼进行状况的适当时期提出"。这种"适当时期"的确定应当考虑到纠纷的性质、案件的复杂程度、是否进行审前准备和证据交换、当事人就对方新提出的攻击或防御方法是否有足够的了解和准备期间,等等,通过法院的命令形成时限,并告知逾期提出将会遭受的不利法律后果。

对待逾期提出的攻击和防御方法,首先应当区分是否有正当理由,对有正当理由的,如举证时限届满后才出现的证据、当事人因紧急情况而耽误时限的、因为对方的抗辩而有必要补充的,自然应当让其进入诉讼。如果当事人主观上存在恶意,为了拖延诉讼迟迟不提出攻击和防御方法,或者当事人对逾期提出具有重大过失的,可以考虑课以失权制裁或费用制裁。

对于当事人逾期提出的攻击防御方法究竟是直接课以严厉的失权效果还是通过费用转嫁等方式进行间接的制裁,国内外的理论和实践中都存在着广

---

① 李浩:《举证时限制度的困境与出路——追问证据失权的正义性》,载《中国法学》2005年第3期。
② 蒲菊花:《举证时限制度的理性分析》,载《浙江社会科学》2004年第3期。

泛的争论。① 按照2012年修订以后的《民事诉讼法》第65条,对于当事人逾期举证的后果也有极大的缓和与弹性:当事人逾期提供证据的,人民法院应当责令其说明理由;拒不说明理由或者理由不成立的,人民法院根据不同情形可以不予采纳该证据,或者采纳该证据但予以训诫、罚款。从立法的表达与意图来看,适用举证时限制度的目的是为了程序的顺利进行,但对诉讼效率的追求不应当过分妨碍实体公正的实现,因此对待逾期提交的证据也并未规定严厉的失权效果。证据的提出可以说是攻击防御方法中实质性的部分,从我国立法体现的理念及其发展过程来看,对待其他的攻击防御方法也不宜一律严厉地课以失权制裁。

四、总结

应当明确的是,即使在审前准备阶段当事人提出的攻击防御方法因逾期而被法院驳回,显然将会遭受败诉的可能时,法院也应当通过开庭审理的方式作出判决。在我国民事诉讼制度上,"公开审判"是一项宪法规定的基本原则,民事司法实践中早已形成了"作出实体判决必须经过开庭审理"这一得到普遍遵循的惯例或不成文规范。特别是自20世纪90年代的民事经济审判方式改革以来,司法实践中的开庭审理接纳了"公开、口头、对席、直接"等大陆法系的各项程序保障原理,我国民事诉讼也由此真正开始形成了以庭审为中心的程序结构。② 并且,正如前文所分析的,在判决条件具备的情况下进行的开庭并不会造成诉讼成本的上升和期间的显著耽误。因此,实体性的裁判应当通过开庭审理之后方可作出。

综上所述,在我国的司法传统与现行法律的制度背景下,通过"答辩失权"形成"庭前缺席"判决的做法是不合理的。

---

① 域外对失权制裁的不同意见,以及实践中对逾期提出的宽容性态度可参见[德]狄特·克罗林庚:《德国民事诉讼法律与实务》,刘汉富译,法律出版社2000年版,第379页;[德]奥特马·尧厄尼希:《民事诉讼法》,周翠译,法律出版社2003年版,第155页;[日]中村英郎:《新民事诉讼法讲义》,陈刚、林剑锋、郭美松译,法律出版社2001年版,第193～194页;等等。国内的相关论述此处不一一列举。

② 王亚新:《再谈"答辩失权"与"不应诉判决"》,载《人民法院报》2005年5月11日第B1版。

第五章 庭审中的缺席审判模式

第一节 庭审缺席的表现形式及性质

一、庭审缺席的类型

当事人于开庭审理期日不到庭辩论,谓之庭审缺席。缺席作为一种客观事实,无论在哪个国家的民事诉讼中都有存在,实践中,其表现形式亦各有所异:

(一)原告缺席、被告缺席与第三人缺席

原告是指以自己的名义,就特定的民事争议要求法院行使民事裁判权的人。原告提起诉讼,目的是通过司法手段保护自己的民事权益,因此,原告起诉后通常会积极地完成各种诉讼行为,并亲自或委托代理人在指定的开庭审理期日到庭诉讼。在某些情况下,原告起诉之后下落不明、无法向其送达开庭传票,或者是因为其他各种原因未能到庭参加诉讼,形成了原告缺席的状态。

被告是原告起诉的相对人,被诉称侵犯了原告的民事权益。在实践中,缺席大多是因为被告不到庭而引起的。被告缺席的原因很多,例如下落不明无法送达,故意逃避债务而不出庭应诉、承认对方的诉讼请求、认为没有必要出庭应诉,对被诉心怀不满、故意不出庭,等等。

第三人是在诉讼开始后、案件审理终结前参加到他人之间正在进行的民事诉讼中的人。第三人与案件的处理结果有利害关系,也属于民事诉讼中的当事人,因此,如果第三人在庭审期日不到庭参加诉讼,同样构成缺席。

(二)一方缺席与双方缺席

民事诉讼中原告与被告的两当事人对立关系形成诉讼的基本构造。在开庭审理期日,如果其中一方当事人不到庭,被称为一方缺席,在这种情况下,法院可以根据对方当事人的申请,作出缺席判决。

如果在庭审期日原告与被告双方当事人都未到庭参加诉讼,此时形成了双方缺席的状态。在双方缺席的情况下,诉讼程序应当中止、终结,还是应当由法院就当事人的诉讼请求作出判决,视情况不同各国存在不同的立法例。

(三)自始缺席与中途缺席

按照缺席的当事人此前是否曾经出席过庭审,可以将缺席分为自始缺席与中途缺席。自始缺席是指缺席的当事人从第一次开庭审理期日起就未曾出庭;中途缺席是指缺席的当事人曾经于此前的庭审期日出庭诉讼,或者是在庭审开始之后中途退出的情形。

被告的自始缺席有可能出现两种情况:其一,在原告提起诉讼之后,被告既未就原告的诉状进行答辩,也未通过书面或口头形式针对本案提出任何诉讼资料;其二,被告虽然没有在言词辩论期日出席,但曾经作出答辩或以其他的形式针对原告的诉讼请求提供诉讼资料。在前一种情况下,被告从未作出实体性的防御,判决只能根据原告单方面的请求作出;在后一种情况下,法院有可能对缺席被告所提出的诉讼资料进行斟酌参考,在此基础上作出判决。

(四)不到场的缺席与不辩论的缺席

通常来说,当事人于言词辩论期日不到场,谓之缺席;因此缺席的原本意义是指当事人或其诉讼代理人未能亲身出席法庭场所。

但是,从当事人于期日出席庭审的目的来看,是为了在公开的法庭上进行言词辩论,就诉讼标的之法律关系,即原告之诉有无理由而进行声明、论述、反驳、争执,从而为法院的裁判提供资料。如果当事人出席了法庭,但是未就本案的诉讼标的表达意见、进行辩论,不向法院提供作为判决基础的诉讼资料,出庭本身并没有任何意义。因此,大多数国家和地区的立法规定,如果当事人于言词辩论期日到场而不为辩论,视同未到场。①

(五)一审缺席、上诉审缺席与再审缺席

按照审级的不同,可以将当事人的缺席分为一审缺席与上诉审缺席。当事人在一审程序中的言词辩论期日不到场,为一审缺席;当事人于上诉审的言词辩论期日不到场,为上诉审缺席。另外,对于已经发生法律效力的判决进行再审时,若当事人于再审期日不到场,为再审缺席。

二、庭审缺席的属性

(一)出庭义务观下的缺席

在法律史的早期阶段,出庭应诉被视为被告的一项义务。无论在罗马法的对人诉讼,还是在日耳曼法以及中世纪的诉讼法中,被告不协作,诉讼就不能成立,所以为了使诉讼关系成立,总要对被告采取各种方法,如担保金、赎金、法律保护权利的剥夺、流放等等,迫使被告到法院应诉。②

罗马法的诉讼程序可以分为三个阶段:法律诉讼、程式诉讼和非常诉讼。在法律诉讼中,当事人必须亲自到场,原则上不得由他人代理;诉讼的主动权在当事人而不在法官,有关传唤和执行等诉讼事务,仍由当事人自行办理。根据《十二表法》规定,原告一般可于公共场所,用法定语言通知被告在诉讼日到法官前进行诉讼,被告应即遵从原告的要求。如果被告拒绝,原告得请第三人作证,牵之同往。若被告企图逃避,原告有权施以强力,扭之前去。因此,就法律审理而言,不发生缺席的问题。③ 到了程式诉讼时期,关于传唤的原有规定并未废止,但在实践中则已改为可由法官对不到庭的被告判处罚金。④

在日耳曼法中,原告向法官提出诉讼后,法官应强迫另一方当事人到达法院。受传唤人若拖延出庭或拒绝出庭,须向原告和法官分别支付罚款;如果无

---

① 参见《德国民事诉讼法》第 333 条、法国新《民事诉讼法》第 469 条、日本新《民事诉讼法》第 244 条、我国台湾地区"民事诉讼法"第 387 条。
② 张卫平:《程序公正实现中的冲突与衡平》,成都出版社 1993 年版,第 153 页。
③ 周楠:《罗马法原论》(下)之附录二:《十二表法》,商务印书馆 1994 年版,第 934～935 页。
④ 周楠:《罗马法原论》(下)之附录二:《十二表法》,商务印书馆 1994 年版,第 961 页。

法支付,将因每一次拖延或拒绝出庭而被鞭笞。①

总之,将被告出庭视为义务的观念着眼于对原告权利的保护,如果被告不到庭,属于违反了法定义务,将会受到法律的制裁,这种制裁并非是指受到败诉判决,而是本案诉讼请求之外的不利后果,包括人身上的强制或财产上的处罚。

(二)出庭负担观下的缺席

1654年,根据修改宫廷裁判所诉讼程序的决议,教会法中彻底废除了对被告的应诉强制,并规定了缺席程序,即不强迫被告进行诉讼,被告不应诉或懈怠诉讼不妨碍诉讼的成立。被告懈怠诉讼或对诉讼采取消极态度,被看成是被告对原告的事实上的主张有争议。允许原告在被告缺席的情况下提出证据。② 自此,出庭应诉的行为不再被视为义务,法律并不禁止这种行为或者给予被告特殊的处罚。

现代的民事诉讼程序贯彻了处分权主义和私法自治的原则。民诉法原则上并不规定双方当事人的程序义务,也就是说,多数情况下听任当事人在诉讼中如何采取行动,法律也不进行强制。从一方面来看,被告可以自由决定是否出席庭审进行言词辩论,并且出庭行为的目的是为了维护自身的权益,从这个意义上来讲,出庭与否属于一项诉讼权利;但从另一方面来看,如果被告不出庭进行辩论,有可能遭受败诉的后果,为了避免这种风险,他们通常不得不参加诉讼。当事人进行自己的诉讼,并自己承担疏忽实施诉讼的责任。因此,被告出庭不是因为行为的义务,而是因为行为的负担。

与诉讼义务相比,没有遵循"行为负担"虽然也可能会遭受不利的后果,但是行为目的有区别:负有负担的当事人为某项诉讼行为,源于他自己的利益;而负有义务的当事人为某项行为,无论如何不是第一位的出于他自己的利益。③ 例如当事人在诉讼中举证是一项行为负担,而庭审时遵守法庭秩序无疑是一种诉讼义务。

---

① 李秀清:《日耳曼法研究》,商务印书馆2005年版,第408~409页。
② 张卫平:《程序公正实现中的冲突与衡平》,成都出版社1993年版,第156页。
③ [德]奥特马·尧厄尼希:《民事诉讼法》,周翠译,法律出版社2003年版,第140页。

(三)客观真实原则下的缺席

当代大陆法系各国的民事诉讼实行辩论主义,法院只能以当事人提出并经过充分辩论的资料为基础进行裁判,如果被告不到庭参加辩论,有受到败诉判决的风险,故出庭诉讼是当事人的行为负担。但是在以苏联为代表的社会主义国家,诉讼中贯彻客观真实的原则,法院必须采取法律规定的一切措施,全面、充分和客观地查明案件的事实真相,查清双方当事人的权利和义务,不受已经提出材料和陈述的限制。①

《苏俄民事诉讼法典》中许多诉讼规范的用途,就是为了保证在审理民事诉讼中查明事实真相,例如:法院应当协助案件参加人行使他们的权利(第14条第2款);如果当事人所提供的证据不充分,法院可以主动搜集补充证据(第50条);上级法院有义务全面检查判决是否有充分根据,不受上诉状和抗诉书中所提理由的限制(第294条),等等。无论是在一审程序还是在上诉审程序中,一方当事人缺席并不影响法院对案件的审理(第157条、第299条),也不影响法院查明案件的事实真相。因此,从理论上来说,在客观真实的原则下,被告缺席不会遭受任何不利后果,出庭诉讼完全属于当事人的诉讼权利。

例外的情况是,《苏俄民事诉讼法典》第159条规定,在追索扶养费的案件中,法院可以责成被告人必须到庭;如果在这种情况下被告人以法院认为不正当的理由而不出庭,应判处他10卢布以下的罚金,并进行拘传。因此,对于这些种类的案件,被告负的是到庭义务。

第二节 大陆法系国家的缺席审判制度

如前所述,大陆法系国家基于庭审中心主义上,通常将缺席界定为言词辩论期日不到场或不为辩论的行为。当事人没有出庭及陈述的义务,只有诉讼法上不利益的负担。倘若原告或被告一方,甚至是当事人双方于开庭期日不出庭诉讼,为了避免阻碍诉讼的进行,各国的民事诉讼制度规定了不同的缺席判决程序来加以应对。

---

① [苏]阿·阿·多勃罗沃里斯基等:《苏维埃民事诉讼》,李衍译,法律出版社1985年版,第30~31页。

一、德国民事诉讼中的缺席审判制度

如果当事人耽误了言词辩论期日,或者在该期日没有进行辩论,就进行缺席程序。当事人必须是在案件声请之后直到期日结束之前都没有出庭以及进行辩论。与此相反,不完整的辩论并不会导致缺席程序的发生;当事人在辩论结束之前离开,或者撤回所提出的案件请求,并不构成缺席的后果。但对于诉讼标的中可以作出部分判决的独立事项没有进行辩论的,针对该部分可以作出部分缺席判决。①

(一)双方当事人都缺席

在双方当事人都缺席言词辩论期日的情况下,如果法院认为至少一方当事人无过错而受阻出席,则延期辩论。如果已经在此前的期日里进行过言词辩论,法院也可以根据现存的记录而为裁判。如果法院既未宣布延期,又未依现存的记录而作出裁判,则命令休止诉讼程序。(《德意志联邦共和国民事诉讼法》第 251 条之 1,下文所引用条文号亦同)

(二)被告缺席

按照德国民事诉讼法第 331 条第 1 款的规定,被告在言词辩论期日不到场,原告申请为缺席判决时,原告所为关于事实的言词陈述,视为得到被告的自认。这意味着原告所主张的事实不需要证明(第 288 条第 1 款),并因此被法官视为已被确认因而可以作出判决的基础。根据言词辩论一体性的原则,在后续期日中缺席应当如同在第一次期日缺席一样对待;即使是此前已经实施的证据调查与原告的事实主张相矛盾,同样适用这种拟制的自认(第 332 条)。

针对被告作出缺席判决必须符合以下前提要件:

(1)诉之合法性。缺席判决是实体判决,因而只有当实体判决要件被满足的情况才允许发布该判决。

(2)原告必须在被告缺席的言词辩论期日提出发布缺席判决的申请。

(3)被告所缺席的期日必须是为在诉讼法院前进行关于诉讼的强制性言

---

① [德]罗森贝克、施瓦布、戈特瓦尔德:《德国民事诉讼法》(下),李大雪译,中国法制出版社 2007 年版,第 770~773 页。

词辩论而被指定的期日。如果当事人仅仅为和解辩论而被传唤,或者涉及某个证据期日,则不得因不到庭而作出缺席判决。

(4)被告缺席。如果在无律师强制的程序中被告在点呼案件之后直至言词辩论结束之前没有出席并且也没有依法被代理,则被告缺席。另外,缺席也可能因为"为维持开庭秩序法院命令某当事人离庭"而产生:如果当事人不遵守法庭循秩序,法官可以命令其离庭;对于此人与他任意退庭时同样处理(德国民事诉讼法第158条)。

(5)不存在德国民事诉讼法第335第1款规定的不许为缺席判决的情形:到场的当事人,对于法院应依职权调查的事项,不能提出必要的证明;对未到场的当事人,未能适当地、特别是未能及时地传唤;对未到场的当事人,未能及时地把以言词陈述的事实或申请以书状通知之;对书面准备程序中未及时提出辩护的被告,未将提出辩护的期间及后果进行告知。另外,在婚姻案件和亲子案件中,不得对被告作出缺席判决(第612条第4款、第640条第1款)。

(6)缺乏延期理由。如果法院认为审判长所指定的应诉期间或者传唤期间太短,或者认为当事人非因过失而不到场时,则不允许发布缺席判决并准予延期进行辩论(第337条)。

(7)原告陈述的正当性。被告缺席的后果是:原告口头的事实主张被视为得到了被告的自认。法官应当基于实体法审查,被视为自认的事实主张是否使得诉之申请正当,即原告的事实陈述是否满足了"得出原告所申请的法律后果"的法律规范的事实构成。如果是这种情况,则诉是正当的并且应当发布针对被告的缺席判决;如果法官在正当性审查中得出否定结果,即原告的事实陈述不能使诉之申请正当,则诉应被驳回。①

(三)原告缺席

根据德国民事诉讼法第330条的规定,原告于言词辩论期日不到场,应通过缺席判决驳回原告之诉。发布针对原告的缺席判决必须满足下列要求:

(1)诉之合法性。

(2)被告向法院提出缺席判决的申请。

(3)已经指定了言词辩论期日。

---

① [德]汉斯-约阿希姆·穆泽拉克:《德国民事诉讼法基础教程》,周翠译,中国政法大学出版社2005年版,第103～107页。

(4)原告缺席。

(5)不存在德国民事诉讼法第335第1款规定的不许为缺席判决的情形。

(6)缺乏延期理由。

在对原告作出缺席判决之前不进行实体的审查,也无论被告对原告之诉是否提出了抗辩。因为原告不到场表明他对自己的诉讼漠不关心,此时适用的理念是:"谁不关心自己的诉讼,谁就败诉。"① 例如原告在某一后续期日缺席,即使在此前的期日里原告的全部主张均已得到证实,亦可对其作出驳回原告之诉的缺席判决。②

(四)缺席判决的救济

根据德国民事诉讼法第338条规定,被作出缺席判决的当事人有权对判决声明异议。异议并不属于上诉手段,因为它并不把程序带入更高的审级,并且并不重新检查缺席判决的内容。

声明异议的期间为两周。此期间为不变期间,从送达缺席判决之日算起;如果需要在外国送达或者必须进行公示送达的,法院应当在缺席判决中,或者在以后的专门裁定中另行确定声明异议的期间(第339条)。声明异议应当向受诉法院提出异议书状,载明对之声明异议的判决、对该判决提起异议的说明,并在异议书状中陈述攻击和防御方法。

法院应当依职权就异议应否准许、异议是否依法定方式并在法定期间内提起进行调查。如果欠缺这些要件之一,异议为不合法,应当驳回。当事人没有在异议中提出攻击和防御方法将会导致失权,但不会妨碍异议的合法性。异议未经裁定认为不合法而驳回的,应当确定期日,就异议与本案进行言词辩论,并通知当事人。③

通常情况下,当事人的异议为合法,则应当对本案进行辩论。此时原诉讼被提出异议的部分,回复到缺席发生以前的状态;也就是说,虽然缺席判决仍然存在,但其在辩论中不予注意。如果被告在首次辩论期日缺席,则现在进行

---

① [德]奥特马·尧厄尼希:《民事诉讼法》,周翠译,法律出版社2003年版,第345页。

② [德]狄特·克罗林庚:《德国民事诉讼法律与实务》,刘汉富译,法律出版社2000年版,第344页。

③ 法院可以不经言词辩论而直接认为异议不合法而通过将之驳回,也可以在言词辩论之后驳回。

第一次对席辩论;如果已经进行过口头辩论,则以前期日的所有当事人表示和提出的证据重新有效。①

如何作出新判决,取决于辩论结果:基于新的辩论所为的裁判,如果与缺席判决中的裁判相同时,则维持原裁判;如果与缺席判决不同的,则撤销缺席判决,并作出新的判决。提出异议的当事人,如果在言词辩论的期日再次不到场或不为辩论时,对于驳回异议的缺席判决,不得再提出异议。

(五)选择依现存记录作出裁判

由于对不出席言词辩论的一方当事人作出缺席判决之后,可以通过声明异议而使诉讼回到缺席发生以前的状态,在实践中,恶意的当事人通过缺席、作出缺席判决、声明异议、重新辩论、重新缺席等等,能够赢得时间而拖延诉讼。为了避免这种问题,根据德国民事诉讼法第331条之1,出席的当事人可以不申请作出缺席判决,而是申请依现存的记录为裁判。只有在以前的一个期日里进行过言词辩论,才能申请依现存的记录作出判决。如果案情已经充分明白,能够作出此种裁判时,法院应准许其申请。这一判决是对席判决,即它结束了该审级的诉讼,并且只能以通常的上诉手段而不能通过声明异议来表示不服。

二、法国民事诉讼中的缺席审判制度

(一)因当事人不出庭而引起的缺席

法国《新民事诉讼法典》第467条规定:"各方当事人按照受理诉讼请求的法院所适用的程式规则,亲自出庭或者由其委托的代理人出庭。"在此之后,法典又规定了两项"原告方面不出庭"与"被告方面不出庭"的相对应的条文。

1. 原告不出庭

由于在法国大审法院提出诉讼必须选任律师代理,②因此实践中原告方面不出庭的情况比较少见。法国《新民事诉讼法典》第468条第1款对原告不出庭做了如下规定:"如原告无合法理由不出庭,被告得请求为实体判决。此

---

① [德]奥特马·尧厄尼希:《民事诉讼法》,周翠译,法律出版社2003年版,第350页。
② 参见法国新民事诉讼法典第751条。

种判决为对席判决。"其含义是指,在原告不出庭的情况下,法院根据被告请求作出的判决,其法律效果等同于双方当事人对席辩论后所作出的判决。

按照第468条第2款的规定,法官可以将案件推迟至下一次开庭审理,法官甚至可以依职权宣告传票失效;但是,如果原告在15日期限内告知法院书记员他有正当理由不能在有效时间出庭作出陈述,各方当事人得受传唤在下一次开庭时到庭。为不出庭的原告提供的这种可能性也使其丧失了对第一次的判决向上诉法院提出上诉的一切权利,最高司法法院则保留了原告对其在15日内提出正当理由的情况下作出的判决提起上诉的权利。①

2. 被告不出庭

被告不出庭引起的缺席意味着被告在传票确定的期日内未选任律师或诉讼代理人,其本人也没有亲自出庭。如果被告不出庭,仍然可以作出实体上的裁判,但是这种实体裁判仅在法官认为作出判决的请求符合规定、可予受理并且理由充分时,才能认定该理由成立(第472条)。这就是说,法官在没有进行审查的情况下不应当同意原告的要求,因为被告不能自行防御。法院应当从"程序上的抗辩""诉讼不受理"以及"实体上的防御"等三个方面至少简单地审查缺席的诉讼当事人的具体情况。② 法院可以要求就此问题提出证据;在诸如"离婚""自认"的案件中,如涉及公共秩序,法官有义务接受有关证据,如果所提出的请求与道德或善良风俗相抵触,法官则应当驳回原告的请求。③

根据《新民事诉讼法典》第471条,如果法院的开庭传票未能交至被告本人,在被告不出庭时,由原告提议,或者按照法官依职权作出的裁定,再次进行传唤要求被告出庭。无论是否进行再次传唤,只要法庭传票未能送交至被告本人(未能告知被告本人存在针对其提起的诉讼),并且判决是终审作出的,④

---

① [法]让·文森、塞尔日·金沙尔:《法国民事诉讼法要义》(上),罗结珍译,中国法制出版社2001年版,第742~743页。

② 参见本书"法国民事诉讼的答辩规则"部分。

③ [法]让·文森、塞尔日·金沙尔:《法国民事诉讼法要义》(上),罗结珍译,中国法制出版社2001年版,第748页。

④ 根据《法国司法组织法典》第321-1条,初审法院对不超过25000法郎的动产债权诉讼案件有终审管辖权;根据《法国商法典》第639条,商事法院一审终审管辖权价额以13000法郎为限;根据《法国社会保险法典》第142-25条,社会保险事务法庭的一审终审管辖权为25000法郎;根据《法国司法组织法典》第443-1条,农村租约对等法庭对不超过25000法郎的争议可以作出一审终审判决。

则该判决为"缺席判决",被告可以对其提出"缺席判决异议"(第473条第1款)。

与此相对,凡是准许向上诉法院提出上诉的案件,或者在被告本人已经收到了出庭传唤通知的情况下(也就是说,在被告不可能不知道针对其进行的诉讼),均将作出实体上的判决,并且排除被告提出"取消缺席判决的异议"。①

(二)因在规定的期限内不完成诉讼行为而引起的"缺席"

1. 原告缺席或者被告缺席

根据《新民事诉讼法典》第469条的规定,如果在庭审中某一方当事人不遵守规则,不在规定的期限内完成各项诉讼行为(例如拒绝作出陈述),法官便可以根据其已经掌握的证据材料,以对席判决作出裁判。但是,对于被告来说,他可以请求法官宣告传唤失效,这样,他将获得一项仅仅是终止诉讼而不触及实体的判决。

2. 双方当事人都缺席

《新民事诉讼法典》第470条规定,如任何一方当事人均未在要求的期限内完成各项诉讼行为,法官得在向当事人本人,或者在当事人有代理人时,向其代理人寄送最后通知之后,依职权,以不准上诉的裁定,撤销案件。

(三)缺席判决的异议

缺席判决异议是为缺席人设置的一种请求撤销缺席判决的普通救济途径,依其效果,案件重新返回作出裁判的法院。对缺席的人来说,提出缺席判决异议是针对其不在场的情况下作出的判决提出"抗议"的唯一方法。

提出缺席判决异议的期间与普通上诉期间相同,都是一个月,自判决通知之日起开始计算(第538条、第528条)。② 听任法定的期间经过而不提出缺席判决异议的当事人,如再行提出此种异议,将以"诉讼不受理"论处。但是,按照《新民事诉讼法典》第540条的规定,被告没有过错而在有效期间内未得知判决而不能及时提出异议的,或者其不可能提出异议的情形,法官也可以取消这种逾期失权。

---

① 法国《新民事诉讼法典》第743条第2款。
② 按照法国新民事诉讼法典的规定,判决应当经执达员送达的途径,向当事人本人进行通知。可以提起上诉的期间,自向当事人本人进行通知之日起开始计算。

对缺席判决的异议,以向作出判决的法院提出起诉相同的形式为之。在代理诉讼属于强制性的法院,对缺席判决提出异议,得以律师间的通知为之;对缺席判决提出异议旨在请求撤销上诉法院就非强制代理诉讼的案件所作的裁判时,异议得经当事人或任何代理人所作之声明提出,或者以挂号信向作出裁判的上诉法院的书记室寄送声明提出。

缺席判决异议,不论以何种方式提出,均应当写明缺席人的理由。提出缺席判决异议与提起上诉的效力相同,都具有中止执行判决的效果,直至法院就该异议作出新的判决。缺席判决异议将使争议重新回到原来作出缺席判决的法院,从这一意义上,提出缺席判决异议具有移审案件的效果;该异议并不消灭原缺席判决,而是向原来作出审理裁判的法院重新提起诉讼,按照作出受异议判决的法院适用的规则进行审理与裁判。①

为了防止缺席人反复通过提出异议而拖延诉讼,《新民事诉讼法典》第578条规定,听任对其再次进行缺席判决的人,不准许再行对缺席判决提出异议。

三、日本民事诉讼中的缺席审判制度

日本民事诉讼法最初立法时的缺席判决制度学习当时的德国民事诉讼法,无论在诉讼的早期还是中途,在有一次或连续两次的口头辩论期日当事人无故缺席的情况下,如果是原告缺席则作出驳回请求的判决,如果是被告缺席则在拟制被告承认了原告所主张的事实(称为"自白的拟制")这一基础上,视原告的请求是否显得有道理,可以作出被告败诉的判决。不过,如果缺席的被告在判决作出的 7 日之内提出阻却该判决的申请并表示有出庭意愿时,则诉讼回到原来的状态继续进行审理。这一制度的初衷在于给以缺席当事人有效制裁的同时,又尽量使这种制裁限定在不至于影响当事人实体权利而只是促使他回到法庭上的程度。但是,由于这种制度无视了当事人缺席可能发生在诉讼进行到不同程度的阶段,而且司法实践中又出现了某些当事人利用反复地缺席并提出阻却申请的程序手段来拖延诉讼的现象,所以到了 20 世纪 20 年代,德国和日本先后制订新的民事诉讼法时都对这种制度做了根本性的

---

① [法]让·文森、塞尔日·金沙尔:《法国民事诉讼法要义》(上),罗结珍译,中国法制出版社 2001 年版,第 1169~1178 页。

修改。①

(一) 当事人一方缺席的情况

1. 首次期日的缺席

如果被告下落不明,经公示送达后没有任何反应,在第一次口头辩论期日法院听取原告方的辩论并对现有证据进行审查后,如果认为请求显得有道理,即可作出原告胜诉的判决。如果诉讼和出庭召唤状已经向被告进行了合法有效的送达(公示送达除外),被告却既不提出答辩状或其他准备书面,又从第一次口头辩论期日开始无故缺席,这种情况下,按照新民事诉讼法第159条的规定,法院拟制被告承认了原告所主张的事实,如果认为请求显得确有道理即可作出原告胜诉判决。②

如果原告或被告在最初应进行的口头辩论的期日不出庭,或者虽出庭但不为本案作辩论,但缺席一方在此之前都已经提出了诉讼、答辩状或其他准备书状,根据新民事诉讼法第158条的规定,法院可以将其所提出的诉状或答辩状或其他的准备书状所记载的事项,视为其作出的陈述,命令出庭的对方当事人进行辩论。也就是说,将出庭当事人的口头陈述和缺席当事人的书面陈述合在一起进行辩论,当案件的争点确定之后,如果认为当事人的证据适当,便将之作为要证事实进行审问。一旦认为该期日里诉讼判决时机成熟便终结辩论,反之,如果认为判决时机尚未成熟,便指定下次期日,继续辩论。

2. 继续辩论期日的缺席

如果双方当事人在首次辩论期日都出庭参加了诉讼,但是在继续辩论期日里一方当事人缺席,便不能援用民事诉讼法第159条关于拟制自认的规定,而必须重新指定下次期日,继续进行辩论。但是,继续辩论期日的缺席很容易被人利用于拖延诉讼,因此,新民事诉讼法作出了新的规定,考虑到迄今为止的审理状况以及当事人进行诉讼的态度,在法院认为适当时,可以进行终局判决(第244条)。

(二) 当事人双方缺席的情况

当事人双方在口头辩论或口头辩论准备程序的期日里均缺席,或出庭后

---

① 王亚新:《对抗与判定》,清华大学出版社2002年版,第131~132页。
② 王亚新:《对抗与判定》,清华大学出版社2002年版,第132页。

没有就案件进行辩论便退庭时,该期日便无法进行下去。此后一方当事人可以通过申请指定期日来表示其继续诉讼的意思,法院可以指定新的期日;如果当事人双方在一个月的不变期间之内均未申请重新指定期日,将视为当事人撤诉,诉讼系统性归于消灭。当事人双方连续两次在口头辩论期日缺席,或即使出庭不作辩论便退庭时,也将被视为撤回诉讼。①

(三)缺席判决的救济

日本新民事诉讼法没有为缺席判决提供特殊的救济途径,无论是在上述何种缺席情形下作出的判决,均视为经对席辩论后作出的判决,只能利用通常的上诉渠道进行救济。

第三节 英美法系国家对待庭审缺席的态度

在英美法系,如果被告收到诉讼通知之后不积极地应诉并进行实质性答辩,法庭可以直接对其作出不应诉判决。如果原告与被告通过诉答、证据开示等审前程序形成了事实争点之后,就应当进入开庭审理阶段。开庭审理保留着陪审团审判的特征,通常是连续进行、一次性完成,双方当事人都应当到庭参加诉讼。实践中一方当事人缺席庭审的情况比较少见,因为绝大多数案件在庭审之前都已经通过和解、自愿撤销或者其他处置性动议得以解决,进入庭审的案件都是存在实质性争点的案件。但是在少数情形下,也存在当事人缺席庭审的状况。

一、英国的庭审缺席判决

按照《英国民事诉讼规则》,开庭审理并不会因为一方当事人的缺席而中断。根据第39.3条第1款规定,如果没有任何当事人出席开庭审理的,法院可以命令勾销全部的诉讼过程记录;②如果原告不出庭的,法院可勾销原告的诉讼请求以及对反诉的答辩;如果被告不出庭的,法院可勾销被告的答辩

---

① [日]新堂幸司:《新民事诉讼法》,林剑锋译,法律出版社2008年版,第329~330页。

② 按照《英国民事诉讼规则实施指引》第39章6.1条,无论是在高等法院还是在郡法院的庭审中,诉讼过程需要进行记录,但法官另有指令的除外。

或反诉。不过,在被告不出庭的情况下,原告并不是立即获得胜诉判决,按照《英国民事诉讼规则实施指引》第 39 章 2.3 条,法院应当继续进行开庭审理程序,原告可以证明他的诉讼请求,获得法院就诉讼请求和费用方面的判决,并寻求勾销任何反诉请求。同样,在原告缺席的情况下,被告可以在庭审中证明他的反诉请求,获得反诉请求和费用的判决,并寻求勾销原告的诉讼请求。

英国民事诉讼规则还设定了法院撤销一方当事人缺席时所作判决的程序,尽管这种情况较为少见。按照该《规则》第 39.3(3)～(5)条的规定,未出庭的当事人有权申请撤销有关判决或命令;如果符合以下条件的,法院可准许其申请:①申请人得知法院已行使权力,对其驳回诉讼、作出判决或签发命令时,立即提出申请;②有充分理由未出庭开庭审理的;并且③出席开庭审理有合理胜诉机会的。例如,在 2000 年的 Lynda Stoke v. David Stock 案中,被告起初缺席庭审并且未提出任何理由,法庭对其作出了缺席判决;被告随后解释了缺席的原因,上诉法院经考虑后撤销了缺席判决。①

二、美国的判例规则

美国联邦民事诉讼规则没有就当事人不出席庭审的法律后果作出明确规定。判例认为,应当将未进行答辩与答辩后未在庭审时出庭相区别。在前一情况下,案件从未正式地被置于争议之中,可能会作出不应诉判决;后一情况下,争点已经形成,也会进行开庭审理,而这种庭审是在当事人缺席并未出庭的情况下进行的。② 在 Coulas v. Smith 上诉案中,法院判决对这种情况进行了详细地区分和阐释:③

---

① Neil Andrews, English Civil Procedure: *Fundamentals of the New Civil Justice System*, Oxford University Press 2003, pp.782～783.
② Jack.H.Friedenthal, *Civil Procedure*, p.449.
③ Nicholas Coulas, Appellant, v. Paul J. Smith and William J. Bray, Jr., Appellees, 96 Ariz.325;395 P.2d 527;1964 Ariz.LEXIS 293.

[案情]本案原告 Paul J.Smith 对被告 Nicholas Coulas 和交叉请求人①William J.Bray,Jr.提出了两项请求。第一项是关于 669.32 美元的未结账目,第二项是一张应付金额为 3666.67 美元的本票。交叉请求人通过律师单独作出了答辩,否认了就任何一项请求应当对原告承担责任。交叉请求人同时向被告提出了交叉请求,如果法院判决他对原告承担责任,则被告应当偿还同等数额;另外,还要求被告偿还 4000 美元的欠款,以及支付 500 美元的律师费。被告通过其律师单独应诉,并就原告的请求和交叉请求人的请求作出了答辩,并向原告提出反诉,要求其赔偿损失 18000 美元。原告就反诉进行了答辩。

[一审审理过程]1958 年 7 月 11 日,比马郡高等法院命令该案于 1958 年 10 月 10 日进行庭审。法院书记官向所有的律师进行了通知。1958 年 10 月 6 日,原告的律师和交叉请求人的律师约定,将庭审推迟到 12 月 10 日进行。比马郡高等法院宣布撤销此前所定的庭审日期,延迟到 12 月 10 日进行审理。书记官照例向所有的律师通知了新的庭审日期。1958 年 10 月 6 日,被告的律师没有到法院,也没有参与商议推迟原定的庭审日期。被告及其律师否认曾经收到关于新的开庭日期的任何通知。

1958 年 12 月 10 日,在新的庭审日期里,该案进行了审理。被告及其律师都未出庭。审理期间法院的记录如下:

"原告 Smith 和被告 Bray 宣布准备就绪。"

"William J.Bray 宣誓,交叉询问,法庭调查。"

"原告展示的第 1 项证据是一张金额为 4000 美元的本票,1955 年 2 月 14 日到期,上面注明经过鉴定。其真实性被承认。"

"被告 Nicholas Coulas 及其律师此时仍未到庭。进一步表明该案此前已经确定了庭审日期。"

"据此,命令登录被告 Nicholas Coulas 未就本诉和交叉请求进行应

---

① 交叉请求是诉讼中的共同当事人之一对其他共同当事人提出的请求,即共同原告相互之间或共同被告相互之间提出的请求。根据《联邦民事诉讼规则》,交叉请求必须与本诉请求或反请求基于同一事项而产生,或者与作为本诉标的的财产有关。本案中的交叉请求人 Bray 是共同被告之一,向被告 Coulas 提出一项交叉请求,即如果自己被判决承担责任,则向被告 Coulas 进行追偿。

第五章 庭审中的缺席审判模式

诉,法庭继续就本案进行听审,充分地了解了前述各点。"

"因此命令登录对被告 Nicholas Coulas 的不应诉判决。"

一审判决支持了原告对被告的两项请求,以及对交叉请求人的第二项请求(本票)。交叉请求人对被告关于本票的请求也获得了支持。该判决于1958年12月11日登录。

大约两年之后,1960年10月29日,被告作出判决的法院提出撤销判决的动议。法庭否决了该动议。记录显示:

"被告撤销判决的动议被正式辩论并加以考虑,它被认为不符合《亚利桑那州民事诉讼规则》55(b)的规定。本案于1958年12月10日进行庭审,并作出了适当的通知。被告 Nicholas Coulas 搬过家,根据确定审判日期那天的记录,被告的律师被正式通知了。审判当天的记录显示,本案的审理照常进行。因此,命令否决撤销判决的动议。"

[上诉]被告随即向亚利桑那州最高法院提起了上诉,主张对其作出的"不应诉"(default judgment)判决无效,因为根据《亚利桑那州民事诉讼规则》55(b)的规定,他没有提前3天收到作出不应诉判决的通知。①

上诉法院认为:"如果下级法院的判决是不应诉判决的话,被告的意见是正确的。被告未提出答辩或防御时才能作出不应诉判决(Rule 55)。如果他到案(appeared)了,就必须提前3天通知不应诉判决的申请。"

"然而,本案中被告的主张是错误的。因为下级法院作出的判决不是不应诉判决。应该注意到的是,被告就案件的实体问题作出了答辩。他就原告的起诉状进行了抗辩,并提出了反诉。然后,被告本人及其律师都未出庭。庭审继续进行,就证据进行了听审,就原告以及交叉请求人的实体请求作出的判决已经登录。该判决并非按照《规则》55的规定以不应诉的方式作出,因此不适用规则55(b)提前3天通知的要求。实际上,如果一审法院登录被告不应诉的事实,这是错误的,因为该案已产生了争点。"

上诉法院引用了此前 Bass v. Hoagland 一案的裁决,它涉及《规则》

---

① 《亚利桑那州民事诉讼规则》55(b)2规定,如果被请求不应诉判决的当事人已经到案(appeared),则应当对不应诉判决的申请进行听审,并提前3日以书面形式通知该当事人或其代理人。See Arizona Rules of Civil Procedure 55(b)2. 该规定与《联邦民事诉讼规则》55(b)2相同。

139

55的适用：

"根据《规则》55（a）的规定，'当被请求肯定性救济（affirmative relief）的当事人没有答辩或按照本规则进行其他的防御'，准许书记官登录不应诉。为了避免被认定为不应诉，并不要求被告既提出足够的实体答辩，又在案件进行庭审时委派律师或亲自出庭。'其他的防御'这一用语是指攻击送达的效力、提出撤销案件的动议、要求更详细的诉状，等等。这些防御都能够阻止不应诉的发生，无须立即提出实体上的答辩。当Bass通过律师否认了原告提出事实，书记官和法官都不能对其登录为不应诉。任何审判中，原告都应承担举证责任，在Bass及其律师都没有出庭的情况下，并未产生不应诉的情况，事实没有得到自认。原告可以继续进行诉讼，但他必须证明所提出的事实主张。"

上诉法院又引用了此前的Klein v. Rappaport一案的裁决：

"更重要的问题是，法庭是否能够根据当时的记录适当地登录不应诉判决。必须记住，被告在诉答过程中已经应诉。她作出了答辩，并且提出了反诉。原告也就反诉进行了答辩，本案在本诉和反诉上都产生了争点。在这种情况下，法官应当继续调查证据，就实体问题作出判决。登录不应诉判决是不适当的。当案件形成争点以后需要进入庭审时，被告不出庭也不能对其作出不应诉判决。就争点进行审理和听证是必要的，此后作出的判决应当以证据为基础。"

被告上诉的主要依据是此前的Phoenix Metals Corporation v. Roth案，尤其是下面一段话："根据《规则》55，对已经应诉（例如及时提出答辩）的被告不能登录不应诉判决，除非他已被通知了关于不应诉判决的申请。"上诉法院认为，就上述这段话的含义而言，如果把它理解为在被告进行实质性答辩以后也可以作出不应诉判决，这是不正确的。该案特定的事实背景使这段话产生了一定的误导。在上述的Phoenix Metals Corporation v. Roth案中，被告虽然在实际上进行了答辩，但由于书记官的疏忽，答辩状被附在了错误的卷宗里，因此从表面上看来被告没有进行答辩，通过向书记官提出申请，错误地登记了不应诉并作出了判决。该法庭认为判决完全无效。因而它应当被表述为：一旦提出了实质性答辩并就案件事实产生了争议，不应诉判决是不适当的，如果被告未出席庭审，可以基于适当的证据对其作出实体性判决。

被告还提出，原告的律师与交叉请求人的律师之间达成的将庭审日期重新安排在 1958 年 12 月 10 日的约定,以及法庭随后就该约定的效力所发出的命令是错误的,因为他没有参与,因而该延期约定对其没有约束力。上诉法院认为这一主张没有依据。"根据《亚利桑那州民事诉讼规则》第 40 条的规定,确定庭审日期是法庭享有的职权。庭审日期的更改向被告进行了通知,他有足够的机会出庭和抗辩。当事人不能无视法庭的命令,躺在那儿等着选择自己的时间和地点来攻击该命令。See Hewins v. Weiler,44 Ariz.309,32 P.2d 799(1934)。"

"被告提出他没有被通知到新的开庭时间,该主张未能被记录所证实。记录显示高等法院的书记官根据《亚利桑那州民事诉讼规则》77(h)向各方律师通知了所有的命令和判决。此外,如果被告的律师没有收到庭审日期改为 1958 年 12 月 10 日的通知,当他于原定的 10 月 10 日到庭应诉时,当然会知道庭审日期变更的情况。"

"由于下级法院的判决最多仅是可撤销的,根据《亚利桑那州民事诉讼规则》60(c)的规定,申请对判决进行救济不得超过登录判决后 6 个月。被告在判决登录近两年后才提出申请,下级法院正确地驳回了被告关于撤销判决的动议。"

"维持原判。"

三、英美法系不应诉判决与庭审缺席判决的区别

(一)作出的时间阶段

英美法系将诉讼过程划分为"审前程序"(pretrial)和"庭审"(trial)两个诉讼阶段,不应诉判决是基于被告未能及时到案或答辩而作出,只产生于审前阶段;如果案件进入了庭审阶段,就不能作出不应诉判决,而是基于到庭一方的陈述和举证而作出缺席判决。

(二)是否形成实质性争点

被告未能到案和答辩,法院书记官可以登录为不应诉,这表明本案没有形成事实上的争点,从而直接作出不应诉判决。一旦被告通过答辩否定了起诉状中的主张,于是产生了事实上的争点;在这种情况下,法官应当通过开庭审理继续调查证据,被告不出庭也不能对其作出不应诉判决,而应当就实体问题作出判决。

(三)原告是否需要进行证明

如果被告不及时到案并进行答辩,原告在起诉状中的主张被视为得到了被告的自认,原告可以直接申请作出不应诉判决,无须提出进一步的证明。当案件形成争点以后需要进入庭审时,被告不出庭也不能对其作出不应诉判决,原告可以继续进行诉讼,但他必须证明所提出的事实主张,这种证明是在未接受被告辩驳的情况下单方面完成的。

(四)判决的救济方式

不应诉判决与庭审中的缺席判决有着不同的救济方式。如果有正当理由,当事人可以申请法院撤销已作出的不应诉判决;而对于开庭审理后作出的缺席判决,当事人只能通过上诉、重新审理等正常途径寻求救济。

第四节 庭审缺席的立法比较与评析

一、庭审缺席之立法主义

民事诉讼当事人有接受法院审判的权利,却无必须应诉及出庭陈述的义务,倘若原告、被告一方或双方不到庭诉讼,此时该如何应对,从各国的典型立法例上看,有缺席判决主义与一方辩论判决主义之区分。

一方辩论判决主义,也称为对席判决主义,系指言词辩论期日里一方当事人不到场时,仍由到场的一方当事人照常辩论而为判决,所有以前辩论及调查证据之结果与未到场当事人准备书状中之陈述,均应斟酌,未到场当事人以前提出的证据,应予考虑。① 经过一方辩论的判决被视为对席判决,不存在特殊的救济途径。前述英美法系国家在当事人缺席庭审时均采用一方辩论判决主义,当事人通过诉答、证据开示等审前程序形成了事实争点之后,即使被告不到庭参加诉讼,原告依然必须通过举证来证明自己的事实主张。在大陆法系,日本新民事诉讼法也采取一方辩论判决主义,如果原告或被告在最初进行的口头辩论的期日不出庭,但缺席一方在此之前已经提出了诉状、答辩状或其他准备书状,法院可以将其所提出的诉状或答辩状或其他的准备书状所记载的

---

① 王甲乙、杨建华、郑健才:《民事诉讼法新论》,台湾三民书局1981年版,第476页。

第五章 庭审中的缺席审判模式

事项,视为其作出的陈述,命令出庭的对方当事人进行辩论;如果被告既不提出答辩状或其他准备书面,又从第一次口头辩论期日开始无故缺席,这种情况下,法院拟制被告自认了原告主张的事实,如果认为原告的请求显得确有道理,即可作出原告胜诉判决。

缺席判决主义是在当事人缺席时,法院即可直接根据缺席的事实对缺席之当事人为全面不利益判决而终结诉讼之主义;传统意义上的缺席判决主义还包括异议制度,即缺席方可以在一定的期间内提出异议申请,使诉讼回复到缺席之前的状态。按照一方辩论判决主义,法院尚须就缺席当事人所提出之书状、资料进行斟酌参考,在此基础上作出裁判;按照缺席判决主义,完全不考虑缺席当事人之陈述与利益,直接对其作出败诉判决。① 例如1877年的德国民诉法曾规定,当事人一方缺席时,不管最初期日还是继续进行的期日,就视为自认出席的一方当事人所主张的事实,并以此为基础宣布缺席方败诉。与此同时还规定,在两周之内缺席一方当事人对此提出异议,就在同一审级内恢复辩论原状,重新进行审理。② 奥地利《民事诉讼法》第396条和第397条也规定,原告或被告于最初开庭期日缺席时,出庭之当事人关于诉讼标的所为的事实陈述,如非与证据相反者,应认为真正,并以此为基础依出席当事人之申请,为该诉讼请求之胜诉判决,无须参考缺席当事人已经提出的书状。缺席的当事人可以对该判决提出异议,要求恢复原判。这属于原则上采取缺席判决主义的立法例。③

上述两项主义在立法例上还可以互为搭配,成为混合类型,也就是立法兼采缺席判决主义与一方辩论判决主义。至于在何种情况下应采取缺席判决主义,何时采取一方辩论判决主义,立法将选择权交给当事人。

德国现行《民事诉讼法》第330条至第332条规定,原告于言词辩论期日不到场,应通过缺席判决驳回原告之诉;被告在言词辩论期日不到场,原告所为关于事实的言词陈述,视为得到被告的自认。这种缺席判决不取决于此前诉讼进行到的程度与状态,即使是之前期日已经实施的证据调查与作出的缺席判决相矛盾也在所不问;被作出缺席判决的当事人有权对判决声明异议,原

---

① 陈荣宗、林庆苗:《民事诉讼法》,台湾三民书局1996年版,第55~57页。
② [日]兼子一、竹下守夫:《民事诉讼法》,白绿铉译,法律出版社1995年版,第98~99页。
③ 陈荣宗、林庆苗:《民事诉讼法》,台湾三民书局1996年版,第57页。

诉讼被提出异议的部分,回复到缺席发生以前的状态,该种立法例显然属于典型的缺席判决主义。与此同时,德国民事诉讼法第331条之1规定,出席的当事人可以不申请作出缺席判决,而是申请依现存的记录为裁判;如果在以前的一个期日里已经进行过言词辩论,并且案情已经充分明白,能够作出此种裁判时,法院应准许其申请,此时作出的判决视为对席判决,缺席当事人不得以异议的方式声明不服。这相当于赋予到庭当事人一种程序选择权,由于对方当事人对缺席判决提出异议将会导致案件重新审理,为了避免由此造成的诉讼拖延,到庭当事人可以选择以对席判决的方式作出裁判。

二、庭审缺席立法模式之利弊分析

缺席判决主义与一方辩论判决主义的主要区别存在于以下两个方面:(1)缺席一方当事人已经提出的诉讼资料是否予以考虑。按照缺席判决主义,只要当事人缺席庭审,法院便立即判决其败诉,无论此前的诉讼阶段是否曾提出过举证、抗辩,法院都不予斟酌参考;而在一方辩论判决主义下,未到场当事人以前作出的陈述、提出的证据,法院均应予考虑。(2)是否给予缺席当事人提出异议,重启诉讼程序的机会。按照缺席判决主义,法院作出缺席判决后,缺席方可以在一定的期间内提出异议申请,使诉讼回复到缺席之前的状态;而在一方辩论判决主义之下,法院作出的判决视为对席判决,立法没有为缺席当事人提供特别的救济渠道。

缺席是民事诉讼中的一种特殊情况。尽管民事诉讼不应当因为一方当事人缺席而受到阻碍,法院也不能以缺席为理由而拒绝作出判决,但由于缺席判决是在一方当事人不到场的情况下作出的,两造未能进行充分的陈述与辩论,判决的公正性难免会有所缺陷。而缺席审判的各种立法模式,无非都是试图尽量达致一个公正的判决,同时兼顾诉讼效率的要求。

(一)从程序公正的视角

诉讼作为解决争议的活动,实际上也就是在当事人之间合理地分配程序性和实体性权利、利益的过程,它本质地要求将公正作为其最高价值。诉讼公正乃指诉讼构成之公正,即诉讼过程的公正及诉讼结果之公正。诉讼过程表现为法院、当事人及其他诉讼参与人的行为组合,即诉讼程序,因此诉讼过程的公正可以简称为程序正当或程序公正。诉讼结果公正也就是实体公正,其

第五章 庭审中的缺席审判模式

标准是事实之真实发现、法律之正确适用。①

在追求程序公正方面，按照缺席判决主义，当判决作出以后，缺席诉讼的当事人可以通过提出异议而重开审判程序，有机会重新提出诉讼资料，与对方当事人展开辩论，从而实现两造对审的基本构造，体现了对缺席当事人诉讼权利的尊重，较为符合程序公平；而一方辩论判决主义听任缺席的发生、程序的经过，而未对当事人参与诉讼提供任何事后的补救措施，在程序上是有缺陷的。

但从另一个角度来看，一方辩论判决主义维护了民事诉讼程序的安定性，与公认的民事诉讼法理较为相符。② 根据程序安定性的原理，民事诉讼应依法定的时间先后和空间结构展开并作出终局决定，从而使诉讼保持有条不紊的稳定状态。③ 程序安定性的一个重要体现是判决一经作出，即具有拘束力和确定性。而在缺席判决主义模式下，由于异议制度的存在，已经进行的程序仅因缺席方提出的异议就可以归于无效，这在维护缺席当事人程序参与权的同时却破坏了诉讼程序的安定性。

（二）从实体公正的视角

从判决的实体公正来看，按照缺席判决主义，当被告缺席时，拟制为被告自认原告的诉讼主张，法院直接判决被告败诉，原告不战而胜；即使被告已在答辩状中陈述自己的抗辩事实和理由，法院也不予以斟酌，这显然可能导致缺席判决与实体真实相背。一方辩论判决主义须斟酌参考当事人已经提出的诉讼资料，强调在当事人的意志范围内发现真实，使判决更接近实体公正。④

然而，在缺席当事人未提出任何诉讼资料，也未出席任何一次开庭审理期日的情况下，无任何主张、事实可视为缺席一方的陈述，法院无法通过努力来维持双方当事人之间的平衡，判决的内容极易产生偏颇，这是一方辩论判决主义难以触及的盲区。按照缺席判决主义，缺席当事人可以通过异议而重开审判程序，重新提出诉讼资料，与对方当事人展开辩论，法院在对席辩论基础上作出的判决较之于一造辩论判决，显然较为符合实质真实。而一方辩论判决

---

① 陈桂明：《诉讼公正与程序保障》，中国法制出版社1996年版，第2~5页。
② 章武生、吴泽勇：《论我国缺席判决制度的改革》，载《政治与法律》2002年第5期。
③ 陈桂明：《程序理念与程序规则》，中国法制出版社1999年版，第2页。
④ 陈桂明、李仕春：《缺席审判制度研究》，载《中国法学》1998年第4期。

主义没有设立当事人异议权,缺席方只能通过上诉寻求救济,无异于丧失了一级审级利益;如果缺席方是由于不可抗力、传票未送达等原因未能出庭,在一方辩论判决主义模式下其合法权益将无法得到保护。

(三)从诉讼效率的视角

人类所从事的任何社会活动都必须遵循经济性的原则,即力求以最小的消耗取得最大的效果,民事诉讼制度亦是如此。对法律效益的重视是近几十年来西方法律学的重要趋势,法律同社会经济生活的密切联系使其无法回避经济功利规则的支配。现今,"以效益作为法律分配权利和义务的标准"已不再仅仅是个别学者的一种倡导,而已溶入现代立法精神之中。① 以迅速、公正的审判终结诉讼是绝大多数诉讼参与人的共同愿望之所在,也是他们的共同利益之所在。

在缺席审判过程中,实现诉讼效率的关键是防止恶意的当事人利用程序规则阻碍诉讼进行。如果对重启诉讼程序的事由、期间、次数等没有任何限制,极易造成程序的无效率反复,致使正义迟迟难以到来。由于传统的缺席判决主义设立异议制度,势必造成当事人消极行使诉讼权利,且常被被告恶意利用,导致诉讼拖延;而一方辩论判决主义抛弃了异议缺席,只能按普通的上诉途径加以救济,也就避免了因提起异议而致使诉讼迟延的弊端。一方辩论判决主义相对于缺席判决主义的最大优势,就在于关闭了重启诉讼的途径,避免因程序的往复而浪费大量时间。

但缺席判决主义在一定的情形下亦能实现简化程序,达到诉讼经济的目的。在实务中,大多数缺席情形涉及支付金钱之债,债务人感到付款有困难,但对债务的存在并无否定的意图,与其支付律师费、交通费,并浪费很多时间,他们宁可不到案,听任法院作出缺席判决。在这种情况下,缺席判决完成了它真正的任务,即便于债权人少花诉讼费用,取得执行名义。②

(四)小结

经过比较可以看出,在当事人已受诉讼通知而缺席庭审的情况下,一方辩论判决主义更好地协调了民事诉讼中的实体公正与程序公正、诉讼公正与诉

---

① 顾培东:《社会冲突与诉讼机制》,法律出版社 2004 年版,第 81 页。
② 沈达明:《比较民事诉讼法初论》,中国法制出版社 2002 年版,第 576 页。

讼效率等诸种价值。缺席判决主义下,对问题的解决被划分为两个阶段:在第一阶段,根据一方缺席的事实,作出不利于缺席方的判决;在第二阶段,当缺席方提出异议申请时,仅根据形式审查,即宣布判决无效,使诉讼恢复到缺席判决前的状态。在前一个阶段,法律主要从程序的效率和到庭当事人利益的保护出发,在不对争议事实进行审查的情况下便对案件作出及时的了断。在后一个阶段,主要体现了对缺席方当事人实体权益的关注,程序的效率和未缺席当事人的利益则被暂时搁置一边。两个阶段在价值取向上的冲突,使得缺席判决主义在程序公正与程序效率,实体公正与程序公正的抉择中处于两难的境地。如果缺席方不提出异议或未能以适当的方式提出异议,则案件在实体上的公正程度显然值得怀疑;假如缺席方提出异议并导致了缺席判决的无效,则案件在程序上对到席一方当事人并不公平,并且诉讼的效率也因此受到损害。这表明,缺席判决主义在具体程序环节的设计中是自相矛盾的,它并不能很好地解决一方当事人缺席情况下诸种诉讼价值的协调问题。①

但是纯粹的一方辩论判决主义总是存在着一个不容忽略的正当性问题:在被告未受实际的诉讼通知的场合,缺席并非出于当事人的自身意愿,不应被剥夺听审的基本权利;并且由于自诉讼开始便无法提出抗辩、举证,没有任何诉讼资料可以拟制为对席辩论的基础,在此基础上作出的判决无论是从程序还是实体方面都难以得到公众的认可。1926 年之前的日本民事诉讼法本来仿效德国采用缺席判决主义,后来出于诉讼效率的考虑废止了原有的规定,改采严格的一方辩论判决主义。日本著名民诉法学家三月章先生认为,从比较法的角度看,全然不允许对缺席判决提出任何的不服声请,"纯属一种怪异现象"。②

三、立法政策的调整

由上述分析可得知,无论是在达到诉讼公正抑或是追求诉讼效率方面,纯粹的缺席判决主义与纯粹的一方辩论主义都存在着相对的优越之处,然而缺点也同样明显。民事诉讼程序机制的建立应当全面地考虑公正和效率的价值目标,最理想的程序机制应当能最大限度地体现两项价值之间的适当比例与

---

① 章武生、吴泽勇:《论我国缺席判决制度的改革》,载《政治与法律》2002 年第 5 期。
② [日]三ケ月章:《日本民事诉讼法》,汪一凡译,台湾五南图书出版公司 1997 年版,第 390 页。

关联,实现程序设计的多元价值取向,防止将程序目标单一化和简单化。① 如果采用非此即彼的简单处理方式,将会使两种模式之间的优劣对比过于鲜明,欠缺因事制宜的灵活性,因此,较优的选择是采取一定措施对缺席判决的立法政策进行调整,以求得公正与效率之间的最大平衡。

德国民事诉讼法兼采缺席判决的两种立法体例,由到庭的当事人选择适用缺席判决或是依现存记录为裁判,以克服单一诉讼政策所不可避免的局限性。只有在以前的期日里已经进行过言词辩论,并且案情已经充分明白,能够作出裁判时,法院才能根据现存记录作出裁判,这种做法基本能够保障判决的实体公正。另一方面,诉讼中最常见的缺席类型就是被告没有通过任何方法进行防御,在这种情况下,便只能作出缺席判决,并赋予缺席被告事后的异议权。为了防止恶意的被告利用缺席达到延缓判决和执行的目的,德国民事诉讼法对此制定了一系列制约措施:(1)德国民事诉讼法规定的异议期间较短,为送达缺席判决之日起两周的不变期间,以免诉讼拖延时间过长。(2)作出的缺席判决应该不提供担保而宣告假执行,②以便原告能够立即取得执行名义,实现自己的权利。如果缺席的当事人提出异议,使被声明异议的部分回复到缺席发生以前的状态,已经作出的缺席判决并不撤销,如何作出新判决,取决于辩论结果:基于新的辩论所为的裁判,如果与缺席判决中的裁判结果相同时,无论裁判所依据的事实、理由是否相同,都应当维持原裁判,以免因原裁判的撤销而影响执行的效力;如果裁判的结果与缺席判决不同的,则撤销缺席判决,并作出新的判决。(3)按照德国民事诉讼法第313条之2规定,宣告缺席判决,不需要事实和裁判理由,判决可以以简短的形式记载于诉状之上,从而大幅度地减轻了法官制作判决书的负担,提高了诉讼效率。

法国新民事诉讼法典选择的是另外一种路径。为了避免因为缺席当事人提出异议而造成程序的拖延,法国新民事诉讼法将"缺席判决"的定义界定在极为有限的情况之内:只有在被告不出庭的情况下,判决是终审作出并且法庭传票未能送交至被告本人,判决才为缺席判决;如果判决准许上诉,或者在开庭传票已经送达至被告本人的情况下,判决视为对席判决,不得对之提出异议。作出这一规定的理由是:首先,原告应当关心自己的诉讼,作为提起诉讼的当事人显然要积极到庭诉讼,如若原告缺席将排除其提出异议的权利;其

---

① 陈桂明:《诉讼公正与程序保障》,中国法制出版社1996年版,第9页。
② 德国民事诉讼法第708条。

第五章 庭审中的缺席审判模式

次,对于已经收到开庭传票而拒不到庭的被告而言,这种不合作的态度是一种应受谴责的行为,虽然法律并不强制其到庭,但也不应该向其提供重开程序的机会;再次,即使是对于因没收到传票而未能到庭的被告而言,如果存在上诉的机会,那么还可以通过普通的上诉途径寻求救济,无须异议程序;①最后,只剩下一种情况,即只有在被告不出庭的情况下,判决是终审作出并且法庭传票未能送交至被告本人,才能够提出异议。通过这种界定就避免了被告以恶意缺席的方式拖延诉讼;对于无过错的当事人而言,又保障了他们基于对审原则而享有的辩论权利。不过,法国民事诉讼法对可以提出上诉的判决关闭了异议程序,这一做法招致了批评。该规则的目的是加速诉讼程序,但是,有正当缺席理由的当事人只能向上级法院提出上诉,不能向作出判决的法院提出异议,这通常意味着更远的路程、更高的费用与更长的时间,给当事人带来的不便是显而易见的。②

总的来说,为有正当理由而缺席诉讼的当事人提供特殊的救济渠道更加符合正义的理念。为了达成民事诉讼制度的目的和实现实体公正,便需要努力发现真实,查明诉讼前当事人之间实际发生的行为或事件,而这一任务的完成主要依赖于当事人的举证、辩论活动和法院对证据的审查核实。对当事人来说,对席辩论是极为重要的一项诉讼权利,这一权利能否得到充分实现,直接关系到当事人的实体权利能否获得保护。虽然程序的安定性也是诉讼制度追求的价值目标,但是在诉讼程序存在重大缺陷的情况下,程序的安定性应当有所松动,例如通过再审程序破除生效裁判的既判力便是程序安定让位于诉讼公正价值的一种体现。

---

① 一种可能的情况是缺席的被告既不知道针对他提起的诉讼,也不知道作出的判决,因而无法在法定期间内提出上诉。但根据法国新民事诉讼法典第540条的规定,如被告没有过错但在有效期间内未得知判决而不能及时提起上诉之情形,或者如其不可能提出上诉之情形,法官得排除被告因逾上诉期限而引起的失权。因此对于未受到通知而缺席诉讼的被告而言,上诉途径始终存在。

② Peter E. Herzog, *Attacks On Judicial Decisions* 20, International Encyclopedia Of Comparative Law, Volume XVI, Chapter 8.

第六章　我国缺席审判的制度反思

第一节　当事人缺席原因分析

一、当事人缺席的表现形式

(一)法院适用公告送达,被告缺席

公告送达是在受送达人下落不明或者无法实际送达的情况下,所采取的一种拟制送达方式。根据现行民事诉讼法及相关司法解释的规定,公告可以在法院的公告栏、受送达人原住所地张贴,也可以在报纸上刊登。自公告发出次日起,经过60日,即视为送达。在日常生活中,受送达人能够了解到公告内容的机会极为微弱,因此在绝大多数情况下,受公告送达开庭传票的被告都会缺席庭审。具体分析,采用公告送达的原因又可分为三类情形:

1. 被告住址不清或下落不明,法院只能采用公告送达的方式

在原告起诉时,被告客观上已经处于住址不清或下落不明状态的情形并不少见。由于社会经济迅速发展,必然带来人口的快速流动,大量的人员外出经商、打工或从事其他活动,这些人离开居住地后,没有固定住所,流动性大,长时间与住所地没有通讯联系,一旦涉讼难以查找其实际住所,法院不得不采取公告的方式送达诉状和开庭传票。另外,在一些小额金融信贷类案件中,一旦发生违约,作为贷款方的银行也很难确切掌握大量借款人的下落。

[案例1]仅2012年11月,海南省万宁法院就受理了一家国有商业银行起诉的10宗信用卡借款合同(即透支)纠纷案件。金融机构的信息资料显示,该法院受理的案件中,信用卡申请人均有稳定的工作,并出具

第六章 我国缺席审判的制度反思

盖有单位公章的申请表。但在案件进入司法程序后,承办法官发现有80％的被告都无法送达。由于大部分银行只要申请人提供了身份证就可以办到信用卡,而很多人身份证上的住址与实际住址并不一致。另外,因持卡人年龄偏低,工作单位、联系方式时常变更,发生纠纷起诉后,法院经多方查证,也无法联系到持卡人,难以直接送达。

在既联系不到被告本人、也无法联络到其成年家属的情况下,法院只能公告送达以及缺席判决。这8起案件的涉案金额为45568.31元,占涉案总额的76.5％。即使原告胜诉后,往往也无法执行。①

2. 原告起诉时明知被告下落,为骗取缺席判决而指称被告下落不明

如果被告不出席庭审,尽管在大多数情况下原告也需要证明自己的诉讼请求,但是由于缺少了两造对审的结构,原告提出的事实主张和证据不会遭到来自对方当事人的反驳和抗辩,获得法官认可的机会无疑将会大得多。因此,在少数情况下,原告即使在起诉时明知对方当事人的下落,但故意向法院谎称对方下落不明,骗得法院采取公告送达,造成对方当事人的缺席,从而获得对自己有利的判决。

[案例2]谢某(男)是广东省电白县观珠镇人,于1994年4月13日与张小平登记结婚,婚后双方长期生活居住在深圳宝安区,并于1995年和1999年分别生育一女一子。

2001年11月谢某在深圳市宝安区法院诉请离婚,经审理后,该院于2002年3月4日作出判决,驳回谢某的离婚请求。谢某不服提出上诉,后又申请撤诉。深圳市中级人民法院于2002年8月6日裁定同意撤诉。

谢某为了达到离婚目的,故意避开原审原、被告双方经常居住地法院,隐瞒其在深圳宝安区法院起诉离婚被驳回诉讼请求及上诉后又撤诉、且未满6个月的事实,在2002年8月12日以同一起诉事实和理由,在自己的家乡电白县霞洞人民法庭提起离婚诉讼,并故意把张小平的住址写为"电白县观珠镇五一村委会新名塘村",并称张小平自2001年春节后离家出走,完全与其断绝信息,经多处查找,无法找到,已下落不明。霞洞人民法庭于同日受理了此案,并在该案的审理中,对被告张小平均采用公告

---

① 参见《审核不严致八成信用卡被告找不到人》,载《国际旅游岛商报》2012年12月19日第4版。

送达,从而导致其未能应诉、参加诉讼。2002年10月,法院作出缺席判决,准予原告谢某与被告张小平离婚;儿子归谢某,女儿归张小平,他们的抚养费由原、被告各自负担;双方的共同财产彩电1台、睡床1张及床上用品均归原告谢某所有。判决作出后,法院进行了公告送达。①

本案属于错误采用了公告送达的方式,剥夺了被告应诉、参诉的合法权利,致使本应到庭提供证据、进行庭审质证的当事人未能到庭。缺失了庭审质证程序,案件事实得不到双方的充分辩驳,在此基础上作出的判决显然难以达到实体公正。造成这种后果的原因出于两方面:首先,本案原告向法院隐瞒真实情况,捏造被告下落不明的事实,以达到骗取法院判决的目的;其次,法官为使诉讼简单化,轻信一方的虚假陈述,在原告方未能提供被告下落不明的确切证明的情况下,按缺席程序办理。而对于被告来讲,出庭参加诉讼、接受公正审判的基本权利在不知情的状态下被剥夺了,尤其有必要通过事后的救济途径来加以保障。

3. 被告为了逃避履行义务而故意隐匿起来,以拖延诉讼的进行和判决的生效

与前述被告确实处于下落不明的情况不同,有时属于是被告故意逃避直接送达,意图拖延判决的生效和执行。这种情况在诉讼实践中时有发生。

[案例3]胡某因资金紧缺于2012年10月向黄某借款20000元,借款当天,胡某出具借条给黄某,双方约定,胡某2个月内还清借款。借款到期后,黄某多次催胡某归还借款,但胡某以种种理由拒绝归还借款。为了躲避黄某追偿借款,胡某外出打工,更改了电话号码,并玩起了失踪。

为维护自己的合法权益,黄某将胡某起诉到广西壮族自治区宁明县人民法院,要求法院判决胡某归还借款20000元。案件受理后,主办法官多次亲自登门到胡某家寻找胡某,要送达民事起诉状等案件材料给胡某,但都没找到胡某的踪影。主办法官向胡某的母亲和妻子了解到胡某已经外出打工,而且更改了电话号码,联系不上胡某了。为了保证程序合法,宁明县人民法院依据《民事诉讼法》的规定在《广西法治日报》将民事起诉书和开庭传票等案件材料公告送达给胡某,并依法缺席审理和判决此案。②

---

① 参见《说我离了婚,我咋不知道?!》,载《深圳特区报》2003年2月19日第5版。
② 罗扬云:《为逃避债务玩失踪,公告送达缺席判决》,载广西普法网:http://www.gxpf.gov.cn/news_show.asp?id=26252,下载日期:2015年5月30日。

（二）因送达程序不规范导致当事人未能实际收到开庭通知

送达直接关系到当事人双方诉讼权利和实体权利的实现，并直接制约和影响着民事裁判的质量和效率。在审判实践中，一些法院（特别是基层法院）送达不规范的现象较为突出，送达过程中，某些送达人员思想上存有懒散、畏难情绪，送达工作时常会出现盲点、漏洞，或者由于代收人的疏忽，使应被送达的法律文书未能实际到达受送达人本人，当事人自然无法行使自己应有的诉讼权利。

[案例 4]1998 年 6 月，湖南省安化县江南法庭受理吴某离婚案。之后，法庭按程序向吴的丈夫住所地发出应诉通知书和开庭传票，考虑到当事人路途遥远，法庭将开庭时间定在两个月以后。传票发出 20 天左右，邮递员就送来了送达回证。送达回证是村支书代为签收的，并在备注栏内注明"代为转交"。开庭日，法庭等候吴的丈夫到 11 时，但没见其踪影。由于事前没有接到不到庭的理由说明，法庭按缺席程序组织开庭。根据吴的陈述，法庭判决吴与丈夫离婚，儿子由吴的丈夫抚养，因吴陈述没有经济来源，法庭没有判决吴承担小孩抚养费。

吴的丈夫收到判决书后赶到法庭，以吴在婚姻中是过错方和应承担小孩抚养费，特别是法庭没有给其送达应诉通知书和开庭传票程序不合法为由不服判决。原来，村支书代签法律文书后，忘记了交给当事人，这对当事人确实是不公平的。①

（三）法院向被告实际送达了起诉状，但以公告方式送达开庭传票

在实践中，原告起诉、法院向被告送达起诉状副本及应诉通知书后，存在着被告突然下落不明，法院确定庭审日期后无法向其实际送达开庭传票的情况，于是不得不采用公告方式向被告送达。这大多是因为被告一旦得知被诉的事实，便想方设法逃避送达，以拖延应当履行的债务。

[案例 5]原告赵某于 2011 年 4 月借给被告米某 50000 元钱，被告为原告打下一张借条作为凭据。但债务到期后被告米某以种种理由拖欠不还。原告赵某经多次催要未果，随后诉河北省香河县人民法院，要求米某立即还款。

---

① 李文斌：《缺席判决当慎重》，载《人民法院报》2003 年 1 月 9 日第 3 版。

法院受理了此案后向被告下发了应诉通知书和起诉状副本等各种文书。但被告在得知被诉后,为躲避债务离家出走未归。主办法官找到被告父亲请其帮忙联系被告,并代收开庭传票等手续,但被告父亲以不知其现在住址和联系方式为由拒绝代收。主办法官又通过邮寄方式送达,邮件被退回。后法官又通过多方渠道均未与被告取得联系。最后,此案适用公告方式送达开庭传票,并在公告期满后依法缺席开庭审理了此案,依法判决米某归还赵某欠款 50000 元。①

(四)被告收到了开庭传票,但未到庭参加诉讼

法院依法送达应诉通知书和开庭传票后,实践中依然存在被告不到庭参加诉讼的情况。被告不出庭的原因较多:有可能是基于对抗的情绪而故意不参加诉讼;也可能是因为法制意识淡薄,不知道出庭应诉的重要性;还可能是由于被告本身并不否认债务的存在,为了减少应诉开支,宁愿听任法院作出缺席判决等。

[案例6]李梅的前夫王某在 2001 年 8 月中旬,向攀枝花市某建材公司借款 5 万元并约定两年的还款日期。2002 年 1 月上旬,李梅与王某因感情破裂经法院判决解除了双方的婚姻关系,在进行夫妻共同财产债务分配时,并未对此笔债务作任何约定。2003 年 8 月还款日期届满之日,建材公司要求王某偿还借款时,王某却毫无踪影。为了能尽快要回款项,建材公司一纸诉状将李梅、王某起诉至法院,要求二人承担偿还债务的责任。

收到法院的传票,李梅一脸茫然:"自己已经与王某离婚一年多了,这笔债务与自己毫无关系!"因此,李梅并没按照规定的时间、地点参加法庭审理。法院遂开庭作出了缺席判决。一个月过去了,当法警将要求李梅与王某共同承担还款责任的判决书和执行通知书交到李梅手里时,李梅感到莫大冤枉。②

---

① 张敏:《逃避债务终不成,缺席判决保权益》,载河北省香河县人民法院网:http://xhxfy.chinacourt.org/public/detail.php? id=1434,下载日期:2015 年 5 月 30 日。

② 《自认事不关己拒不出庭,法庭缺席判决责任自担》,http://www.dqjc.gov.cn/_Cn/_SystemDataView.asp? id=530,下载日期:2011 年 3 月 20 日。

（五）当事人在庭审时中途退庭

当事人到庭参加诉讼之后，存在着未待庭审结束便中途退庭的情况。这大多是出于论争激烈、情绪激动，一时负气离席；也有可能是因为自己的主张不被法庭认可，自知胜诉无望而中途退出。中途退庭既可能发生于原告，也可能发生于被告。

1. 原告中途退庭

［案例7］原告高某与被告洪某夫妻关系不和已有数年，2014年11月，高某以原告身份向安徽省宿松县人民法院提出离婚，并要求洪某赔偿10万元。宿松法院对该案如期开庭审理。庭审中，被告洪某也同意离婚，但提出只赔偿7万元，并要求延期付款，高某则要求当天付款，并提出洪某如果不立即付款她拒绝在调解协议上签字。法庭要求继续庭审，但高某及家人认为洪某没有付款诚意，在庭上与洪某发生言语甚至肢体冲突，并扬言拒绝继续参加庭审。

面对这种情形，承办法官向高某及其亲属释明法庭纪律以及中途退庭的法律后果。但高某在其家人的怂恿下不听承办法官的劝阻，强行退出当天庭审，导致案件中断审理。最终，宿松法院依法对原告高某与被告洪某离婚一案裁定按撤诉处理。①

2. 被告中途退庭

［案例8］由于丈夫遭遇车祸成了植物人后来离世，5年来原告彭芸为继承房产多次与婆婆李春荣、哥哥韩立新对簿法庭。2013年4月23日上午，北京市昌平区人民法院小汤山法庭开庭审理此案。在庭审中，被告李春荣多次指责并辱骂原告彭芸害死了自己的儿子、臭不要脸等；此外，韩立新还称，原告起诉的理由不成立，原告私自改变案由，将析产继承改为继承，将没有法律关系的牵涉一起，违反了法律规定，应该驳回。审判长向其解释称，通过调查，法院认为该案件如果说分家协议成立，就是继承，如果分家协议不成立，涉及析产继承，作为配偶对死去的另一方的财产进行继承。听到此处，韩立新随即质问法官"你拿了原告多少钱？"当听到法官训诫称不得在庭上侮辱法官时，韩立新则称："你们爱怎么判怎么判吧，我退庭。"

---

① 参见《原告中途退庭，法院按撤诉处理》，载《安庆日报》2015年3月18日第3版。

随后,两名被告自行退庭,原告彭芸坚持自己的诉讼请求。法庭调查结束,因被告中途退庭不再组织辩论。①

二、当事人缺席的责任辨析

如前文所述,当事人在法庭作出有关严重影响他们权益的裁判前,应当充分地表达自己的意见、观点和主张,并对他方当事人的证据和主张进行质证、反驳和抗辩,以便将裁判建立在这些主张、证据、辩论等所进行的理性推论的基础上;双方当事人的参与有助于裁判者对各方的不同证据、意见和观点同时予以关注,从而达成事实真相的发现。因此,出庭参加诉讼、接受公正审判是当事人享有的最基本的程序权利,受到多国的宪法保障,这种权利对实现正义的重要性是不言而喻的。只有在当事人已受到实际的诉讼通知,并在自愿的基础上放弃通过法庭审理与对方进行辩论的权利时,法院缺席作出的判决才有可能获得正当性。

(一)缺席当事人无过错的情形

1. 自始使用公告送达,当事人缺席

在自始公告送达的情况下,由于被告方未能受到实际的诉讼通知,因而未能提出自己的抗辩理由,也不能参加庭审进行辩论,这种对审权利的丧失并非出于当事人的自愿,法院缺席作出判决的效力是有缺陷的。为了赋予当事人充分的程序保障,使缺席一方有机会通过对席审理而参与判决的形成过程,有必要在缺席判决生效之后设置一种救济渠道,令未出庭的当事人能够重启诉讼程序,重新提出诉讼资料。

在实践中,确实也存在被告恶意逃避送达的情况,缺席庭审完全是由于其本人的原因造成。从理论上来说这种故意的行为应当伴随有不利的后果,应当对其关闭事后救济的途径,从而体现出程序刚性。但是不得不考虑到的是,实践中,在得知受送达人的确切下落之前,无论是法院还是对方当事人都难以提出足够的证据来判断其是否属于故意逃避送达;而一旦得知其确切下落,便能够进行实际的送达。立法无法对这种两难的境地进行区分,因而通常只能对受公告送达当事人的程序权利进行一体保护,都赋予其特别的程序救济权利。

---

① 参见《婆媳争房,被告辱法官骂原告》,载《京华时报》2013 年 4 月 24 日第 24 版。

2. 因送达程序不规范致使当事人未能得到诉讼通知

当事人有接受法院就程序进行事项给予通知的权利,法院有义务就诉讼相关事项给当事人以有效的通知,这是民事裁判具有正当性的基本前提。如果被告不知道他已经被起诉,则他无法参与诉讼,向法庭表达自己的意见、观点和主张;如果法庭的裁判不是建立在通过审判所认定的事实以及有关法律规范的基础上,作出的裁判显然难以被认为是正确的。如果法庭传票并未实际送达到当事人手中,因而造成了当事人缺席庭审,必须通过重开程序予以补救。

(二) 缺席当事人有过错的情形

1. 当事人接受首次送达之后下落不明

在前述案例 5 中,就属于法院向被告实际送达了起诉状,但被告随后下落不明,只能以公告的方式送达开庭传票。

从表面来看,开庭的通知是以公告的方式作出,被告难以实际知悉具体的开庭时间、地点,因而未到庭参加诉讼是出于其意志控制范围之外的理由。但是,从另一方面来讲,被告在收到起诉状之后,应积极准备诉讼,随时听候法院传唤。虽然我国民事诉讼法未规定被告在诉讼期间有影响诉讼的行为时应向法院报告,然而,在诉讼系属期间,被告若需迁徙或长时间离开住所的,应就已受告知的未决诉讼作出考虑,向法院进行通报或者是委托代理人接受送达并参加诉讼,以免影响诉讼的进行。如被告未采取以上行动,造成开庭传票无法以公告以外其他方式送达的,被告应承担相应的后果,法院在此基础上作出缺席判决的效力应得以维持。同时,这一做法也可以对实践中被告得知诉讼后逃避传票送达产生一定抑制作用。

2. 被告收到诉讼通知后未出庭,或者审理时中途退庭

无论是被告收到传票后未出庭诉讼,还是在法庭审理过程中中途退庭,皆是由于当事人的自主意志决定了自己的行为,缺席庭审是当事人自身有意识选择的结果。

黑格尔曾云,"凡是出于我的故意的事情,都可归责于我",也就是说,立法不应当让人们对其意志控制范围之外的事件负责,但人们应当为自己有意识的行为负责。具备诉讼行为能力,意味着能够亲自通过自己的行为行使诉讼权利、履行诉讼义务,并能够理解、辨认自己的诉讼行为所带来的法律后果。当事人应当作为一个负责任的理性行动主体来参加诉讼,如果是意图拖延诉讼、逃避义务,或是出于懈怠、气恼、愤恨、情绪激动而缺席,虽然不会遭到法庭

的额外惩罚,但必然应当负担由于程序的经过、机会的流逝而带来的不利后果,不得再希冀通过再开程序而获得重新辩论的机会。因此,对于当事人已经实际收到了开庭通知,但未到庭参加诉讼,以及当事人在庭审进行过程中退席的情况,由于已经得到了充分的参与程序机会的保障,立法显然不应当提供通常上诉渠道之外的救济方式。

被告未到庭参加诉讼具体情况又可分为两类:(1)被告收到法院送达的起诉状和开庭传票之后,既未按期提交答辩状或有关证据,也未出庭庭审;(2)被告在答辩期内向法院提交了答辩状,或者在开庭之前、庭审过程中向法院提交了相关的证据,但没有亲自参加或委托代理人参加庭审。前一种情况下,被告没有提交任何诉讼资料,法院判决只能根据一方当事人的主张和陈述来作出;后一种情况下,被告虽然未出席庭审,但在审前阶段提出的诉讼资料有可能被法庭经过审核加以认定。

3. 其他情形

从理论上来说,当事人缺席庭审的表现形式还包括:原告起诉之后便下落不明、无法向其送达开庭传票;原告收到传票后无正当理由未到庭参加诉讼;诉讼中双方当事人同时缺席庭审等情况。不过,由于原告起诉的目的就是为了维护自己的民事权益,必然会积极亲自出庭或委托代理人出席法庭进行诉讼,上述情形在实践中均难以出现,① 只可能存在偶然的特例。

第二节 庭审缺席与默示自认

一、自认的含义与理论基础

(一)自认的含义

当事人自认的事实,法院应当作为裁判的基础,而无须举证证明,这是传统辩论主义中的第二层含义。自认的法律效果在于,法院在作出判决时必须受到当事人自认事实的约束,法院在适用法律时,应以当事人自认事实为基

---

① 例如,浙江省慈溪市人民法院民二庭于 2005 年 1—9 月期间审理了 135 起缺席判决的案件,缺席方无一例外都是被告方。参见前引王建宏:《谈缺席判决案件的特点及证据的审核认定》。

础。如果当事人自认的事实为乙,法院不能以甲作为判决的依据。法院没有以当事人自认的事实为判决基础时,该判决即违反辩论主义。自认制度的设计实际上排除了法院对自认事实的认定权。既然排除了法院的对事实的认定权,也就必须容忍自认事实的非真实性。起码法院因受自认事实的约束,不能再动用职权,调查该事实的真伪。即使以法官的自由心证得出该事实可能有伪时,法院也不得否定该自认的事实。①

约束法院判决的自认事实必须发生于诉讼过程之中,这被称为诉讼上的自认或裁判上的自认。"裁判上的自认是指在口头辩论或准备程序中,当事人作出同对方当事人的主张相一致的、对自己不利的陈述。"②诉讼外的自认是指在诉讼过程之外所作的自认,因而也称为审判外的自认或裁判外的自认,英美法系国家通常称之为证据的自认,或者仅仅称之为自认。就其作用和效力等方面来说,诉讼外的自认都有别于诉讼上的自认。各国的诉讼理论与审判实践一般都不承认诉讼外的自认具有免除举证责任的效力,但是可被容许作为证据加以使用。③

(二)自认的理论基础

1. 私法自治原则

一般认为,在私法领域,每个人得依其自我意志处分其有关私法事务,这一基本原理被称为"私法自治"。在民主社会中,私法自治是最重要的原则,因为这个原则是以自由思想为基础,若无私法自治,即无法律秩序的存在。在私法自治的前提下,私人间所生之财产关系的纷争,以委由当事人自主的解决为原则,即使进入诉讼程序,也应当尽量的以接近自主解决的方式解决。在民事诉讼程序中,不论当事人是否利用民事诉讼程序,利用至何种程度,都尊重当事人的意思决定(处分权主义),连同诉讼资料的提出,亦承认当事人自律的支配原则。

法官没有理由会比当事人本人更能照顾其私人利益,"不愿得到之人,乃为已有之人",基于这一原理,民事法官只会最终采纳当事人对争议事实所援

---

① 张卫平:《守望想象的空间》,法律出版社2003年版,第136～137页。
② [日]兼子一、竹下守夫:《民事诉讼法》,白绿铉译,法律出版社1995年版,第103页。
③ 赵钢、刘学在:《试论民事诉讼中的自认》,载《中外法学》1999年第3期。

用的证明。①

2. 诉讼经济原则

"无论审判能够怎样完美地实现正义,如果付出的代价过于昂贵,则人们往往只能放弃通过审判来实现正义的希望。"②进行民事诉讼最终所要实现的目标是在认定事实的基础上依据法律解决双方当事人之间的争议,确定其民事权利义务关系,然而在具体的诉讼实践中往往难以尽善尽美地达到这一目的:在认定事实、适用法律的过程中并不能完全避免错误的发生,公正的裁决也并不总是迅速、经济地获得。因此,正义是相对而言的,司法运作的改善需要对裁决的公正、诉讼所需的时间和费用采取不同的优先顺序以达到公正与效率两者价值的合理平衡。③

"所谓'诉讼经济原则',系指于达成诉讼目的之前提下,要求迅速裁判,讲究程序之简化、合并与维持,避免程序浪费或重复之程序法上之共通原则。"程序法依其处理对象之不同,虽可分为民事诉讼程序、刑事诉讼程序、行政诉讼程序之差别,唯对于诉讼经济之要求则属相同。基于诉讼经济原则,各该程序法均有制定许多配合之制度或措施,故诉讼经济原则是各种程序法之共同原则。④ 近百年来,诉讼经济在程序价值体系中的地位不断上升,它既是19世纪末以来世界程序改革浪潮的重要动力和主要方向,也是目前世界各国司法面临的困境以及司法改革的目标模式。诉讼经济主要包括两方面的要求:一是司法资源耗费最小化,达到最低诉讼成本;二是加速诉讼进程,缓和诉讼拖延。⑤

"如善于运用自认的法则,便可以节省时间,达到诉讼经济,实现社会公正的目的。"⑥由于民事诉讼中的自认具有拘束法院和当事人的效力,对方当事人无须对此举证加以证明,法官也不必对该事实再行审查,显然可以在一定程

---

① [德]拉德布鲁赫:《法学导论》,米健、朱林译,中国大百科全书出版社1997年版,第126~127页。

② [日]棚濑孝雄:《纠纷的解决与审判制度》,王亚新译,中国政法大学出版社2004年版,第266页。

③ 程春华主编:《民事证据法专论》,厦门大学出版社2002年版,第388页。

④ 林俊益:《程序正义与诉讼经济》,台湾月旦出版社股份有限公司1997年版,第91页。

⑤ 徐昕:《程序经济的实证与比较分析》,载《比较法研究》2001年第4期。

⑥ 叶自强:《民事证据研究》,法律出版社1999年版,第61页。

序上减少证明的环节和对象,使法官能够尽快把双方不再争执的事实确定下来,以便诉讼围绕尽可能少的明确争点而展开,从而有利于迅速解决纠纷,提高诉讼效率。

3. 诚实信用原则

在私法领域,尤其是在民法的债权理论中,诚实信用原则占据着很重要的位置。权利的行使和义务的履行,必须基于诚实信用原则为之,这是民法对权利义务实现所作的要求。在民事诉讼领域适用诚实信用原则,是随着社会的发展才逐步完成的。自19世纪以来,以个人主义为中心的诉讼观念逐渐为人们所摒弃,在法律社会化的演变过程中诚实信用原则作为民事诉讼法的基本原理得以接受并最终确立下来。现在,在各个实行市场经济的国家,诚实信用原则已经渗透到诉讼的各个民事诉讼程序之中,不仅在审判程序,就是在执行程序、破产程序等,法官都在积极地、频繁地适用诚实信用原则以解决新产生的复杂纠纷及法律问题。① 我国现行《民事诉讼法》第13条也规定:"民事诉讼应当遵循诚实信用原则。"

诚实信用原则在民事诉讼中的表现形式之一是禁反言。禁反言的法理意味着,一方当事者有义务人事对方所预期的一定行为时,实际上实施的却是完全违背对方预期的行为,这种行为就被视为违反诚实信用原则而予以禁止。② 诉讼上的禁反言,主要是防止当事人以及诉讼参与人之间出现前后互相矛盾的诉讼行为,从而损害当事人的利益。一方当事人对某一事实作出自认后,对方当事人基于信赖关系,在与该事实相关证据的收集方面可能较为松懈,不愿再为此事实的存在问题花费时间、精力和金钱。如果允许自认当事人随意否认自己先行的自认行为,必然会给对方在主张事实和举证方面造成困难,导致诉讼上的突然袭击,违背了诚实信用原则。

二、默示自认的特别规定

根据当事人是否作出明确的意思表示为标准,可以将自认分为明示的自认与默示的自认。明示的自认是指当事人一方对另一方所主张的事实,以口头或书面的形式明确表示承认,默示的自认又称拟制自认或准自认,它是指当

---

① 刘荣军:《诚实信用原则在民事诉讼中的适用》,载《法学研究》1998年第4期。

② [日]谷口安平:《程序的正义与诉讼》(增补本),王亚新、刘荣军译,中国政法大学出版社2002年版,第175页。

事人一方对另一方所主张的事实,既未明确表示承认,也未作否认的表示,而法律规定应视为自认的情况。① 德、日等国以及我国台湾地区的民事诉讼法对拟制的自认均作出了明确规定,例如:德国《民事诉讼法》第138条第3款规定,"没有明显争执的事实,如果从当事人的其他陈述中不能看出有争执时,即视为已经自认的事实";日本《新民事诉讼法》第159条第1款规定,"当事人在口头辩论中,对于对方当事人所主张的事实不明确地进行争执时,视为对该事实已经自认。但是,根据辩论的全部旨意,应认为争执了该事实时,则不在此限";我国台湾地区"民事诉讼法"第280条第1款也规定,"当事人对于他造主张之事实,于言词辩论时不争执者,视同自认。但因他项陈述可认为争执者,不在此限"。

我国现行《民事诉讼法》并未承认当事人自认的法律效力,最高人民法院《证据规定》第8条对诉讼上的自认及默示自认作出了规定:"诉讼过程中,一方当事人对另一方当事人陈述的案件事实明确表示承认的,另一方当事人无需举证。但涉及身份关系的案件除外。对一方当事人陈述的事实,另一方当事人既未表示承认也未否认,经审判人员充分说明并询问后,其仍不明确表示肯定或者否定的,视为对该项事实的承认。"

三、庭审缺席是否视同默示自认

(一)庭审缺席视同默示自认的立法例

在言词辩论(开庭审理)期日,当事人无正当理由而缺席时,是否可以适用默示自认的规定呢?对于这一问题,我国现行法律和司法解释均未予规定,但由于在当事人未就对方主张的事实作出明确认否的表示的情况下,若要推定为默示自认须有法律的明文规定,因此从这个意义上来说我国现行法律并未确立当事人缺席时可拟制为默示自认。

不过,日本以及我国台湾地区的立法例均对当事人无故缺席的情况拟制为自认,如日本《新民事诉讼法》第159条第3款规定,拟制自认准用于当事人在口头辩论的期日不出庭的情况;但是,对该当事人以公告送达进行传唤的,不在此限。我国台湾地区"民事诉讼法"第280条第3款也规定,当事人对于他造主张之事实,已于相当时期受合法之通知,而于言词辩论期日不到场,亦

---

① 赵钢、刘学在:《试论民事诉讼中的自认》,载《中外法学》1999年第3期。

未提出准备书状争执者,准用视同自认之规定;但不到场之当事人系依公示送达通知者,不在此限。

我国学界也有观点主张,当事人有条件出庭而拒不到庭的,经过开庭审理,对方放弃质证权利视为默认,构成拟制自认,当事人应当承担自认的法律后果;事后或上诉中才提交证据的不予采信;对已经放弃的权利后来再主张的,不予支持。①

(二)本书的观点

按照程序保障的理念,在公告送达时,由于被传唤的当事人在通常情况下无法实际了解出席的对方当事人所主张的内容,因而不能视为自认。除此之外,笔者认为,将当事人无故缺席拟制为自认对方当事人的事实主张也是不合适的。原因有如下几点:

1. 拟制自认产生于当事人的诉讼促进义务与陈述义务,而我国立法尚未完整规定当事人的此类义务

所谓当事人的诉讼促进义务,系指当事人在诉讼过程中有尽自己最大的努力和善意推动诉讼程序的进行,不故意为虚假陈述或恶意掩盖事实的行为。② 民事诉讼程序具有一般社会大众共同使用的公共属性,不能强调只为某一当事人的实体私权的实现而支出或浪费法院太多的劳力、时间、费用,以致对于社会上希求或期待使用法院之民众(纳税人)造成使用上的不便或妨碍。③ 因此,当事人在时间上负有迅速进行诉讼之义务,而不可任意延滞程序的进行。而按照陈述义务的一般要求,当事人对于他方当事人主张的事实应为陈述,如果对他方主张的事实不为自认时,自应为争执的陈述,但如果当事人毫无争执的表示时,则可推论其有承认的意思,而视为对他方当事人主张的事实为默示的同意。德国、日本以及我国台湾地区的民事诉讼法修订都以当

---

① 参见曹忠、刘耀国:《论自认规则在民事诉讼中的适用》,载《政治与法律》2004年第3期;高庆盛、章豪:《准自认刍议》,载《海南大学学报》(人文社会科学版)2005年第1期。

② 陈桂明:《论当事人在诉讼中的促进义务》,中国诉讼法学研究会2002年年会提交论文。

③ 参见邱联恭在台湾民事诉讼法研究会第30次研讨会上的发言,载民事诉讼法研究基金会:《民事诉讼法之研讨》(三),台湾三民书局1992年版,第376页。

事人的诉讼促进义务以及攻击、防御方法的适时提出作为指导思想①,而且民事诉讼法中大都规定了当事人的真实、完全陈述义务②。

我国现行民事诉讼法中并未规定当事人的诉讼促进义务和真实陈述义务。即使在民事诉讼法修订后已经明确规定了"诚实信用原则"的背景下,也只能说明当事人有诚实守信的道德义务,并不能必然引申当事人有诉讼促进和真实陈述的法定义务。

2. 我国现阶段诉讼制度的发展背景不同于西方国家

近代欧洲各国直至19世纪末都将民事诉讼视为审判之外的社会过程的一部分,其支配性的诉讼观是以所谓私人意思自治原则来理解诉讼现象,但从19世纪末开始,诉讼制度所具有的公共性质被日益强调,民事诉讼从"当事者自己的事"向"直接关系到公共利益的事"这一认识转换。随着社会利益在法律中作用的上升,以个人自由为核心的法律精神开始转型,当事人的真实义务、诉讼促进义务、诚实信用义务逐渐从观念演变为制度。但是需要我们特别注意的是,我国民事诉讼法改革与西方国家改革的背景与目标是截然不同的。"正是司法制度的成功和发展引发了它的危机",西方的司法危机主要表现为诉讼拖延、诉讼成本高昂等,其改革的方向是民事诉讼程序的简化与效率化。

我国现阶段与欧洲大陆各国相比有明显的不同背景。中国的司法改革与西方的司法改革存在着时间的逆差关系,而且在目标上也有一定可逆性。我国的司法危机表现为司法不公、司法权威不彰等方面,我国民事诉讼法改革的目标主要是实现民事诉讼法程序规则的合理化与完备化,从而实现司法公正,

---

① 参见邱联恭:《民事诉讼审理方式之检讨——从审理集中化方案论如何加强事实审功能》,载《民事诉讼法之研讨》(一),台湾民事诉讼法研究会1987年第2版,第350～352页;沈冠伶:《论民事诉讼程序中当事人之不知陈述——兼评析民事诉讼法中当事人之陈述义务与诉讼促进义务》,载《政大法学评论》第63期;[日]吉村德重:《日本民事审判的现状与民事诉讼法修改的动向》,张弘译,载《外国法译评》1993年第2期;[日]竹下守夫:《日本民事诉讼法的修改动向》,刘荣军译,载《外国法译评》1996年第2期;《(台湾地区)民事诉讼法修订资料汇编》,台湾五南图书出版公司2000年版,第2～5页。

② 德国《民事诉讼法》第138条规定,"当事人应就事实状况为完全而真实的陈述。当事人对于对方当事人所主张的事实,应为陈述"。我国台湾地区"民事诉讼法"第195条也规定,"当事人就其提出之事实,应为真实及完全之陈述。当事人对于他造提出之事实及证据,应为陈述"。

第六章　我国缺席审判的制度反思

树立司法权威。在我国现阶段,民事诉讼的模式正逐渐地由超职权主义向当事人主义进行过渡,诉讼中首先应当树立的是当事人平等对抗、意思自治、程序保障、司法消极中立等理念,而不是脱离我国的政治、经济发展阶段和现实情况,一味学习、移植国外"先进的诉讼制度"。事实上,单以诉讼效率而论,我国法院的表现与西方国家法院相比可谓是速度惊人。例如,1975年法国大审法院一审民事案件的平均结案周期为2.72年,比利时为2.49年,1980年意大利法院一审平均结案周期为2.68年。① 日本于20世纪90年代初地方法院审理的普通民事案件中,其平均审理时间为2年3个月。如果案件演变成上诉或上告,其诉讼期限更为延长。② 相比之下,我国一审普通民事案件的审理期限为6个月,并且多数案件均能按期审结,诉讼效率的压力并不太大。总而言之,在古典的自由主义诉讼观还未完全确立的情况下,难以赶超到诉讼的"协作主义"。

3. 将当事人的沉默推定为承认有严格的限制性条件

沉默行为本身可以表达出两种截然相反的态度:其一为"理屈词穷、无言以对",不得不"默认",表示承认对方的主张;其二,沉默是无言的反抗,"惟沉默是最高的轻蔑"(鲁迅:《半夏小集》),代表着强烈地抗议。在诉讼中将当事人的沉默单方面解释为"默认",需要有充足的理由。按照最高人民法院《关于民事诉讼证据的若干规定》,对一方当事人陈述的事实,另一方当事人既未表示承认也未否认,经审判人员充分说明并询问后,其仍不明确表示肯定或者否定的,视为对该项事实的承认。默示自认须发生在公开的法庭之上,经过法官充分地行使释明权,向沉默的当事人详细询问并说明继续保持沉默的后果,方可认定为不予争执。当事人出庭即表明了与对方进行直接对抗的态度,如果对方主张了于己不利的事实,则一个正常的、有理性的人就会起而争执,不可能保持沉默而不予反驳,因此,于此情形,应推论其承认不利于自己的事实的存在。③

但是,在我国民事诉讼中许多当事人诉讼能力较差、法律意识薄弱的情况

---

① See Benjamin Kaplan, *Ordinary Proceedings In First Instance*, International Encyclopedia Of Comparative Law, Volume XVI, Chapter 6, pp.94~95.
② [日]吉村德重:《日本民事审判的现状与民事诉讼法修改的动向》,张弘译,载《外国法译评》1993年第2期。
③ 李国光主编:《最高人民法院〈关于民事诉讼证据的若干规定〉的理解与适用》,中国法制出版社2002年版,第121页。

下,缺席庭审的当事人往往意识不到这样做的法律后果,并且也无法经由法官释明而获得清楚的认识,如果将缺席简单认定为当事人对案件的事实没有争执,显然会造成与客观真实不符,损害缺席当事人的合法权益。任何一方当事人在作出可能导致其败诉,并包含其自己的处分意志的自认前,均有权利获得明确的警示,并对自认的后果进行充分的权衡,诉讼应禁止通过突袭获利,只有在自认的前提性程序(如自认的请求、后果的警示等)完备时,从自认导出的不利后果才取得了程序上的正当依据,才具备了法律意义上的程序正义。

4. 证明责任及其分配规则的要求

民事诉讼旨在解决平等当事人之间的民事纠纷,因而天然地要求当事人之间平等、对等和对抗,双方当事人利用对等的诉讼武器为各自的权利而斗争或沟通。一般而言,原告就其主要的诉讼请求承担证明责任,而被告对积极抗辩的事实承担证明责任。证明责任的核心在于,对于真伪不明的事实,负有证明责任的当事人将承担不利后果。《民事诉讼法》第64条第1款规定:"当事人对自己提出的主张,有责任提供证据。"最高人民法院《关于适用〈中华人民共和国民事诉讼法〉的解释》第90条也规定:"当事人对自己提出的诉讼请求所依据的事实或者反驳对方诉讼请求所依据的事实,应当提供证据加以证明,但法律另有规定的除外。在作出判决前,当事人未能提供证据或者证据不足以证明其事实主张的,由负有举证证明责任的当事人承担不利的后果。"

按照通常的诉讼观念,原告起诉声称被告侵犯了自己的合法权益,处于进攻的位置,必须提供相应的证据加以证明,被告作为诉讼的防御方,只需使原告的事实主张陷于真伪不明的境地便可胜诉。正是因为证明责任事先已按一定的标准分配于双方当事人,原、被告才能有序地展开进攻和防御。作为一种潜在的责任,证明责任在诉讼开始之际,甚至在诉讼发生前,就已经发挥作用了。即使是被告自始未到庭,原告也必须负最低限度的证明责任,使法官对于权利的存在形成心证,在此基础上作出相应判决。如若规定在被告缺席的情况下,原告不必提供任何证据便可不战而胜,由此带来的诉讼混乱以及被告对于司法不公的感觉是可以想象的,由此甚至可能引发原告通过快速取得执行名义来进行诈骗。

5. 诉讼当事人有通过行使或放弃诉讼权利,从而追求程序利益的权利,对此不应作不利的评价

民事诉讼之目的虽然是实现实体权利,但亦与程序上的利益密切相关,就二者对当事人的经济利益得失而言,孰轻孰重,并无必然之理。因此,不可断

言只要实体权利终受肯定(实体权利之有无终经判决确定),当事人必应或均甘愿忍受程序上的不利益。① 在纠纷发生后,当事人为维护自己的实体权益而诉诸法院,但诉讼不仅费时、费力,而且颇费金钱,其表现之一便是在获得司法保护之前,当事人事先即必须有大量的经济投入,如诉讼费、聘请律师的花费、因出庭耗时而造成收入的减少,如果诉讼地较远,还需额外的交通、食宿等费用,这些因程序而发生的费用都难以从胜诉所取得的实体利益中获得补偿。诉讼制度的运作,不仅要保护当事人的实体权利,亦应注意维护当事人的程序利益。此时,从全面实现当事人之利益而言,首先应保障当事人比较衡量实体上及程序的利益,从而作出取舍。例如案情简单,便无须聘请律师提供法律服务;若标的额不大,一审败诉之后就酌情不再提起上诉。

当事人缺席亦属追求程序利益的表现。一种情况是,若被告对原告的诉讼请求并无实质争议,往往听任法院作出缺席判决,以节约出庭应诉的费用。但被告缺席并非仅仅出于承认对方的请求,在实践中,对方当事人无理缠讼的情况也并不少见。若是认为对方的请求显然缺乏事实和法律依据,必难获得法院支持,被告为避免空耗时间和金钱,缺席庭审也在情理之中。出庭辩论的权利既可以行使,也可以放弃,对此不应当作出截然地否定性评价。

综上所述,在一方当事人缺席庭审的情况下,不应当视为是承认了对方当事人主张的事实,到庭的当事人可以继续进行诉讼,法院作出的判决应当以证据为基础。

第三节 我国缺席审判制度的特点与不足

一、我国缺席审判的立法与实务状况

《民事诉讼法》第143条规定:"原告经传票传唤,无正当理由拒不到庭的,或未经法庭许可中途退庭的,可以按撤诉处理;被告反诉的,可以缺席判决";第144条规定:"被告经传票传唤,无正当理由拒不到庭的,或未经法庭许可中途退庭的,可以缺席判决";第145条第2款规定:"人民法院裁定不准撤诉的,原告经传票传唤,无正当理由拒不到庭的,可以缺席判决"。长期以来上述条文构成了我国缺席审判制度的基本内容。由于条文中并未规定作出判决时应

---

① 邱联恭:《程序制度机能论》,台湾三民书局1996年版,第37页。

当考虑缺席当事人已经提出的诉讼资料,因此有学者认为我国的制度在立法上形同缺席判决主义,但在实务中又有对席判决主义的特征。①

虽然在《民事诉讼法》中一直未有明确规定,但我国的司法政策一贯坚持"以事实为依据、以法律为准绳",实践中法院为了尽可能达到准确认定事实的结果,对缺席当事人已经提出的答辩状、事实陈述及证据材料通常都会予以重视,必要时还会依职权进行调查取证,从而充分考虑缺席方的合法民事权益,使其不因缺席而受到不应有的影响。

另外,从新中国成立以来的政策源流及实务运作来看,可以明确地认识到我国长期以来采用的是一方辩论判决模式。新中国成立之后的相当一段时间内,中央人民政府都未颁布统一的民、刑事诉讼法,最高人民法院对诉讼的程序问题发布过若干解释与答复。根据1951年1月13日《最高人民法院关于民事诉讼的几个问题答人民日报读者问》:"经过家属代收传票或法院公示送达后,被告逾期仍不到案,法院即可根据一造之声请,以确实的证据,径予缺席判决。"1956年10月17日《最高人民法院各级人民法院民事案件审判程序总结》也规定:"被告人经传唤两次以上无正当理由不到庭,如果案情已经弄清,一般可以在最后一次传唤时向他提出如再不到庭即将缺席判决的警告,被告人无正当理由而仍不到庭的,可以缺席判决。"上述两个司法文件均明确要求缺席判决须"以确实的证据""案情已经弄清",显然不能仅依据到庭当事人的陈述和请求直接判决缺席方败诉。

为了在司法实践中明确缺席的判决程序,最高人民法院先后通过两个司法解释对缺席判决的规则作了一定明确:《最高人民法院关于适用简易程序审理民事案件的若干规定》第30条规定:"原告经传票传唤,无正当理由拒不到庭或者未经法庭许可中途退庭的,可以按撤诉处理;被告经传票传唤,无正当理由拒不到庭或者未经法庭许可中途退庭的,人民法院可以根据原告的诉讼请求及双方已经提交给法庭的证据材料缺席判决。"《最高人民法院关于适用〈中华人民共和国民事诉讼法〉的解释》第241条:被告经传票传唤无正当理由拒不到庭,或者未经法庭许可中途退庭的,人民法院应当按期开庭或者继续开庭审理,对到庭的当事人诉讼请求、双方的诉辩理由以及已经提交的证据及其他诉讼材料进行审理后,可以依法缺席判决。

---

① 毕玉谦:《缺席判决制度的基本法意与焦点问题之探析》,载《法学评论》2006年第3期。

二、我国缺席审判制度的特点

(一)我国现行的缺席审判制度不采用缺席判决主义

缺席判决主义是在当事人缺席时,法院即可直接根据缺席的事实判决其败诉,即使缺席当事人于此前的诉讼阶段已经提出诉讼资料,法院也不予以斟酌考虑。我国现行法律的规定与缺席判决主义的制度有着明显的不同。这种不同主要表现在:①

首先,对原告缺席的处理,我国的做法是"可以按撤诉处理";而缺席判决主义的处理通常是拟制为原告放弃诉讼请求。这两者指向的对象不同——前者指向诉讼程序;后者指向实体问题;产生的法律效果也不同——前者导致诉讼的结束,争议恢复到未起诉时的状态,原告可以重新提起诉讼;后者则产生了有既判力的实体判决,原告不得针对同一诉讼标的再行提起诉讼。

其次,对被告的缺席,我国虽然也规定法院"可以缺席判决",但是根据我国民事诉讼法"以事实为根据,以法律为准绳"的立法精神,法院对未到庭当事人已经提出的答辩状和其他诉讼材料仍应认真地进行审查,并充分考虑缺席一方的合法民事权益,使其不因缺席而受到不应有的影响。根据缺席判决主义,被告缺席的场合则被看作是被告对原告主张的事实的承认,不需要原告对主张的事实举证,被告在庭审前关于案件事实的陈述,不会作为裁判的依据。因此,法院所作的缺席判决是否以当事人的缺席为转移,是否考虑被告所提出的诉讼资料,是我国缺席审判制度与缺席判决主义的根本区别。

最后,我国对缺席判决不设立异议制度,缺席判决的效力等同于对席判决。对于人民法院作出的缺席判决,诉讼双方包括原审缺席方都有权声明不服,而向上级法院提起上诉。而在缺席判决主义下,缺席庭审的当事人不得通过上诉的途径声明不服,而只能在一定期间内向作出缺席判决的法院声明异议,使诉讼恢复到判决之前的状态。

(二)我国的缺席审判制度也有别于一方辩论判决主义

在诉讼实践中,被告缺席庭审时,到庭的原告依然必须进行陈述、举证,法院在审查原告主张的基础之上作出判决,因此,从整体上看,我国现行的缺席

---

① 陈桂明、李仕春:《缺席审判制度研究》,载《中国法学》1998年第4期。

审判制度更接近于一方辩论判决主义。但是,立法上的规定与一方辩论判决主义也有所不同:

首先,一方辩论判决主义是以约束性辩论原则为基础,诉讼资料的收集和提出都是当事人责任而非法院的职责,双方当事人未主张的事实,法院不得加以斟酌。在一方当事人未出庭的情况下,法院以其之前所提出的诉讼资料视为其作出的陈述,命令出庭的对方当事人进行辩论;如缺席方当事人自诉讼开始即从未提出过任何诉讼资料,立法上便将其无故缺席的行为拟制为自认对方当事人的事实主张,从而作为双方已有对席辩论的基础,由法院作出判决①。如果当事人出庭但不进行辩论,其法律效果与未曾出庭没有区别,这种情况也被视为缺席。

按照我国《民事诉讼法》的立法精神,人民法院审理案件必须以事实为根据,以法律为准绳。根据这一准则,在被告未到庭或无正当理由中途退庭的情况下,法院应当主动查明案件事实,依法作出裁决。最高人民法院《关于民事诉讼证据的若干规定》第15和第16条对人民法院主动调查收集证据的范围进行了限制,确立了法院调查收集证据原则上应依当事人的申请进行,从这个意义上说,法院判决所依据的证据受到当事人主张的限制,已经接近约束性辩论原则的要求。不过,在一方当事人缺席、并且自始未提出任何诉讼资料的情况下,我国法律并未将其拟制为自认了对方主张的事实,依然必须贯彻"谁主张,谁举证"的原则;并且在当事人到庭而不进行辩论的情况下,我国法律并不将其视为缺席。

其次,我国现行法律对原被告的缺席区别对待。原告缺席时视为撤诉,被告缺席时则可以缺席判决。一方辩论判决主义不分原、被告,任何一方当事人的缺席均可能引起缺席判决。

三、我国缺席审判制度存在的缺陷

由于我国的缺席审判制度在立法内容上借鉴了外国的立法例,但在司法理念上又与两种缺席审判的模式有本质的区别,在传统的权力本位、职权主义视角的影响下,对缺席判决制度的功能未能有一个准确的把握和定位,加上立法技术上存在的疏漏,导致了在审判实务中经常遇到一些难于解决的法律尴尬,如:原告不到庭,被告不反诉,法院又裁定其不准撤诉时,审判将没有对象,

---

① 参见日本《新民事诉讼法》第159条,我国台湾地区"民事诉讼法"第280条。

失去审理意义;原告为了个人目的,多次起诉但多次不到庭参加诉讼,法院应依法多次裁定其按撤诉处理,无形中认可了原告的不良诉讼行为;当事人一方缺席,如果开庭审理,为保证程序的完整,法庭必须代缺席方宣读起诉状或提交的答辩状,成为一方当事人的代理人;缺席审理时,法庭为审查一方当事人提交证据的真实性,必须代缺席方和另一方当事人进行质证和必要的辩论,有偏袒一方当事人的嫌疑;当事人一方缺席,在没有确定其有无正当理由时,是否开庭难于决断,如果开庭,事后得知当事人有缺席的正当理由,则审判程序必然要回复到原来的状态,如果不开庭,缺席方又无正当理由,则缺席判决无从说起,影响了诉讼效率;缺席判决时,案件事实是否清楚,法官难于用庭审材料作出正确判断,如果盲目下判,难免违背民事诉讼的实事求是的原则,如果不下判,缺席判决则失去意义。① 以上现象,反映了我国缺席审判制度在法律上存在很多弊端,归纳起来有以下几个方面:

(一)我国民事诉讼法对缺席的概念界定较为模糊,缺席判决的模式规定不明

通常意义上,缺席是指当事人在言词辩论期日不到场。但各国法律对缺席的具体界定是有分歧的。美国把缺席分为被告从未到案、不对原告的起诉书作出答辩和审理时不出庭三种情形;法国民事诉讼法则把缺席区分为不出庭和未能在规定期间内完成诉讼行为;德国、日本以及我国台湾地区的民事诉讼法都把当事人于言词辩论期日虽到场而不进行辩论视为未到场。我国的缺席仅指当事人未到庭或中途退庭,并不认为当事人到庭后不做防御性辩解为缺席。在到庭的含义上,我国法律也没有明确的规定,在审判实务中一般把到庭的"庭"界定为当事人按时参加正在开庭审理本案的法庭。

"清晰性要求是合法性的一项最基本的要素",②然而在被告缺席的情况下,法院究竟是根据缺席的事实直接对其作出不利判决,还是必须在审查核实证据的基础上认定事实,现行法律并无明确的规定。对于被告在开庭之前提交的答辩意见以及陈述的事实、提交的相应证据,民事诉讼法虽没有明确将其排除庭审范围之外,但也没有规定法官是否应当对其进行审查,并结合原告的

---

① 郝玮:《论民事诉讼中缺席审判制度的完善》,http://www.dffy.com/faxuejieti/ss/200510/20051027123838.htm,下载日期:2011 年 3 月 5 日。
② [美]富勒:《法律的道德性》,郑戈译,商务印书馆 2005 年版,第 75 页。

主张、举证进行斟酌参考,从而认定案件的事实。由于我国民事诉讼法和司法解释规定证据应当由当事人互相质证,未经质证的证据,不能作为认定案件事实的依据。按照这一规定来理解,被告在开庭审理前向法院提交的证据因无法在法庭审理时质证,从严格意义来说是不能作为定案证据采信的;不过这显然又和"以事实为依据"的原则相冲突。

（二）违背了当事人平等的原则

双方当事人平等是民事诉讼中的一项基本原则。但就缺席判决而言,我国现行民事诉讼法对待原、被告当事人缺席的处理方式与平等原则相违背。对原告的缺席是"按撤诉处理",原告只是承受了程序上的不利益,但并未丧失实体权利,此后仍然可以再向法院提起诉讼;被告缺席则适用缺席判决,被告承受的是实体上的不利益,而判决后的效力等同于对席判决,被告如有异议,只能通过上诉程序来加以救济。同样缺席,原告可以重新启动第一审程序维护自己的利益,而被告只能启动第二审程序来达到自己的诉讼目的,显然两者的审级利益是不同的。

对原告缺席按撤诉处理,在立法理念上,是为了贯彻处分权主义原则,以体现我国法律对当事人诉讼权利的尊重。但事实上这仅仅是对原告单方面诉讼权利的尊重,而并未顾及被告的意愿和利益。因原告的起诉而成为被告的一方当事人,其参加诉讼及追求胜诉本身就是其诉权的重要内容,而且为了对抗原告的诉讼请求,必然在财力、时间、精力上有所付出,如果原告为避免败诉而故意缺席,法院又按撤诉处理,被告就本案的诉讼标的并未获得具有既判力的终局性判决,其应诉的目的落空,并且随时还有继续应付原告在诉讼时效期间内卷土重来的担忧,其利益必然要受到损害。

进一步进行探究,对原、被告同样性质的行为进行区别对待,还反映出立法上对被告必然为义务承担者的偏见和预断:原告起诉声称被告侵犯了自己的合法权益,立法便将其设定为权利的享有者;被告被诉到法院,则将其看作是必然应当承担民事责任的人。对原告的缺席视为撤诉的根据是原告对自己权利享有处分权,这样处理是对原告权利的尊重;对被告的缺席则会产生缺席判决的效果,其目的是是为了及时保护原告的合法民事权益,追究被告的民事责任。又如我国《民事诉讼法》第100条规定,"人民法院对必须到庭的被告,经两次传票传唤,无正当理由拒不到庭的,可以拘传";但对原告却全无类似规定。这些条文都表明了对被告的道德谴责以及从立法上进行制裁的态度。这

第六章 我国缺席审判的制度反思

种观念显然是错误的,原告和被告虽有称谓的差别,但并不代表原告一定是权利的享有者,被告一定是义务的承担者。他们的诉讼地位以及享有的诉讼权利和义务应当是完全平等的。

(三)缺席判决的效力不定

法院的权威是建立在其作出的裁判具有强制约束力的基础上。通常认为,缺席判决的效力等同于对席判决,当事人可以上诉、申诉。但在一方不到庭参加诉讼也不提交任何诉讼材料的情况下,法院对缺席方的情况一无所知,法官单凭一方当事人的一面之词,难以充分地掌握证据或判断证据的真实性和证明力,要作出实体正确的裁判实属困难。

实践中,有被告为了拖延诉讼时间或其他目的,在一审时故意不出庭或中途退庭,而在上诉时参加诉讼,提出证据和辩论意见,导致二审改判。2002年颁布的最高人民法院《关于民事诉讼证据的若干规定》虽对当事人的举证期限以及新证据的提出作出了规定,但未明确规定是否适用于当事人缺席庭审的情况,尤其是在公告送达起诉状的情况下,举证期限的商定和指定均难以完成,对被告在二审中提出新证据的约束并不明显。没有举证时限制度的相应保障,无疑为一审中无故不到庭参加诉讼的被告打开了方便之门,使之可以轻易地避开第一审程序的屏障,提起上诉启动二审程序,在二审程序阶段根据案情发展需要适时地提供出示证据,发动证据突然袭击的诉讼策略;从而使两审终审制丧失了其过滤和矫正功能,这必定会严重地影响审判质量。一审判决的不确定性使法院的权威受到损害,同时也势必浪费诉讼资源,严重影响审判效率。

(四)立法过于粗疏,可操作性较差

缺席审理和缺席判决同样是在当事人一方缺席的情况下适用的,二者必须予以明确区分。

一般认为,缺席审理实质上是法院在民事诉讼一方当事人缺席时,为了尽量恢复辩论原则下的诉辩平衡状态而采取的一种补救措施。缺席判决是指法庭在缺席审理的基础之上,就案件的实体问题作出的判决。按照我国法律的规定,当事人一方于庭审时不到庭就可以进行缺席判决,则此缺席判决必然以缺席审理为前提。由于立法没有规定具体的缺席审理程序,导致司法实践中各行其是,办案人员无从准确把握适用缺席判决的条件,对条件已经成熟的案

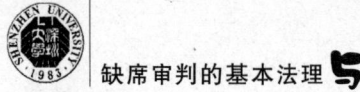

件不敢适用缺席判决,通常是改期开庭或再次传票传唤,不仅不能及时保护当事人合法权益,也严重影响了办案效率。缺席审判制度的立法本旨,是在一方当事人不到庭的情况下,继续诉讼的进行,以保护对方当事人的合法权益,避免诉讼的拖延和诉讼资源的浪费。但在我国,由于立法的粗疏和含糊,这一目的并未实现。

第四节 完善我国缺席审判制度的构想

一、缺席审判制度的功能目标

完备的缺席审判制度应当能够实现以下几方面的功能:

(一)鼓励当事人积极参加诉讼并完成包括出庭辩论等各种诉讼行为,有效地控制缺席情形的发生

民事诉讼具有实现私权的目的,当事人对民事纠纷本身有自主解决和对诉讼标的有自由处分的权利,亦可以放弃接受庭审的权利,不向法庭作出意见陈述,这种行为并不会受到处罚。但由于民事诉讼以两造对立为基础性构造,双方当事人为了自身的利益在诉讼中进行对抗、举证、辩论,这不但体现了民事诉讼的私权自治,保障了当事人的攻击、防御机会,也是法院据以发现客观真实的有效手段。在一方当事人缺席的情况下作出的判决,在实体真实的发现上显然具有缺憾。合理设计的缺席审判制度应当能够鼓励当事人到庭诉讼,尤其重要的是,应当尽量减少当事人无故缺席对程序的进程造成影响,使其不能通过故意不到庭而获得利益,以免变相鼓励当事人恶意缺席庭审。

(二)赋予缺席当事人充分的程序保障

缺席判决的正当性源于对缺席当事人的程序保障。程序保障的首要目标是给予当事人诉讼通知,充分赋予当事人攻击防御的手段和机会。在此情况下,如果当事人依然选择放弃自己到庭诉讼的权利,基于自我决定自我负责的要求,则必须接受正当程序所产生的结果;相反,如果未能对当事人进行实际的诉讼通知,程序保障便具有缺陷,则必须向其提供重启程序以充分维护自己利益的可能性,充分赋予当事人攻击防御的手段和机会。

(三)在相对意义上尽可能地实现客观真实

在现代的诉讼结构中,裁判者已不再是事实的探知者,即便有的国家允许裁判者在一定程度上主动调查证据,但往往受到严格的程序性规则的约束,对案件事实的认识主要来自于双方当事人的证明。时间的流逝使过去的事实已无法完全恢复于法庭,另外由于当事人的诉讼能力存在差别、出于利己的因素而隐藏对自己不利的事实等因素,民事诉讼中所发现的真实只能是相对的、有限的,只能通过当事人在诉讼过程中的陈述和举证来进行判断。

然而,发现客观真实是诉讼中永恒的目标和追求。尽管受到辩论主义的限制,法官不能主动提出诉讼资料,但是双方当事人已经提出的诉讼资料,对于案件事实的发现具有不可忽视的作用。为了在相对意义上尽可能地实现客观真实,庭审中法官应当尽量减少当事人缺席所带来的负面效应,努力维持诉辩双方的平衡;立法上不应当把缺席判决作为对不到庭一方当事人的制裁手段,对于缺席方在起诉、答辩阶段或是在审前准备阶段中提交的诉讼资料,法官应进行充分的斟酌、判断,不能仅因为当事人缺席庭审而将其排除在外。即使是被告自始未提出任何诉讼资料,原告也必须就其主张的事实负最低限度的证明责任,法官有义务从形式上审查证据的关联性与合法性,并且判断原告的事实主张是否足以导致原告提出的诉讼请求,以免原告通过快速取得执行名义进行诉讼诈骗。

(四)保障法院判决的安定性

法的安定性是法律的基本价值,程序安定是这一价值在民事诉讼中的自然延伸或具体体现。程序安定性的一个重要体现是判决一经作出,即具有拘束力和确定性,法院和当事人不能任意地重新启动程序,对该案件重新审理或撤销该判决,这体现了国家裁判的公权性、强制性和权威性。[1] 从这一立场出发,由国家审判机关作出的具有法律效力的判决、裁定和决定,只要是在公正程序进行下的产物,其终局性效力应该保障。在缺席审判程序中,要克服和防止判决被任意撤销,同一纠纷被反复审理,致使当事人的生活及其利益一直处于不安定的状态之中。

---

[1] 陈桂明:《程序理念与程序规则》,中国法制出版社1999年版,第7页。

二、我国缺席审判制度的模式选择

(一)现有的观点

当前的理论界与实务界普遍认为,重构我国的缺席审判制度应当以一方辩论判决主义为主体,①这是因为:

首先,如前文所述,一方辩论主义更好地协调了民事诉讼中的实体公正与程序公正、诉讼公正与诉讼效率等诸种价值。一方面,一方辩论的审理方式可以部分地弥补缺席方由于缺席而给自身带来的不利影响,可以使案件处理结果在实体公正方面比较接近于对席判决所能达到的程度。另一方面,案件的判决被看作与对席判决具有同样的效力,从而保证了诉讼的效率和到席一方的程序利益。

其次,一方辩论主义维护了民事诉讼程序的安定性,与公认的民事诉讼法理更为相符。而在缺席判决模式中,由于异议制度的存在,已经进行了的程序仅因缺席方的异议就可以归于无效,这在强调个案实体正义的同时却破坏了诉讼程序的安定性。一方辩论主义通过一方辩论的采用,使缺席情况下作出的判决具备了正当化的外观,保持了程序保障在形式上的完整性;同时,由于赋予了缺席判决与对席判决相同的效力,从而维护了民事诉讼程序的安定性,使得诉讼过程更符合民事诉讼法理的一般要求。

再次,一方辩论主义更适合我国的现实。假如采用了缺席判决主义,诉讼拖延、当事人滥用诉权等问题仍然无法解决,而且缺席判决制度的应有功能也很难体现出来。一方辩论主义在程序设置上更加简洁,与我国现有制度在形式上也有着更多的共同之处。

最后,一方辩论模式代表了世界各国缺席判决制度的改革潮流。在当今的西方国家中,已经很少见到典型的缺席判决模式的缺席审判制度,作为缺席

---

① 有代表性的学界观点可参见陈桂明、李仕春:《缺席审判制度研究》,载《中国法学》1998 年第 4 期;章武生、吴泽勇:《论我国缺席判决制度的改革》,载《政治与法律》2002 年第 5 期;毕玉谦:《缺席判决制度的基本法意与焦点问题之探析》,载《法学评论》2006 年第 3 期;曾琼:《论缺席审判制度的改革与完善》,载《湖北大学学报》(哲学社会科学版)2008 年第 6 期;刘秀明:《立法模式及理念比较:大陆法系和我国的民事缺席审判制度》,载《政治与法律》2011 年第 8 期;孙铭溪:《缺席审判的现实困境与出路》,载《法律适用》2003 年第 10 期;等等。这些文章中的论证也得到了实务界人士的广泛赞同与引用,此处不一一列举。

第六章 我国缺席审判的制度反思

判决主义原型的德国民事诉讼法已经吸纳了一方辩论判决的规定,日本和我国台湾地区则都通过修改民事诉讼法而选择了完全的一方辩论模式。这说明缺席判决模式的缺点已被人们所清醒地认识到,而一方辩论模式则越来越多地受到关注。

在引入一方辩论判决主义的同时,学界还主张,应以缺席判决主义作为补充。在司法实践中,往往存在着因被告住所不明或其他客观原因而不能直接送达诉状和传票的情况,而这时通常采用的公告送达只是一种拟制的送达,并不能确保被告知悉诉讼的存在。对这种情况如果仍适用一方辩论主义直接作出判决且不赋予缺席被告异议权,对被告显然有失公平。而且,这也为某些当事人滥用诉权,"骗取"法院的缺席判决提供了可乘之机。所以,在以公告方式向被告送达诉状和传票的情形下,应当赋予被告在一定期限内对在其缺席时作出的判决提出异议的机会,使诉讼恢复到作出缺席判决之前的状态。

(二)本书的观点

笔者完全赞同我国缺席审判制度应当选择一方辩论判决主义立法方向的观点及其理论论证,也认为有必要在某些例外情况下对缺席当事人提供另外的救济渠道。然而,就特殊救济的对象、方式,存在着不同的意见。

1. 应予特殊救济的情形

如前所述,诉讼实践中当事人缺席的情形通常包括五种:(1)法院采用公告方式送达起诉状和开庭传票,被告缺席;(2)因送达不规范导致当事人未能实际收到开庭通知;(3)法院向被告实际送达了起诉状,但被告随后下落不明,只能以公告的方式送达开庭传票;(4)当事人已经实际收到了开庭通知,但未到庭参加诉讼;(5)当事人在庭审进行过程中退席。在上述五种情形里,前两种情形都是由于非当事人自身的原因造成其缺席庭审,失去了在诉讼中进行攻击、防御,维护自身利益的机会。而在前两种情况下,皆是由于当事人的自主意志决定了自己的行为,缺席庭审是当事人自身有意识选择的结果。而在第(3)种情况下,当事人虽然是因为未实际收到传票而缺席庭审,但其下落不明的状态却有一定的可非难性。基于对当事人程序保障的要求,在前两种情况下,应当在缺席当事人知悉诉讼后提供重开程序的机会;而在后三种情况下,缺席当事人应当负担由于自己的过错而造成的不利后果。对缺席判决的救济应当与是否已受到诉讼通知的保障相联系。

2. 对通过异议方式恢复程序的否定性思考

目前学界和实务界绝大多数观点认为，我国缺席判决制度的构建应以一方辩论判决主义为主、缺席判决主义为辅。即在某些特殊情况下，缺席的被告可以在法定期间内提出异议，如果异议成立，由法院作出裁定，撤销缺席判决，诉讼恢复到作出缺席判决之前的状态。

笔者并不赞同这种以声明异议的方式恢复程序的观点，理由如下：

首先，缺席审判制度的一个重要目标是鼓励当事人到庭参加诉讼。尽管从理论上来说，只能向有正当理由缺席庭审的当事人（未能受到诉讼通知的当事人）赋予异议权，但如前所述，司法实践中无法确凿地分辨被告到底是属于确实下落不明还是属于恶意逃避送达，因此在立法上难以进行区别对待。通过异议程序能够撤销已经作出的判决、使诉讼程序恢复原状而无任何不利后果，难免会给一些恶意的当事人以可乘之机，通过逃避诉状和传票的送达来拖延诉讼。

其次，在采用缺席判决主义立法体例的国家，按照异议制度，被告一旦提出异议，不管有无理由，诉讼都要恢复到缺席前的状态，如此往复，势必造成当事人消极行使诉讼权利，且常被被告恶意利用，导致诉讼拖延。有鉴于此，立法上通过赋予缺席判决以假执行效力作为制约，以便原告能够立即取得执行名义，实现自己的权利。就我国而言，一方面民事诉讼法律体系中并无假执行制度存在；另一方面，以 2010 年为例，全国上诉案件的改判率约为 9.78%，原判决维持率（包括维持与驳回两种方式结案）约为 53.38%。① 在上诉案件的原判决改判率如此之高的现状下，贸然设立假执行制度根本是不现实的，只可能造成执行回转现象的大量产生以及社会财产流转状况的混乱。脱离了制约措施，异议制度只会变成滋生诉讼拖延的温床。

再次，若是设立异议制度，缺席判决之后当事人提出异议的期间也是一个问题。异议期间显然不能过长，以免使判决效力总是处于悬而未决的状态，例如德国民事诉讼法规定的声明异议期间为 2 周，我国实务界也有观点主张异议期间为判决送达之日起 15 日②。可以设想，在缺席当事人根本不曾得知自

---

① 2010 年全国法院系统共审结二审民事案件 593373 件，其中维持原判为 281547 件，改判 58049 件，发回重审 33348 件，撤诉 74733 件，驳回 35222 件，调解 94316 件，其他 16158 件。资料来源于《中国法律年鉴·2011》。

② 张弓：《我国缺席判决制度之检讨与重构》，载《人民司法》2001 年第 6 期。

已经涉讼的情况下,法院作出的缺席判决更不可能向当事人实际送达,如此短的异议期间对缺席当事人的权利保障来说简直是形同虚设。当然,按照现行民诉法的规定,此时应当采用公告送达判决书,因此异议期间实际上会加上60天的公告期。即使这样,缺席当事人能及时提出异议的可能性依然不太大。同时还要考虑到反复地公告送达在现实中已经遭遇到的困境,借鉴外国立法例,实务中缩短再次公告期间的呼声也较高(例如一个必要共同诉讼案件中只有部分当事人到庭,是否每次开庭都应传票传唤未到庭当事人,如果应传票传唤且是公告传唤,此类案件的审理效率如何保证?解决的办法显然是应当借鉴日本《新民事诉讼法》第112条的规定,对同一当事人第一次以后的公告送达,在开始告示之日的第二天即产生效力)。因此,声明异议对于真正因不知情而缺席的当事人来说难以起到保护作用,只会便利恶意逃避送达的当事人,与立法的目的南辕北辙。

最后,声明异议违背了程序的不可逆性。"随着程序的展开,人们的操作越来越受到限制。具体的言行一旦成为程序上的过去,即使可以重新解释,但却不能推翻撤回。经过程序认定的事实关系和法律关系,都被一一贴上封条,成为无可动摇的真正的过去。"经过程序而作出的决策被赋予既定力,只有通过高审级的程序才能被修改。① 声明异议将造成诉讼程序无条件的恢复,与程序不可逆的法理相悖。另外,一般认为,法院具有诉讼指挥权,当事人的处分权虽然在程序的启动、终结方面具有主导作用,但已进行程序的效力只能由法院通过自主地审查判断来决定。缺席判决的异议使程序的效力取决于缺席当事人的单方意志,这不符合司法实践的惯例和被广泛接受的理念。

(三)通过再审实现缺席判决的救济

笔者认为,对有正当理由的缺席寻求特别救济,唯一适当的途径是再审程序。因公告送达而缺席的当事人在得知诉讼后的一定期间内,可以向作出缺席判决的法院申请再审。再审救济的适当性体现在以下几个方面:

1. 再审救济与现有的程序框架相容,符合我国民事诉讼的传统和习惯

我国的民事诉讼是一种典型的"科层型程序"。科层意味着存在多个层次、多个等级,法律程序必须分步骤进行,审判以渐进、按部就班的方式逐渐展开,下级机构决策的方方面面都难以避免上级的监督,对判决的矫正,如果有

---

① 季卫东:《法治秩序的建构》,中国政法大学出版社1999年版,第19页。

必要，只能由司法组织中的上级官员来进行。① 无论是在学术界还是实务界，法院判决的效力只能在更高的审级被破除，是一种潜在的观念。更高的审级通常是指上诉程序，在我国两审终审的制度下，再审从名义上来看并非独立的审级。但是再审作为一种纠错程序，在理论上被认为具有替代第三审、弥补审级不足的作用，②因此带有一种超越一切层级之特殊层级的意味。虽然实践中由于"有错必纠"的观点根深蒂固，再审程序存在着滥用倾向，导致"终审不终、再审无限"的现象，但这也从另一个侧面说明再审程序已被法院和公众广泛接受，视之为推翻判决效力的合理途径。

2. 法定的申请再审期间相对较长，对缺席当事人的保护较为周全

根据现行《民事诉讼法》第 205 条规定，当事人申请再审，应当在判决、裁定发生法律效力后 6 个月内提出。通常情况下，6 个月的期间可以令缺席当事人获悉判决的存在，并向法院提出再审申请。

当然，对于那些长期外出而未能知悉诉讼的当事人来说，此期间并不能够足以保证其有充分的时间和机会向法院申请再审。此时可以利用《民事诉讼法》第 198 条所规定由法院审判委员会讨论决定这一途径进行再审。当然，更周全的做法应当是对因缺席判决而申请再审的期限作出例外规定，也适用"自知道或者应当知道之日起六个月内提出"的规定。

3. 再审救济渠道对潜在的恶意逃避送达的当事人来说是一种制约

如前所述，司法实践中适用公告送达而缺席庭审的当事人包括两类，一类为确属无法送达因而不知诉讼发生的，另一类为故意逃避送达的，实践中难以将他们确凿地区分开来。当事人故意逃避送达，其目的是拖延诉讼的进行和判决的生效，如果存在通过异议而撤销缺席判决的机会，显然会给他们可乘之机。相比之下，再审程序的启动并不妨碍已作出判决的效力，只有经过重新审理后才决定是撤销原判决还是维持原判决，以免提前发生执行回转的情况。这对潜在的恶意逃避送达的当事人来说是一种制约，因为除非真正有机会胜诉，否则通过再审拖延诉讼并无好处，盲目启动再审程序不能带来实际效果。

4. 对缺席当事人申请再审可以附设条件进行过滤

因公告送达而作出缺席判决的案件是否都应当进行再审？其中有许多情

---

① ［美］米尔伊安·R.达玛什卡：《司法和国家权力的多种面孔》，郑戈译，中国政法大学出版社 2004 年版，第 73 页以后。

② 江伟主编：《民事诉讼法学原理》，中国人民大学出版社 1999 年版，第 333 页。

况是原告已向法庭提交了证明力很强的证据,法庭进行审查之后作出的缺席判决较为符合实质真实,被告是否到庭对判决结果本身并无影响。缺席被告仅以未曾到庭参加诉讼为由提出再审并无实益。反之,如若不向缺席被告提供再审机会,是否严重违背了民事诉讼中的对审原则,在程序保障上存在缺陷?

向住址不清或下落不明的被告公告送达开庭传票有两层作用:其一,希望通过公告的方式使被告了解到被诉的事实,从而能够到庭应诉,因此公告除了在法院的公告栏、受送达人原住所张贴外,往往要在报纸上刊登以扩大传播面;其二,即使刊登公告,被告实际了解看到的机会也是微弱的,因此公告更重要的作用在于通过拟制送达的方式形成一个保障被告程序权利的外观。只要符合立法规定的公示要件,已完成的公告送达便能生合法送达的效力。民事诉讼法以确定私法上权利义务为目的,应顾及法律秩序之安定性,公示送达又系经法院裁定后行之,为保护社会交易安全,以免影响信赖确定判决之第三人权益,在不得已之情形下,有时难免牺牲当事人之权益。① 因为赋予当事人申请再审的期间较长,就必须额外注意维护程序的安定性,取得程序公正与效率之间的平衡。因此,在已通过公告送达拟制保障了缺席当事人程序权利的情况下,程序上已无重大不公平,② 再审程序应保障的是缺席当事人的实体权益。

也就是说,缺席的当事人不能仅以受公告送达而未出庭为理由申请再审,必须提出实质性的理由、主张、证据,要求推翻原缺席判决。现行《民事诉讼法》第 200 条第(一)项已将"有新的证据,足以推翻原判决、裁定的"情形列为再审理由之一,事实上,当前的司法实践中一直是通过这一规定对有错误的缺席判决进行救济,也就是对缺席判决的再审救济中要求附有实质性理由。

总而言之,本书的观点是,坚持利用再审而非异议程序对特定的缺席判决进行救济,使其纳入通常的程序轨道之内。

---

① 杨建华:《公示送达程序不合法之效力》,载《问题研析:民事诉讼法》(四),台湾广益印书局 1997 年版,第 142 页。

② 公告送达的情形有一种特例:原告起诉时明知被告下落,为骗取缺席判决而指称被告下落不明(参见本章第一节)。在这种情况下,被告缺席是由于原告恶意所造成的,显属程序上的重大不公,应当无条件地启动再审程序。例如我国台湾地区"民事诉讼法"第 496 条第 6 款规定,"当事人知他造之住居所,指为所在不明而与涉讼者",得以再审之诉对于确定终局判决声明不服。

第七章　缺席审判的实际运作

第一节　一方辩论的基本内容

在一方辩论形成缺席判决的模式下,辩论过程和判决结果必须予以明确区分。前者是法院在诉讼一方当事人缺席时,为了尽量恢复辩论原则下的诉辩平衡状态而采取的一种审理方式;后者是指法庭在缺席审理的基础之上,就案件的实体问题作出的判定。缺席判决的结果必须以庭审内容作为基础,但由于我国民事诉讼法并未规定具体的缺席庭审程序,法院常常困惑于如何对待、回应到庭方与缺席方提交的诉讼资料,更无从准确把握适用缺席判决的条件。

与通常的民事诉讼程序相似,在一方当事人缺席的状态下,法院依然必需首先进行基本的事实认定,然后通过适用法律来作出判决。下文则从事实认定与法律适用两个方面进行有针对性的探讨。

当事人(通常属于被告方)的缺席有可能出现两种情况:其一,在原告提起诉讼之后,被告既未就原告的诉状进行答辩,也未通过书面或口头形式针对本案提出任何诉讼资料;其二,被告虽然没有在言词辩论期日出席,但曾经作出答辩或以其他的形式针对原告的诉讼请求提供诉讼资料。在前一种情况下,被告从未作出实体性的防御,判决只能根据原告单方面的请求作出;在后一种情况下,法院有可能对缺席被告所提出的诉讼资料进行斟酌参考,在此基础上作出判决。

第二节 一方辩论之事实认定

一、有诉讼资料之一方辩论

按照一方辩论判决主义的通常理解,若被告于言词辩论期日未到庭,但已于准备程序或者先前之开庭期日提交诉讼资料的,则法院应将被告已提交之资料交付原告一方进行辩论,然后在此基础之上视辩论结果作出判决。

(一)一方辩论实例

民事审判实务中,缺席方已经提出的诉讼资料通常都以书面答辩作为主要形式,这也是一方辩论的常见对象。当事人参加庭审后再中途退庭的情形较为少见,即便属于中途退庭,之前一般也有口头或书面答辩予以提出。

[案例1]原告江苏锋泰钻石工具制造有限公司向江苏省镇江经济开发区法院起诉被告兰世成拖欠买卖合同货款。原告诉称:原告自2006年起向被告供应"鲁班号"锯片,截至2012年8月欠原告货款18140元,后经原告催要还款10000元,尚欠8140元,请求法院判令被告立即给付价款8140元并承担本案诉讼费用。原告向法院提交了双方签字核对的送货单作为证据。被告书面答辩称:欠原告8140元货款是事实,但原告所提供的锯片涉嫌侵犯他人商标权不能向被告主张权利,且应当返还被告已支付的款项,请求法院驳回原告诉讼请求。被告经法院传票传唤无正当理由未到庭参加诉讼。

法院认为:原、被告之间的买卖合同关系合法有效,原告履行供货义务后,被告应按照合同约定及时、足额支付货款。被告欠原告货款8140元,有送货单证明且被告承认,法院予以认定。被告辩称原告所提供产品涉及侵犯他人商标权因而拒绝支付货款缺证据不足,且与本案不属于同一法律关系,法院不予采纳。最终判决被告十日内向原告支付货款8140元。①

---

① 江苏锋泰钻石工具制造有限公司与兰世成买卖合同纠纷一审民事判决书,镇江经济开发区人民法院民事判决书(2014)镇经民初字第1264号。来源于中国裁判文书网。

从上述案件可以得知,虽然被告因自身原因未到庭参加诉讼,但以书面形式提出了答辩:作为买卖合同之标的物具有违法性,因此拒绝支付相应的货款。该答辩理由从性质上来说属于对原告诉讼请求的抗辩,即通过主张一个新的事实,试图形成一种新的法律关系,从而对抗原告的权利请求,妨碍其产生相应的法律效力。由于抗辩者须对抗辩事实承担证明责任,被告仅有事实主张而无相应证据,最终法院不予认定并判决支持原告诉讼请求。

(二)已提出诉讼资料之法律意义

缺席当事人已经提出之诉讼资料对于发现真实具有实质性意义。为了在相对意义上尽可能地实现公正判决,庭审中需要尽量减少当事人缺席所带来的负面效应,立法并不把缺席判决作为对不到庭一方当事人的制裁手段,对于缺席方在答辩状中或是在审前准备阶段提交的诉讼资料,法官应进行充分的斟酌、判断,不能仅因为当事人缺席庭审而将其排除在外。

除了成为发现事实之基础,当事人提交的诉讼资料还具有明确争点的作用。近代各国的民事诉讼通常建立在私法自治原则及国家不干涉私益的原则之上,由此形成了当事人处分权主义与辩论主义的基本理念。处分权主义系指当事人能够决定诉讼之开启与终结、审判之对象与范围;辩论主义系指法院作出裁判通常以当事人所主张的事实与提出的证据作为基础。换言之,对于当事人未争执之事实则无须审理而可以直接认定。缺席当事人所提出之资料从正面法律效果来说是形成了事实争点与辩论对象,从反面法律效果来看则可理解为对于其余事项不作争执,从而限缩了法院审理范围与事实查证的内容。

因此,在有诉讼资料之一方辩论情形下,相关事实认定往往能够具有较为坚实的证明基础与法理基础,缺席判决的形成过程较为清晰。

二、无诉讼资料之一方辩论

(一)实务中对事实审查的分歧

在缺席当事人自始即未出庭,也未提交任何诉讼资料的情形下,对于缺席判决结果的形成,法院恐将面临无任何内容可供依靠并拟制辩论的局面。此时一方辩论应当如何进行,法院对出庭当事人的诉讼请求是进行形式审查还是实质审查?下列两个案件颇能说明问题。

[案例2]原告徐洪彬向大连市旅顺口区人民法院起诉被告李军民间借贷纠纷。原告诉称：2013年3月16日被告向其借款人民币20万元整，并由被告出具借条，后原告多次向被告催要还款，被告均表示拒绝。原告请求法院判令被告偿还借款20万元并承担诉讼费。原告提交的证据为借条一张，内容为："今李军借徐洪彬人民币贰拾万元整，借钱人：李军。"被告李军经传票传唤未到庭，也未提交书面答辩意见。

法院认为，合法的借贷关系受法律保护。原、被告双方订立事实上的借款合同，原告已依约履行了主要义务，被告应当在合理期限内返还借款。被告向原告借款事实清楚，证据充分，原告要求被告偿还借款本金20万元的诉讼请求理由正当，应予支持。被告经本院合法传唤无正当理由拒不到庭，视为放弃相应权利。被告向原告借款事实清楚，证据充分，判决被告于十日内偿还原告20万元并承担诉讼费。①

[案例3]原告葛菊英向昆明市西山区人民法院起诉被告雷四九民间借贷纠纷。原告诉称：2011年10月15日，被告雷四九向原告葛菊英借款人民币60万元整，承诺利息按4％计算，利息自2011年10月15日每月15日给付，如不按时付利息就按6％计算。借款到期后，原告多次追讨无果，现在被告难以找到，应按6％计算月息。原告请求法院判令被告偿还借款60万元、自借款日起至实际还款之日止按月利率6％的标准计算利息。原告提交的证据为借条一份，证明借款和约定利率的事实。被告经公告送达起诉状副本及开庭传票后未到庭参加诉讼。

法院认为，原告提交的证据系借条，因本案诉争的借款金额为60万元数额较大，原告作为出借人在要求作为借款人的被告归还借款情形下首先要承担出借款项给被告的举证责任，本案中，原告仅凭借条这一单一证据，在被告未到庭且又无其他证据相互佐证情况下，法院无法确认本案中原告已实际履行了出借诉争款项给被告的出借义务，故法院对该借条在本案中的证明力不予确认，最终判决驳回原告的全部诉讼请求。②

上述案例2与案例3都属于民间借贷法律关系，起诉方陈述的事实、提交

---

① 徐洪彬与李军民间借贷纠纷一审民事判决书，大连市旅顺口区人民法院民事判决书(2014)旅民初字第633号。来源于中国裁判文书网。

② 葛菊英与雷四九民间借贷纠纷一审民事判决书，昆明市西山区人民法院民事判决书(2014)西法民初字第4208号。来源于中国裁判文书网。

的证据几乎完全一致；两案的被告均未到庭，也未提交任何答辩意见或证据。案例 2 中法院从形式上审查了原告提交的证据，直接予以采信并支持诉讼请求，案例 3 中的法院则对借款关系进行实质性审查，认为原告主张的借款事实证据不足，判决驳回原告方的诉讼请求。

在事实证据与法律关系极为相似的情形下，案例 2 与案例 3 的判决结果完全不同，这反映出无任何诉讼资料的一方辩论所存在的共同困难：诉讼中仅存在出庭一方主张的事实与证据，没有出现任何对立的观点与主张，此时争执对象为何、辩论应如何进行、证据如何采信，均因为无具体目标而陷入困境，实务中法官无从把握与参照，在类似的案件中也极易出现因法院的理解有异而形成不同的处理结果。

（二）是否拟制自认

为了应对这类无诉讼资料可供辩论的困局，各国通常在立法中对此作出明确规定，使法官在审理中有所遵循、判决时有所援引。在采用缺席判决主义的立法例中，之所以直接判决缺席方败诉，一个重要原因就是因为只存在一方当事人的主张和证据时无法贯彻对审原则，言词辩论难以进行，因此直接拟制缺席方放弃请求或者防御。在采用一方辩论判决主义的国家和地区，面对缺席方未提出任何诉讼资料的局面下，为了维持一方辩论结果的统一性和正当性，也不得不在立法中明确规定，将自始缺席视为该方当事人自认了对方所陈述的事实。例如根据日本新民事诉讼法第 159 条的规定，如果诉讼和出庭召唤状已经向被告进行了合法有效的送达，被告却既不提出答辩状或其他准备书面，又从第一次口头辩论期日开始无故缺席，这种情况下，法院拟制被告承认了原告所主张的事实，如果认为请求显得确有道理即可作出原告胜诉的判决。①

但是具体到我国，实务中是否应当采用拟制自认，则应进行具体分析。拟制自认的思想背景是现代社会从诉讼自由观向诉讼协作观的转型，法理基础则是当事人的诉讼促进义务与真实陈述义务。在现代社会里，诉讼制度所具有的公共性质被日益强调，诉讼程序非但关系到双方当事人之间权利义务的

---

① 王亚新：《对抗与判定》，清华大学出版社 2002 年版，第 132 页。

分配，更关系到整个社会对司法的利用。① 当事人在法官的指挥下进行诉讼上的合作，由此负有迅速进行诉讼、为真实完全陈述之义务。依照陈述义务的要求，当事人对于他方当事人主张的事实须作陈述和回应，如果不予承认，应明示否认的意思；但如果当事人毫无争执的表示时，则可推论其有承认的意图，从而视该事实为拟制的同意。

我国于2012年对《民事诉讼法》的修订中虽然增加规定了民事诉讼的"诚实信用"原则，但在法律解释和理论阐明方面尚未将当事人的诉讼促进义务和真实陈述义务明确纳入诚实信用原则的基本内涵。另外，任何一方当事人在作出可能导致其败诉，并包含其自己的处分意志的自认前，均有权利获得明确的警示，并对自认的后果进行充分的权衡，诉讼应禁止通过突袭获利，只有在自认的前提性程序（如自认的请求、后果的警示等）完备时，从自认导出的不利后果才取得了程序上的正当依据。在我国民事诉讼中，许多当事人诉讼能力较差、法律意识薄弱，缺席庭审的一方往往意识不到这样做的法律后果，并且也无法经由法官释明而获得清楚的认识，如果将缺席简单认定为当事人对案件的事实没有争执，显然会造成与客观真实不符，损害缺席当事人的合法权益。因此，对于无任何诉讼资料提交之缺席情形拟制为自认，在我国当前尚不存在充分的正当性与法理基础。

（三）以证明责任理论为依托的一方辩论

按照通常的诉讼观念，原告起诉声称被告侵犯了自己的合法权益，必须具备请求权基础并证明相应的法律要件事实；被告作为诉讼的防御方，只须使原告的事实主张陷于真伪不明的境地便可胜诉。作为一种潜在的责任，证明责任在诉讼开始之际，甚至在诉讼发生前，就已经发挥作用了。正是因为证明责任事先已按一定的标准分配于双方当事人，原、被告才能有序地展开进攻和防御。如若认为在被告缺席的情况下，原告只需提供形式上有理由的证据，不仅与实质真实的追求不符，甚至可能引发原告在被告缺席的情形下当庭补充、更改事实陈述，不当形成有利于自己的诉讼结果，由此带来的诉讼混乱可想而知。因此，即使是被告自始未到庭，原告也必须负最低限度的举证与说服责任，使法官对于权利的存在形成心证，在此基础上作出相应判决。

---

① 李建伟：《公平诉讼观与诚实信用原则》，载《国家检察官学院学报》2000年第3期。

笔者认为,以案例 2 和案例 3 所举情形为例,原告主张借贷合同法律关系的发生并以此为基础请求被告方偿还借款,需要主张并证明借贷关系成立的要件事实。借贷关系的成立要件应当包含借款的合意与借款金钱交付两个要件,均需要由主张借贷关系存在的原告方进行举证。原告方提交的借条文字中虽然有金钱已交付之记述,但对于大额金钱出借或处分往往会伴随有借款资金来源与流转记录,原告方也应对之合理说明与举证,否则难免有违常理,令法官从经验法则出发形成出借资金未必交付之推定;司法实践中也常有法官从借款目的用途、债权人与债务人的职业和彼此关系、双方的经济条件与偿还能力等方面加以审查。当然若是民间小额借贷,仅凭债务人书面借条便能形成盖然性优势,足以使法院认定借贷关系了。

第三节 一方辩论之法律适用

司法审判是一个认定事实、适用法律并最终形成判断的过程。从形式逻辑来说,就是要符合以法律规范为大前提、案件事实为小前提、最后得出判决结果的推理形式,这也被称为"司法三段论"。出现当事人缺席时,法官固然应当通过一方辩论尽可能达到相对准确的事实认定,但在适用法律时如何维持当事人之间的平衡,是否需要以当事人的辩论结果为基础和依据?这一问题显然有继续探讨的必要。

一、依职权判断的诉讼要件

[案例 4] 原告王峰向江苏省沛县人民法院起诉被告李青松财产损害赔偿纠纷。原告诉称,2012 年 2 月份,王峰在其自己的宅基地上建房垒地基石墙,后因家中无人,李青松带了 30 口人用铲车、自卸车将王峰的在建房的地基、石头、沙子、水泥棒和砖推到距离原告家 150 米远处的东坑里面,上述建筑材料已损坏无法再利用,给原告造成了财产损失,故诉至法院,要求李青松赔偿各项财产损失共 12865 元。被告李青松经法院公告送达开庭传票等相关法律文书后未到庭参加诉讼。

法院经审理查明,2012 年 2 月,王峰在自家宅基地上建房,与李青松因宅基地纠纷双方发生矛盾,王峰因此受伤到闫集医院住院治疗,在住院治疗期间,因王峰家中无人,李青松在未告知王峰的情况下用铲车及自卸车将王峰私有财产推到距离王峰家 150 米处的坑中,给王峰造成财产损

第七章 缺席审判的实际运作

失。法院认为,根据《最高人民检察院、公安部关于公安机关管辖的刑事案件立案追诉标准的规定(一)》第33条第1款第1项规定:"[故意毁坏财物案(刑法第二百七十五条)]故意毁坏公私财物,涉嫌下列情形之一的,应予立案追诉:(一)造成公私财物损失五千元以上的。"在本案中,根据原告的陈述,被告故意毁坏的财物已达到1万元以上,已涉嫌刑事犯罪,不属于民事案件的受案范围,应由公安机关进行立案追诉。最终法院依照《最高人民法院关于在审理经济纠纷案件中涉及经济犯罪嫌疑若干问题的规定》第11条,《中华人民共和国民事诉讼法》第144条、第154条之规定,裁定驳回原告的起诉。①

原告行使诉权向法院提起诉讼,法院首先需要判断的是原告的起诉本身是否适法且正当,应否启动司法程序对本案进行审理。作为这种判断的基准体现为各个诉讼要件:如果该诉不具备诉讼要件,则法院无须进入本案的实体审理便直接驳回该诉并终结程序;只要具备诉讼要件,法院就必须对原告所提出的权利请求及法律关系的存在与否进行审理,并判断其是否应当得到支持。因此,在诉讼程序中应当审理且判断的事项应包括两个方面:(1)该诉是否具备诉讼要件;(2)诉所请求的内容是否妥当。②

大陆法系国家的诉讼理论认为,普通类型诉讼的要件涉及三个方面:法院、当事人及诉讼标的。涉及法院的诉讼要件是民事裁判权的范围及受诉法院的管辖权问题;涉及当事人的要件主要是当事人适格和诉讼能力(缺乏诉讼能力时需要由法定代理人代为进行诉讼);最后,诉讼标的方面要求该纠纷未被诉讼系属、未受既判力拘束、具有诉的利益且起诉形式合法等。③我国现行《民事诉讼法》第119条至第121条、第124条实质上就包含了有关的诉讼要件。④

诉讼要件也是对本案实体权利义务争议进行判决的前提条件。审判权的行使最终体现在对争议法律关系的裁决上,但在法院进行裁决之前,逻辑上要

---

① 王峰与李青松财产损害赔偿纠纷一审民事裁定书,江苏省沛县人民法院民事裁定书(2014)沛栖民初字第0169号。来源于中国裁判文书网。
② [日]新堂幸司:《新民事诉讼法》,林剑锋译,法律出版社2008年版,第170页。
③ [德]汉斯-约阿希姆·穆泽拉克:《德国民事诉讼法基础教程》,周翠译,中国政法大学出版社2005年版,第70~71页。
④ 张卫平:《起诉条件与实体判决要件》,载《法学研究》2004年第6期。

解决的首先是本案判决的适法性问题。如果缺乏如民事裁判权和管辖权此类要件,受诉法院便没有权力裁决该纠纷;如果原告或者被告不适格,即使法院作出裁决也没有实际意义。因此诉讼要件属于法院依职权判决之事项,所适用的法律也属于强制性的程序规范,不受当事人主张与辩论范围的约束,必要时法院还可以主动调查收集证据。

由于法院对于诉讼要件的判断与法律适用系依职权进行,在一方当事人缺席之状态下该职权行为并不受到影响。案例4中当事人的故意毁坏财物行为已经涉嫌刑事犯罪,法院对此主动进行审查,并从"先刑后民"的原则出发适用相关法律和司法解释,最终驳回原告起诉。

二、特定实体法规范的适用

(一)问题的提出

被告缺席庭审时,不仅无法通过否认、质证反驳对方所陈述的事实,也不能积极主张某一法律观点而获得有利于自己的判决结果。此时法院应否主动适用有利于缺席方的法律条文而作出判决?再举实务中案例如下。

[案例5]原告温汉辉向广东省佛山市禅城区人民法院起诉吕培琛买卖合同纠纷。原告诉称:原告长期向被告供应棉纱。2012年5月16日,经原、被告双方对账,被告在《对数确认单》上签字,确认截至2012年5月16日尚欠原告棉纱款2885482.56元,并注明"所有送货单据原件已收回"。同日原、被告双方签订了还款协议书,被告承诺自协议签订之日起每月28日之前偿还欠款100万元至原告方指定的账号,直至欠款还清;如有任何一期没有按期支付,则按银行同期商业贷款的四倍利率以实际欠款数额为基数计算利息。上述协议签订后,被告并未依约还款,原告向法院起诉,请求法院判决被告支付货款2885482.56元及逾期付款利息(从2012年5月29日起按中国人民银行同期贷款利率四倍计算至全部付清之日止)。被告经法院传票传唤无正当理由拒不到庭,也未提交书面答辩意见。

法院认为,原告向被告供货,被告应依约支付货款,对原告要求被告支付货款2885482.56元及其利息予以支持。

但是法院同时认为,关于利率标准,原、被告签订的还款协议书方式虽约定按银行同期商业贷款利率的四倍计算,但原告并未举证证明其损失,被告逾期付款给原告造成的损失应为利息的损失,根据《中华人民共和国合同法》第 114 条第 2 款关于"约定的违约金过分高于造成的损失的,当事人可以请求人民法院或者仲裁机构予以适当减少"的规定,以及《最高人民法院关于适用〈中华人民共和国合同法〉若干问题的解释(二)》第 29 条关于"当事人主张约定的违约金过高请求予以适当减少的,人民法院应当以实际损失为基础,兼顾合同的履行情况、当事人的过错程度以及预期利益等综合因素,根据公平原则和诚实信用原则予以衡量,并作出裁决。当事人约定的违约金超过造成损失的百分之三十的,一般可以认定为合同法第一百一十四条第二款规定的'过分高于造成的损失'"的规定,原、被告双方约定的上述违约金明显过高,法院依法酌定调整为按照中国人民银行同期同类商业贷款利率的两倍计算。①

在案例 5 中,受诉法院于被告缺席时主动对原告的诉讼请求合理性予以审查,通过直接适用《合同法》中关于违约金过高可以适当调整的法律规范,使不到庭的一方也获得了一个相对有利的判决结果。

但是,在下文所列另一起案件中,受诉法院却认为违约金过高应当由当事人提出抗辩并请求法院加以调整,此时法院不能代替缺席当事人进行主张,最终拒绝直接对合同约定的违约金作出减少。

[案例 6] 原告陈德英向广西壮族自治区博白县人民法院起诉被告庞小龙房屋租赁合同纠纷。原告诉称:原告与被告于 2012 年 11 月 6 日签订房屋租赁合同,约定原告将自有的坐落在博白县博白镇振兴西路 009 号第一层右侧单间铺面及第二层、第三层商铺租给被告作餐饮服务使用。出租的房屋面积约 380 平方米,被告于每月 1 日前向原告交纳租金 12800 元,租赁期限为 5 年,自 2012 年 12 月 1 日起至 2017 年 12 月 1 日止。合同签订后原告把房屋交给被告使用。但被告于 2013 年 11 月底搬出了所租赁的房屋,交还了钥匙给原告,单方终止了房屋租赁合同,被告终止合同时仍拖欠租金 94000 元。原告请求法院判决解除房屋租赁合同,支付拖欠的租金 94000 元,并按合同约定支付 2 个月的房租 25600 元作为违约金。被告经法院公告送达开庭传票,未到庭参加诉讼,也未提供

---

① 温汉辉与吕培琛买卖合同纠纷一审民事判决书,广东省佛山市禅城区人民法院民事判决书(2014)佛城法民二初字第 415 号。来源于中国裁判文书网。

任何答辩和证据材料。

法院判决解除双方的房屋租赁合同,被告支付房屋租金94000元。另外,法院认为由于被告未出庭应诉并主张违约金过高而要求减少,故同时支持原告请求的违约金25600元。①

(二)事实问题与法律问题的区分

认定事实和适用法律是审判的核心任务,司法三段论的形式逻辑就是以"法律规范"与"案件事实"的分立来说明裁判的形成过程。即使是在不实行陪审制的大陆法系国家,不存在法官和陪审团成员的职权划分问题,分清事实问题与法律问题也是具有意义的,例如上诉审性质有"事实审"和"法律审"之区分。我国"以事实为依据、以法律为准绳"的司法理念也明确区分了事实与法律问题。

一般认为,所谓"事实问题",是指探寻本案发生过或将要发生的行为、事件、行为人的主观意愿或其他心理状态时所产生的问题;所谓"法律问题",指的是对已认定的事实,按照法律规范应如何作出评价的问题。② 事实问题的认定仅涉及客观存在与否,法律问题则涉及人的主观认识及价值判断。长久以来在审判中即存在"汝给吾事实、吾赐汝法律"的古老法谚,现代社会也有"法官知法"的主张。由此,理论界的多数观点认为,事实问题必须由当事人予以陈述并通过证明加以解决,双方当事人对事实达成的一致对法院形成拘束;但法律的检索和适用不受当事人的控制,而是由法官根据自己的判断予以解决。③

如果按照上述理论观点进行套用,则能够轻易得出法院可在当事人主张范围之外任意适用法律之结论。再从这一结论出发,即使是一方当事人缺席,也不妨碍法院主动发现并采纳有利于该方的法律观点,进而维护其利益。但该种论证显然过于简单,并且与实务经验及立法理念不符。例如:原告起诉时主张对方承担侵权责任,法院可否在查明的事实范围内直接适用违约责任作

---

① 陈德英与庞小龙房屋租赁合同纠纷一审民事判决书,广西壮族自治区博白县人民法院民事判决书(2014)博民初字第269号。来源于中国裁判文书网。
② 陈杭平:《论"事实问题"与"法律问题"的区分》,载《中外法学》2011年第2期。
③ 参见张卫平:《民事诉讼法律审的功能及构造》,载《法学研究》2005年第5期;另可参见陈杭平:《论"事实问题"与"法律问题"的区分》,载《中外法学》2011年第2期。

出判决?在未订立买卖合同之情形下错误向他人发货后,卖方陈述事实并请求对方支付买卖价款,法院可否直接判决对方返还不当得利?上述问题不但涉及事实与法律的区分,也关系到当事人处分权与辩论主义的范围。

(三)辩论主义的范围

辩论主义的基本含义系指法院只能以当事人提出并经过充分辩论的资料为基础进行裁判。一般认为,这一原则的内容应包含三个方面:(1)直接决定法律效果发生或消灭的主要事实必须由当事人予以主张;(2)对双方当事人都没有争议的事实,法院应当作为判决的依据;(3)法院原则上限于对当事人提出的证据进行调查,通常不得依职权主动调查收集证据。

虽然辩论主义从表面来看是一个直接涉及事实的概念,但是,司法程序中的事实也有"自然事实"和"法律事实"之区分。自然事实系指纠纷发生过程中所产生并随之进展的客观状况,并且由于时间的流逝已经归入历史;法律事实则是通过与法律规范进行对照并作出裁减,所得出的能形成法律上效果的要件事实。因此,诉讼中所谓的事实并不是无目的、无规制地被当事人予以主张的,被引入辩论的事实应当是受实体法观点支撑的要件事实。① 当事人提出请求,首先会意识到自己所依据的法律规范,然后再去主张有关联性的要件事实;个案中依据的法律观点不同(例如买卖合同关系不同于不当得利法律关系),应予主张事实也会产生差异。尤其必须强调的是,相反方向的论述也依然成立:若无当事人主张相关事实并予以证明,则无任何实体法规范适用的基础。

更进一步地说,辩论主义的内容是否只限于案件事实和证据,这也不无疑义。古典的辩论主义确实是为了限制法院的事实调查范围,但现代社会的裁判论认为,辩论主义的价值在于尽量承认当事人的主体性,即便在法律适用的阶段,当事人仍然应该是程序的主体,应该具有对法律展开探讨及辩论的权限。② 也就是说,在具体的裁判过程中,应当允许原告和被告就认为有利之法律适用、法律问题展开讨论,由此相应地保障当事人进行充分的主张及举证活动,以防止在法的观点上形成"突袭性裁判"。

---

① [日]高桥宏志:《民事诉讼法:制度与理论的深层分层》,林剑锋译,法律出版社2003年版,第364页。

② 刘学在:《辩论主义的根据》,载《法学研究》2005年第4期。

总之,即使是在法律适用方面,法院也不可能完全脱离当事人辩论范围形成自由评价的状态。

(四)司法的主动权能及其界限

辩论主义的根据主要在于私法自治和当事人的程序主体权。但有些时候当事人未提出某种事实并非是其"自由处分"权利的结果,而是由于对法律规范体系欠缺必要的了解、不具备相应的知识或手段等原因。为了使当事人尽可能充分地进行辩论,法院在必要时可以对当事人施加影响来予以推动,以协助和促使当事人提出诉讼资料,这一权能就是所谓的释明权。释明权不仅是对辩论主义的补充,也被理解为法院旨在谋求审理充实化、效率化以及公平审理实质化的手段。①

法院释明不仅针对事实问题,法律评价及法律规范适用亦属于释明的对象。例如在诉讼中当事人主张的法律关系的性质与法院根据案件事实作出的认定不一致的,法院应当告知当事人变更诉讼请求(《最高人民法院关于民事诉讼证据的若干规定》第 35 条)。有关违约金调整的问题上,我国相关司法解释也赋予了法院行使释明权的正当性。② 接下来要回答的问题仍然是:出于自身利益的考虑,出庭当事人应会接受法院就相关法律问题作出的释明,主张或变更为有利于自身的法律事实或观点;但在一方当事人缺席庭审时,法院释明无从进行,此时可否从该方当事人的利益出发直接予以适用法律?

如上文所述,任何法律问题的判断都需要以当事人所主张的要件事实作为基础,没有事实的主张与证明,则无实体法律规范适用。原告作为提出权利请求的一方,必须主张并证明构成相应法律规范的要件事实;被告通常只需对此作出否认(单纯否认或积极否认),但并不负有证明义务。换言之,一般而论,被告并不需要积极主张并请求适用某一新的法律规范。只有在被告提出反诉或者抗辩的情形下,才有另行确定并适用新的法律规范之可能。③ 抗辩是对抗权利人的履行请求并说明理由,例如债务本身不合法、债务已经履行、

---

① [日]新堂幸司:《新民事诉讼法》,林剑锋译,法律出版社 2008 年版,第 314 页。

② 根据《最高人民法院关于适用〈中华人民共和国合同法〉若干问题的解释(三)》第 27 条规定,法院可以就当事人是否需要主张调整违约金进行释明。

③ 如果原告起诉后,被告认为该纠纷属于另一法律关系,此时并不属于抗辩,而是一种积极否认,所产生的法律效果依然是否认原告所主张的法律关系成立,对此仍由原告方负说服责任;例如原告主张借贷,被告认为是赠予。

以其他债权抵销,等等。前述案例5、案例6所涉及的违约金调整就是一种典型的抗辩。

司法权应保持其中立性和公正性。在诉讼资料的提出与收集上,实行当事人负责的辩论主义,正是维持法院中立地位的技术性保障。需要明确的是,释明权仅仅为一种解释、说明、敦促的司法权力,法院不应当也不可能超出必要的限度,主动替当事人提出请求、主张事实、举出证据,这直接与司法权消极、中立的基本属性相违背,影响到对方当事人对于法院公正的信赖。无论是进行反诉或抗辩,从性质上都需要由被告方主动提出,进而承担相应要件事实的证明责任,在此基础上法院予以认定事实,并适用反抗、抗辩所依据的法律规范。

因此,在缺席方未提出法律观点之情形下,法院只能对到庭一方当事人所提出的法律关系及实体请求作出判断,法院不应当主动评价和裁判任何一种当事人未主张适用的法律规范。

第四节 结 语

在当事人缺席的状态下,实行一方辩论是各国立法之大势所趋。因为在缺席判决主义中,虽然不到庭一方会被立即判决败诉,但随即可以通过声明异议而使诉讼回复到缺席以前的状态,实践中容易被恶意当事人利用、故意拖延诉讼。如今的大陆法系各国已经很难找到保留绝对缺席判决主义的立法体例;在德国,通常是法院向被告送达成功后才发生诉讼系统;如果之前已经进行过言词辩论后又缺席的,出庭当事人可以不申请作出缺席判决,而是申请依现存的记录为裁判。在法国,能够准许提出"缺席判决异议"的只能是法庭传票未能实际送达之被告本人,由此将缺席判决主义限定在极为狭窄的范围内。

一方辩论将缺席的情形等同寻常,立法不赋予特殊的对待和救济。其正当性基础在于尊重当事人的处分权,把不到庭评价为放弃陈述、举证等程序性权利。现代的诉讼结构中,裁判者已不再是事实的探知者,民事诉讼所发现的真实只能是相对的、有限的,在赋予充分程序保障的前提下,当事人对于放弃自身权利所获得的结果应当予以接受。因此,与一方辩论程序相伴随的机制,应当是考虑如何完善送达制度以保障当事人的法定听审请求权;对于因拟制送达(公告送达)而无法获得实际诉讼通知的当事人,如何尽可能在事后通过救济机制保障其程序权利和实体权利。

参考文献

一、著作类

(一)中文著作

1. 白绿铉:《美国民事诉讼法》,经济日报出版社1998年版。
2. 彭小瑜:《教会法研究——历史与理论》,商务印书馆2003年版。
3. 樊崇义主编:《诉讼原理》,法律出版社2003年版。
4. 范明辛、雷晟生编著:《中国近代法制史》,陕西人民出版社1988年版。
5. 唐逸主编:《基督教史》,中国社会科学出版社1993年版。
6. 汤维建:《美国民事司法制度与民事诉讼程序》,中国法制出版社2001年版。
7. 林俊益:《程序正义与诉讼经济》,台湾月旦出版社股份有限公司1997年版。
8. 雷万来:《诉讼上自认的法理及其效力》,载民事诉讼法研究基金会:《民事诉讼法之研讨》(九),台湾三民书局2000年版。
9. 李秀清:《日耳曼法研究》,商务印书馆2005年版。
10. 李国光主编:《最高人民法院〈关于民事诉讼证据的若干规定〉的理解与适用》,中国法制出版社2002年版。
11. 刘荣军:《程序保障的理论视角》,法律出版社1999年版。
12. 顾培东:《社会冲突与诉讼机制》,法律出版社2004年版。
13. 顾肃:《西方政治法律思想史》,中国人民大学出版社2005年版。
14. 何勤华主编:《法国法律发达史》,法律出版社2001年版。
15. 华东政法学院语文教研室编:《明清案狱故事选》,群众出版社1983年版。
16. 黄立:《民法总则》,中国政法大学出版社2002年版。

17. 黄国昌:《民事诉讼理论之新开展》,北京大学出版社 2008 年版。

18. 季卫东:《法治秩序的建构》,中国政法大学出版社 1999 年版。

19. 姜世明:《民事程序法之发展与宪法原则》,台湾元照出版社 2003 年版。

20. 江伟主编:《民事诉讼法学原理》,中国人民大学出版社 1999 年版。

21. 江伟主编:《民事诉讼法》,高等教育出版社 2007 年第 3 版。

22. 江伟主编:《民事诉讼法》,中国人民大学出版社 2013 年第 6 版。

23. 江伟主编:《民事诉讼法专论》,中国人民大学出版社 2005 年版。

24. 邱联恭:《民事诉讼审理方式之检讨——从审理集中化方案论如何加强事实审功能》,载《民事诉讼法之研讨》(一),台湾民事诉讼法研究会 1987 年第 2 版。

25. 邱联恭:《司法之现代化与程序法》,台湾三民书局 1992 年版。

26. 邱联恭在台湾民事诉讼法研究会第 30 次研讨会上的发言,载民事诉讼法研究基金会:《民事诉讼法之研讨》(三),台湾三民书局 1992 年版。

27. 邱联恭:《程序制度机能论》,台湾三民书局 1996 年版。

28. 徐亚文:《程序正义论》,山东人民出版社 2004 年版。

29. 徐鹤喃、刘林呐:《刑事程序公开论》,法律出版社 2002 年版。

30. 张希坡:《马锡五审判方式》,法律出版社 1983 年版。

31. 张卫平:《程序公正实现中的冲突与衡平》,成都出版社 1993 年版。

32. 张卫平:《守望想象的空间》,法律出版社 2003 年版。

33. 张卫平、陈刚:《法国民事诉讼法导论》,中国政法大学出版社 1997 年版。

34. 张晋藩主编:《中国民事诉讼制度史》,巴蜀书社 1999 年版。

35. 张晋藩主编:《中国司法制度史》,人民法院出版社 2004 年版。

36. 张晋藩:《中国法律的传统与近代转型》,法律出版社 2005 年版。

37. 张建伟:《司法竞技主义——英美诉讼传统与中国庭审方式》,北京大学出版社 2005 年版。

38. 张力:《阐明权研究》,中国政法大学出版社 2006 年版。

39. 周楠:《罗马法原论》(上、下),商务印书馆 1994 年版。

40. 郑秦:《清代法律制度研究》,中国政法大学出版社 2000 年版。

41. 程春华主编:《民事证据法专论》,厦门大学出版社 2002 年版。

42. 陈桂明:《诉讼公正与程序保障》,中国法制出版社 1996 年版。

43. 陈桂明:《程序理念与程序规则》,中国法制出版社1999年版。

44. 陈瑞华:《刑事审判原理论》,北京大学出版社1997年版。

45. 陈荣宗、林庆苗:《民事诉讼法》,台湾三民书局1996年版。

46. 柴发邦主编:《民事诉讼法学新编》,法律出版社1992年版。

47. 沈达明:《比较民事诉讼法初论》,中国法制出版社2002年版。

48. 沈冠伶:《诉讼权保障与裁判外纷争处理》,北京大学出版社2008年版。

49. 最高人民法院民一庭:《民事诉讼证据司法解释的理解与适用》,中国法制出版社2002年版。

50. 姚瑞光:《民事诉讼法论》,中国政法大学出版社2011年版。

51. 杨鸿烈:《中国法律发达史》,上海书店出版社1990年版。

52. 杨建华:《公示送达程序不合法之效力》,载《问题研析:民事诉讼法》(四),台湾广益印书局1997年版。

53. 叶自强:《民事证据研究》,法律出版社1999年版。

54. 由嵘等编:《外国法制史参考资料汇编》,北京大学出版社2004年版。

55. 王亚新:《社会变革中的民事诉讼》,中国法制出版社2001年版。

56. 王亚新:《对抗与判定》,清华大学出版社2002年版。

57. 王名扬:《英国行政法》,中国政法大学出版社1987年版。

58. 王名扬:《美国行政法》,中国法制出版社1995年版。

59. 王强义:《民事诉讼特别程序研究》,中国政法大学出版社1993年版。

60. 王甲乙、杨建华、郑健才:《民事诉讼法新论》,台湾三民书局1981年版。

61. 王健编:《西法东渐——外国人与中国法的近代变革》,中国政法大学出版社2001年版。

62. 吴明童主编:《中国民事诉讼法学新论》,中国政法大学出版社1992年版。

(二)译著

1. [美]伯尔曼:《法律与宗教》,梁治平译,中国政法大学出版社2003年版。

2. [美]富勒:《法律的道德性》,郑戈译,商务印书馆2005年版。

3. [美]房龙:《宽容》,迮卫、靳翠微译,三联书店1985年版。

4. [美]米尔伊安·R.达玛什卡:《司法和国家权力的多种面孔》,郑戈译,中国政法大学出版社 2004 年版。

5. [美]马丁·P.戈尔丁:《法律哲学》,三联书店 1987 年版。

6. [美]迈克尔·D.贝勒斯:《法律的原则——一个规范的分析》,张文显等译,中国大百科全书出版社 1996 年版。

7. [美]孟罗·斯密:《欧陆法律发达史》,姚梅镇译,中国政法大学出版社 1999 年版。

8. [美]罗斯科·庞德:《普通法的精神》,唐前宏等译,法律出版社 2001 年版。

9. [美]哈罗德·J.伯尔曼:《法律与革命——西方法律传统的形成》,贺卫方等译,中国大百科全书出版社 1993 年版。

10. [美]杰克·H.弗兰德泰尔等:《民事诉讼法》,夏登峻等译,中国政法大学出版社 2003 年第 3 版。

11. [美]R.M.昂格尔:《现代社会中的法律》,吴玉章、周汉华译,译林出版社 2001 年版。

12. [美]史蒂文·苏本、玛格瑞特·伍:《美国民事诉讼的真谛》,蔡彦敏、徐卉译,法律出版社 2002 年版。

13. [美]约翰·亨利·梅利曼:《大陆法系》,顾培东、禄正平译,法律出版社 2004 年第 2 版。

14. [美]威利斯顿·沃尔克:《基督教会史》,孙善玲等译,中国社会科学出版社 1991 年版。

15. [法]勒内·达维:《英国法与法国法:一种实质性比较》,潘华仿等译,清华大学出版社 2002 年版。

16. [法]洛伊克·卡迪耶:《法国民事司法法》,杨艺宁译,中国政法大学出版社 2010 年版。

17. [法]让·文森、塞尔日·金沙尔:《法国民事诉讼法要义》(上、下),罗结珍译,中国法制出版社 2001 年版。

18. [德]奥特马·尧厄尼希:《民事诉讼法》,周翠译,法律出版社 2003 年版。

19. [德]弗里德里希·卡尔·冯·萨维尼:《论立法与法学的当代使命》,许章润译,中国法制出版社 2001 年版。

20. [德]迪特尔·莱波尔德:《当事人的诉讼促进义务与法官的责任》,载《德国民事诉讼法学文萃》,赵秀举译,中国政法大学出版社 2005 年版。

21. [德]迪特尔·梅迪库斯:《德国民法总论》,邵建东译,法律出版社2001年版。

22. [德]狄特·克罗林庚:《德国民事诉讼法律与实务》,刘汉富译,法律出版社2000年版。

23. [德]拉德布鲁赫:《法学导论》,米健、朱林译,中国大百科全书出版社1997年版。

24. [德]罗森贝克、施瓦布、戈特瓦尔德:《德国民事诉讼法》(上、下),李大雪译,中国法制出版社2007年版。

25. [德]K.茨威格特、H.克茨:《比较法总论》,潘汉典等译,法律出版社2003年版。

26. [德]卡尔·海因茨·施瓦布等:《宪法与民事诉讼》,载《德国民事诉讼法学文萃》,赵秀举译,中国政法大学出版社2005年版。

27. [德]汉斯·约阿希姆·穆泽拉克:《德国民事诉讼法基础教程》,周翠译,中国政法大学出版社2005年版。

28. [德]黑格尔:《法哲学原理》,范扬、张企泰译,商务印书馆1961年版。

29. [韩]孙汉琦:《韩国民事诉讼法导论》,陈刚译,中国法制出版社2010年版。

30. [日]棚濑孝雄:《纠纷的解决与审判制度》,王亚新译,中国政法大学出版社2004年版。

31. [日]谷口安平:《程序的正义与诉讼》(增补本),王亚新、刘荣军译,中国政法大学出版社2002年版。

32. [日]高桥宏志:《民事诉讼法——制度与理论的深层分析》,林剑锋译,法律出版社2003年版。

33. [日]高桥宏志:《重点讲义民事诉讼法》,张卫平、许可译,法律出版社2007年版。

34. [日]兼子一、竹下守夫:《民事诉讼法》,白绿铉译,法律出版社1995年版。

35. [日]新堂幸司:《新民事诉讼法》,林剑锋译,法律出版社2008年版。

36. [日]中村英郎:《新民事诉讼法讲义》,陈刚、林剑锋、郭美松译,法律出版社2001年版。

37. [日]三ケ月章:《日本民事诉讼法》,汪一凡译,台湾五南图书出版公司1997年版。

38.[苏]阿·阿·多勃罗沃里斯基等:《苏维埃民事诉讼》,李衍译,法律出版社 1985 年版。

39.[英]戴维·米勒:《社会正义原则》,应奇译,江苏人民出版社 2005 年版。

40.[英]吉米·边沁:《立法理论》,李贵方等译,中国人民大学出版社 2004 年版。

41.[意]贝卡利亚:《论犯罪与刑罚》,黄风译,中国大百科全书出版社 1993 年版。

42.[意]皮罗·克拉玛德雷:《程序与民主》,翟小波、刘刚译,高等教育出版社 2005 年版。

43.[意]莫诺·卡佩莱蒂等:《当事人基本程序保障权与未来的民事诉讼》,徐昕译,法律出版社 2000 年版。

44.[意]朱塞佩·格罗索:《罗马法史》,黄风译,中国政法大学出版社 1994 年版。

二、论文类

(一)期刊论文

1. 毕玉谦:《缺席判决制度的基本法意与焦点问题之探析》,载《法学评论》2006 年第 3 期。

2. 毕玉谦:《关于民事诉讼中缺席判决救济制度的立法思考》,载《清华法学》2011 年第 3 期。

3. 蒲菊花:《举证时限制度的理性分析》,载《浙江社会科学》2004 年第 3 期。

4. 傅郁林:《诉答程序·程序时效·诚信机制——"答辩失权"的基础性问题》,载 2005 年 4 月 13 日《人民法院报》。

5. 杜开颜:《民事送达程序改进与完善》,载北京市第二中级人民法院编《程序公正与诉讼制度改革》。

6. 汤维建:《试论诉讼原理与非讼原理的交错适用》,载《诉讼法学新探》,法制出版社 2000 年版,第 708~714 页。

7. 汤维建:《两大法系民事诉讼制度比较研究》,载《诉讼法论丛》第 1 卷,第 444 页。

8. 汤维建:《答辩失权是大势所趋》,载 2005 年 4 月 20 日《人民法院报》

9. 汤维建：《论构建我国民事诉讼中的自足性审前程序》，载《政法论坛》2004 年第 4 期。

10. 谭秋桂：《德、日、法、美四国民事诉讼送达制度的比较分析》，载《比较法研究》2011 年第 4 期。

11. 田平安、蓝冰：《德国民事法定听审责问程序》，载《金陵法律评论》2007 年秋季卷。

12. 刘荣军：《诚实信用原则在民事诉讼中的适用》，载《法学研究》1998 年第 4 期。

13. 刘琳：《两种缺席判决模式的价值取向——兼谈我国缺席判决制度的完善》，载《甘肃政法学院学报》2008 年第 1 期。

14. 刘秀明：《论民事缺席审判的内涵及其制度边界》，载《西南科技大学学报》（哲学社会科学版）2010 年第 5 期。

15. 刘秀明：《一般到特殊：论美国民事诉讼对缺席判决的救济》，载《辽宁大学学报》（哲学社会科学版）2010 年第 4 期。

16. 刘秀明：《对两大法系"缺席判决主义"本质之思考》，载《现代法学》2010 年第 5 期。

17. 刘秀明：《立法模式及理念比较：大陆法系和我国的民事缺席审判制度》，载《政治与法律》2011 年第 8 期。

18. 刘燕军：《民事对席审判原则研究》，载《研究生法学》2009 年第 5 期。

19. 蓝冰：《法定听审请求权保障视角下的我国民事救济制度改革》，载《宁夏大学学报》（人文社会科学版）2007 年第 4 期。

20. 李浩：《举证时限制度的困境与出路——追问证据失权的正义性》，载《中国法学》2005 年第 3 期。

21. 李祖军：《民事诉讼答辩状规则研究》，载《法学评论》2002 年第 4 期。

22. 李伯安、胡充寒：《缺陷与克服：对答辩随时提出制度的反思》，载《河北法学》2004 年第 8 期。

23. 李建伟：《公平诉讼观与诚实信用原则》，载《国家检察官学院学报》2000 年第 3 期。

24. 李文斌：《缺席判决当慎重》，载《人民法院报》2003 年 1 月 9 日。

25. 李锡鹤：《论民法本位》，载《华东政法学院学报》2002 年第 2 期。

26. 李树忠：《1998 年〈人权法案〉及其对英国宪法的影响》，载《比较法研究》2004 年第 4 期。

27. 龙宗智：《为什么称"〈圣经〉是一部诉讼法教科书"——司法审判在两大文化中的意义比较》，载《理论反对实践》，法律出版社2003年版。

28. 廖永安、胡军辉：《试论我国民事公告送达制度的改革与完善》，载《太平洋学报》2007年第11期。

29. 廖永安：《在理想与现实之间——对我国民事送达制度改革的再思考》，载《中国法学》2010年第4期。

30. 高庆盛、章豪：《准自认刍议》，载《海南大学学报》（人文社会科学版）2005年第1期。

31. 胡胜、陈莺：《我国民事诉讼中应建立答辩失权制度》，载《上海大学学报》（社会科学版）2008年第6期。

32. 金永恒：《关于我国建立答辩失权制度的思考》，载《山西大学学报》（哲学社会科学版）2004年第5期。

33. 江伟、刘敏：《论民事诉讼模式的转换与法官的释明权》，载《诉讼法论丛》第6卷。

34. 江伟、孙邦清：《民诉法修订的指导思想与立法框架》，载《人民法院报》2004年2月4日。

35. 肖建华：《对抗制的本土化问题》，载《法制日报》2002年3月31日。

36. 徐昕：《程序经济的实证与比较分析》，载《比较法研究》2001年第4期。

37. 徐昕：《程序自由主义及其局限——以民事诉讼为考察中心》，人大复印资料《诉讼法学·司法制度》2003年第12期。

38. 许亚庆：《俄罗斯民事诉讼中的缺席审判救济》，载《学术交流》2012年第7期。

39. 向明华：《域外"送达难"困局之破解》，载《法学家》2012年第6期。

40. 熊洋：《论缺席判决上诉审中的诉权保护》，载《甘肃政法学院学报》2011年第2期。

41. 朱立龙：《我国缺席审判制度的检讨与重构》，载《法律适用》2007年第8期。

42. 朱颖：《〈跨国民事诉讼程序原则〉中缺席判决制度探究》，载《宁夏大学学报》（人文社会科学版）2009年第3期。

43. 周辉：《从本案谈建立强制答辩制度的必要性》，载《人民法院报》2003年5月13日。

44. 张弓:《我国缺席判决制度之检讨与重构》,载《人民司法》2001年第6期。

45. 张晋藩:《中国法制史学四十年》(下),载《政法论坛》1989年第5期。

46. 张卫平:《我国民事诉讼辩论原则重述》,载《法学研究》1996年第6期。

47. 张卫平:《美国陪审团是怎样运作的》,载《人民法院报》2002年7月30日。

48. 章武生、吴泽勇:《论我国缺席判决制度的改革》,载《政治与法律》2002年第5期。

49. 赵钢:《对被告应诉行为的定性分析》,载《法学评论》1999年第6期。

50. 赵钢、刘学在:《试论民事诉讼中的自认》,载《中外法学》1999年第3期。

51. 陈桂明、李仕春:《缺席审判制度研究》,载《中国法学》1998年第4期。

52. 陈桂明:《论当事人在诉讼中的促进义务》,中国诉讼法学研究会2002年年会提交论文。

53. 陈忠林:《意大利宪法中的正当程序原则》,载《欧洲法通讯》第2辑。

54. 陈瑞华:《通过法律实现程序正义——萨默斯"程序价值"理论评析》,载《北大法律评论》第1卷第1辑。

55. 陈杭平:《论"事实问题"与"法律问题"的区分》,载《中外法学》2011年第2期。

56. 陈杭平:《"职权主义"与"当事人主义"再考察:以"送达难"为中心》,载《中国法学》2014年第4期。

57. 邵明:《论民事诉讼程序参与原则》,载《法学家》2009年第3期。

58. 沈冠伶:《论民事诉讼程序中当事人之不知陈述——兼评析民事诉讼法中当事人之陈述义务与诉讼促进义务》,载《政大法学评论》第63期。

59. 任辉献:《论作为司法权正当性基础的程序公正》,载《法律适用》2002年第10期。

60. 曾琼:《论缺席审判制度的改革与完善》,载《湖北大学学报》(哲学社会科学版)2008年第6期。

61. 曹忠、刘耀国:《论自认规则在民事诉讼中的适用》,载《政治与法律》2004年第3期。

62. 曹志勋:《论普通程序中的答辩失权》,载《中外法学》2014年第2期。

63. 蔡虹:《非讼程序的理论思考与立法完善》,载《华中科技大学学报》(社会科学版)2004年第3期。

64. 孙铭溪:《缺席审判的现实困境与出路》,载《法律适用》2003年第10期。

65. 宋大琦:《从打事实到打证据到打官司》,载《比较法研究》2003年第3期。

66. 叶秋华:《西欧中世纪法制发展特点论析》,载《南京师大学报》,1999年第6期。

67. 王福华:《民事送达制度正当化原理》,载《法商研究》2003年第4期。

68. 王韶华:《我国陪审制度废改之思考》,载《法律适用》2003年第5期。

69. 王琦:《答辩失权制度在我国的构建》,载《贵州社会科学》2011年第3期。

70. 王亚新:《我国民事诉讼不宜引进"答辩失权"》,载《人民法院报》2005年4月6日。

71. 王亚新:《再谈"答辩失权"与"不应诉判决"》,载《人民法院报》2005年5月11日。

72. [日]吉村德重:《日本民事审判的现状与民事诉讼法修改的动向》,张弘译,载《外国法译评》1993年第2期。

73. [日]竹下守夫:《日本民事诉讼法的修改动向》,刘荣军译,载《外国法译评》1996年第2期。

(二)网络论文

1. 黄猛、黄岚:《反思与重构——破解民事公告送达制度困局的路径选择》,桂林法院网:http://glzy.chinacourt.org/public/detail.php?id=9201。

2. 郝玮:《论民事诉讼中缺席审判制度的完善》,http://www.dffy.com/faxuejieti/ss/200510/20051027123838.htm。

3. 常琴:《对当前农村离婚案件的调查分析》,河南法院网,http://hnfy.chinacourt.org/public/detail.php?id=43908。

4. 周强:《缺席判决商事案件的特点及对策建议》,江苏法院网:http://www.jsfy.gov.cn/llyj/gdjc/2013/11/05162051244.html。

5. 孙笑侠:《论当事人角度的程序公正》,法律思想网,http://law-thinker.com/show.asp?id=2650。

6. 王建宏:《谈缺席判决案件的特点及证据的审核认定》,慈溪市人民法院网,http://www.fayuan.cixi.gov.cn/llyd/tqxpja.htm。

7. 王长军:《能否向企业法人公告送达法律文书》,中国法院网,http://ghfy.chinacourt.org/public/detail.php? id=101。

8. 王丽:《民事缺席判决案件分析》,东营市河口区人民法院网站:http://hkfy.chinacourt.org/public/detail.php? id=3465。

三、辞书与法典

1.《中国法律年鉴·2005》,中国法律年鉴社2005年版。
2.《元照英美法辞典》,法律出版社2003年版。
3.[英]戴维·M.沃克:《牛津法律大辞典》(中文版),光明日报出版社1988年版。
4.[美]彼得·G.伦斯特洛姆编:《美国法律辞典》,贺卫方等译,中国政法大学出版社1998年版。
5.《(台湾地区)民事诉讼法修订资料汇编》,台湾五南图书出版公司2000年版。
6.《日本新民事诉讼法》,白绿铉译,中国法制出版社2000年版。
7.《英国民事诉讼规则》,徐昕译,中国法制出版社2001年版。
8.《法国新民事诉讼法典》,罗结珍译,中国法制出版社1999年版。
9.《法国新民事诉讼法典·附判例解释》(上、下),罗结珍译,法律出版社2008年版。
10.《德意志联邦共和国民事诉讼法》,谢怀栻译,中国法制出版社2001年版。
11.《俄罗斯联邦民事诉讼法、执行程序法》,张西安、程丽庄译,中国法制出版社2002年版。
12.《瑞典诉讼法典》,刘为军译,中国法制出版社2008年版。

四、外文文献

1. Arizona Rules of Civil Procedure (US).
2. Ariz. 325;395 P.2d 527;1964 Ariz.LEXIS 293.
3. Adrian Briggs, *Civil Jurisdiction and Judgments* (2nd edition), LLP 1997.
4. Black's Law Dictionary, West Publishing Company, 7th edition.

5. Benjamin Kaplan, *Ordinary Proceedings in First Instance*, International Encyclopedia of Comparative Law, Volume XVI, Chapter 6.

6. Civil Procedure Rules (UK).

7. Convention on the Service Abroad of Judicial and Extrajudicial Documents in Civil or Commercial Matters.

8. Federal Rules of Civil Procedure (US).

9. Federal Rules of Appellate Procedure (US).

10. Gene R.Shreve, *Understanding Civil procedure*, LexisNexis 2002.

11. Harald Koch, Frank Diedrich, *Civil Procedure in Germany*, Kluwer Law International, 1998.

12. Jack. H. Friedenthal, *Civil Procedure* (2nd edition), West Publishing Co.

13. Jeremy A. Colby, *You've Got Mail: the Modern Trend towards Universal Electronic Service of Process*, 51 Buffalo L.Rev.

14. John T. Holleman IV, *Revised RULE 55 Revised*, Spring, 1999, 21 U.Ark.Little Rock L.Rev.

15. Kent Sinclair, Service of Process: *Rethinking the Theory and Procedure of Serving Process under FEDERAL RULE 4(c)*, 73 Va.L.Rev.

16. Larry l. Teply, *Cases and Problems on Civil Procedure: Basic and Advanced*, Fred B Rothman Co., 1997.

17. Mullane v.Central Hanover Bank & Trust Co., 339 U.S.306, 1950 U.S.LEXIS 207.

18. Neil Andrews, *English Civil Procedure: Fundamentals of the New Civil Justice System*, Oxford University Press, 2003.

19. Nicholas Coulas, Appellant, v. Paul J.Smith and William J.Bray, Jr., Appellees.

20. New England Merchants Nat'l Bank v. Iran Power Generation & Transmission Co., 646 F.2d 779; 1981 U.S.App.LEXIS 14418.

21. Peter E. Herzog, Attacks On Judicial Decisions 20, *International Encyclopedia of Comparative Law*, Volume XVI, Chapter 8.

22. Patrick Woolley, *Rethinking the Adequacy of Adequate Representation*, 75 Tex.L.Rev.

23. Roscoe Pound, *the Causes of Popular Dissatisfaction with the Administration of Justice*, Reports of the American Bar Association Vol. XXIX, 1906.

24. Richard H. Field, *Civil Procedure: Materials for a Basic Course* (7th edition), New York Foundation Press, 1997.

25. Steven L. Emanuel, *Civil procedure*, CITIC Publishing House, 2003.

26. Susan Jean Miller, Mosnomers: *Default Judgments and Strict Compliance with Service of Process Rules*, Summer, 1994, 46 Baylor L. Rev.